»Beethoven nimmt keine Rücksicht mehr auf Hörgewohnheiten und auch nicht darauf, ob seine Werke spielbar sind oder nicht. Auf Allgemeinverständlichkeit kommt es ihm nicht mehr an. Seine Abkehr vom Gewohnten zeigt sich nicht zuletzt in der Unterordnung des Melodischen unters Harmonische. In Beethovens Musik begegnen wir einer Welt, die brüchig geworden ist, aber auch von immenser Aufbruchsstimmung zeugt.«

Karl-Heinz Ott, geboren 1957 in Ehingen an der Donau, ist für sein literarisches Werk vielfach ausgezeichnet worden, u.a. mit dem Alemannischen Literaturpreis (2009), dem Preis der LiteraTour Nord (2006), dem Candide-Preis (2006), dem Johann-Peter-Hebel-Preis (2012), dem Wolfgang-Koeppen-Preis (2014) und dem Joseph-Breitbach-Preis für sein literarisches Gesamtwerk (2021). Zuletzt erschienen von ihm u.a. die Romane *Die Auferstehung* (2015) sowie *Und jeden Morgen das Meer* (2018) sowie die Sachbücher *Hölderlins Geister* und *Rausch und Stille. Beethovens Sinfonien* (beide 2019). Im Hoffmann und Campe Taschenbuch liegt außerdem vor: *Tumult und Grazie. Über Georg Friedrich Händel.* Karl-Heinz Ott lebt in Freiburg.

Karl-Heinz Ott

Rausch und Stille

Beethovens Sinfonien

Hoffmann und Campe

1. Auflage 2021
Taschenbuchausgabe
Copyright © 2019
Hoffmann und Campe Verlag, Hamburg
www.hoffmann-und-campe.de
Umschlaggestaltung: © Hoffmann und Campe
Umschlagabbildung: UGChannel/shutterstock
Satz: Doerlemann Satz, Lemförde
Notensatz: Hamburger Notenwerkstatt
Gesetzt aus der Plantin MT
Druck und Bindung: GGP Media GmbH, Pößneck
ISBN 978-3-455-01208-8

HOFFMANN
UND CAMPE

Ein Unternehmen der
GANSKE VERLAGSGRUPPE

Für Pia

Inhalt

Wir verstehen nicht die Musik – sie versteht uns.

Theodor W. Adorno, *Beethoven. Philosophie der Musik*

Listening to music is such a muddle that one
scarcely knows how to start describing it.

E. M. Forster, *Not Listening to Music*

Der Mann mit der Mähne

Woran denken wir bei Beethoven? An eine wilde Mähne und an *Elise*. Auch die vier Schicksalsschläge der fünften Sinfonie – da-da-da-daaa! – kennt vermutlich jedes Kind, und die *Ode an die Freude*. Sie ist der berühmteste humanistische Hit der Welt, vielen inzwischen besser als *Song of Joy* bekannt.

Woran denken wir bei Beethoven noch? An ein grimmiges Gesicht mit wilder Mähne und an alabasterne Büsten auf schwarzen Flügeln, die Ehrfurcht einflößen. Für die einen ist er ein Titan, für die andern ein Revolutionär. Beides schließt sich nicht aus. Gemütlich wirkt an ihm nichts. Bei weltgeschichtlichen Anlässen spielt man nicht Mozart oder Haydn, sondern Beethovens Neunte. Man kann sich Beethoven auch nicht mit einem Rokoko-Zopf vorstellen, wie man ihn noch von den beiden andern kennt.

Und woran denken wir außerdem? Dass er taub geworden ist und seine eigenen Werke nicht mehr gehört hat. Auch die Geschichte mit Napoleon zieht bis heute ihre Kreise: Beethoven will ihm seine dritte Sinfonie widmen, zerreißt aber das Widmungsblatt, als er hört, dass er sich zum Kaiser krönen lässt. Ebenso wird eine Begegnung mit Goethe kolportiert: Die beiden sitzen im böhmischen Kurort Teplitz auf einer Bank, es kommen adlige Herrschaften vorbei, Goethe will aufspringen, den Hut zücken, einen Knicks machen, Beethoven zerrt ihn am Ärmel zurück. Später schreibt er an Goethes Freundin Bettina von Ar-

nim: »Ich sah zu meinem wahren Spaß die Prozession an
Goethe vorbei defilieren, er stand mit abgezogenem Hut
tief gebückt an der Seite. Dann habe ich ihm noch den
Kopf gewaschen, ich gab kein Pardon und hab' ihm all
seine Sünden vorgeworfen.« Seinen Verleger Härtel lässt
Beethoven wissen: »Goethe behagt die Hofluft sehr. Mehr
als einem Dichter ziemt.«

Goethe dagegen schreibt an seinen Liedkomponisten
Zelter, Beethoven sei »leider eine ganz ungebändigte Per-
sönlichkeit, die zwar gar nicht unrecht hat, wenn sie die
Welt detestabel findet, aber sie freilich dadurch weder für
sich noch für andere genussreicher macht.« Worauf Zelter
bestätigt: »Auch ich bewundere ihn mit Schrecken. Seine
eigenen Werke scheinen ihm heimliches Grauen zu ver-
ursachen.« Bald schon macht die Teplitzer Begegnung die
Runde und wird lange kommentiert, wie etwa von Nietzsche, dem Beethoven neben dem Weimarer Höfling wie
»die Halbbarbarei neben der Kultur« vorkommt, was in
Nietzsches Augen ganz und gar für Beethoven spricht.

Allerdings ist auch Beethoven noch abhängig von adligen Herrschaften. Sie erteilen ihm Aufträge und sorgen
für Aufführungsmöglichkeiten. Doch er rebelliert gegen sie,
nicht nur im Stillen, auch öffentlich. In einem gräflichen
Haus schlägt er den Klavierdeckel zu, weil während seines
Spiels ein Flüstern zu hören ist. Anders als heute lauscht
man damals noch nicht in heiliger Andacht. Mozart und
Haydn sind es gewohnt, dass die Leute plaudern, während
man musiziert.

Beethoven gilt als Kraftnatur, als ruppig, unwirsch, ungestüm. Wie seine Musik. Er ist klein von Wuchs, muss zu
andern hochschauen, will es aber nicht. Verwildert sehe
er aus, berichten Zeitgenossen. Im Wirtshaus schmeiße er
zu hart gekochte Eier den Kellnern hinterher, und zwar

regelmäßig. Wolfgang Hildesheimer behauptet in seinem
Mozart-Buch: »Von Beethoven bis Gustav Mahler reicht
eine repräsentative Reihe großer Männer, die niemals gelacht zu haben scheinen.« Zeitgenossen dagegen erzählen
immer wieder von Beethovens Witz. Es scheint freilich kein
gemütlicher Witz gewesen zu sein. Von Franz Grillparzer
sind die Sätze überliefert: »Beethoven machte gerne und
oft Späße, die so ganz aus der Art des gesellschaftlichen
Lebens hinausschlugen. Seine Launen arteten mitunter
geradezu in Widerwärtigkeiten aus, und doch lag bei all
diesen Extravaganzen etwas so unaussprechlich Rühren-
des und Erhebendes in ihm, dass man ihn hochschätzen
musste und sich an ihn gezogen fühlte. Nur zum nähe-
ren Umgange war er eigentlich nur für Freunde geeignet.«
Auch Beethovens Klavier-Rondo *Die Wut über den verlorenen Groschen*, seine *Bagatellen* und *Scherzi* lassen auf kein
tierisch ernstes Wesen schließen. Zu Lebzeiten wird seine
Musik häufig mit Jean Pauls Dichtung verglichen, der man
alles, nur keinen Mangel an Skurrilität nachsagen kann.

Beethoven stammt aus einfachen Verhältnissen. Sein Vater
ist ein Sänger und Säufer, der aus seinem Sohn mit aller
Gewalt ein Wunderkind machen will. Die Vorfahren stammen aus dem flämischen Brabant, dem die Familie das Van
im Namen verdankt. Nimmt man den Namen bei seinen
etymologischen Wurzeln, so stammen die Beethovens von
einem Hof, auf dem Rote Bete angebaut worden ist. Als
Beethoven nach dem Tod seines Bruders der ungeliebten
Schwägerin den Neffen wegnehmen will, kommt es in Wien
zum Prozess. Er findet vor dem kaiserlich-königlichen
Landrecht statt, einem Gericht, das für Adelsangelegenhei-
ten zuständig ist. Als die Frage aufkommt, ob Beethoven
überhaupt adlig ist, beharrt er auf seiner aristokratischen

Herkunft, obwohl das Van im Niederländischen nur die geographische Herkunft anzeigt. Dabei ist er Anhänger der Französischen Revolution und schlägt den Klavierdeckel zu, wenn das noble Pack nicht ergriffen zuhört. Ludwig Tieck erzählt einem Bekannten, er habe mit eigenen Augen gesehen, wie Beethoven die Marmorbüste seines Gönners Fürst Lichnowsky zertrümmert und geschrien habe: »Alle Adligen sind Hunde!«

Obwohl klassische Musik lange als Inbegriff kolonisatorischer Kultur galt, wird Beethoven im Amerika der 1960er Jahre zum Schwarzen gekürt. Auf einem berühmten Plakat sieht man ihn mit schwarzer Haarpracht, schwarzem Bart und dunkler Haut. Der *Rolling Stone* veröffentlicht ein Poster mit einem Afrolook-Beethoven und dem Titel: *Beethoven Was Black & Proud!* Auch auf akademischer Seite versucht man nachzuweisen, dass Beethovens mütterliche Vorfahren aus Andalusien stammen oder aus dem Maghreb, von wo sie nach Flandern ausgewandert sind, als die niederländischen Provinzen noch zu Spanien gehört haben. Solche Spekulationen finden sogar Nahrung in der Tatsache, dass Beethoven während seiner letzten Jahre im Wiener Schwarzspanierhaus gelebt hat, einem aufgelösten Kloster des benediktinischen Schwarzspanierordens. Wie sehr die Geschichte vom maurischen Beethoven eine Zeitlang im Schwange ist, zeigt auch eine Erzählung der südafrikanischen Nobelpreisträgerin Nadine Gordimer, die von einem weißen Professor handelt, der vor seinen schwarzen Studenten betonen zu müssen glaubt, dass Beethoven zu einem Sechzehntel schwarz gewesen ist. Was immer man von solchen Mutmaßungen hält, fest steht, dass Beethoven auf manchen Gemälden reichlich dunkel aussieht, zumindest für jemanden, der aus dem Rheinland stammt. Fest steht ebenso, dass weder Bach noch Bruckner noch Brahms und auch kein Händel, Mozart und Haydn sich für solche Projektionen eignen. Beethoven haftet etwas Rebellisches an, etwas Auffahrendes, Brüskes, Spottlustiges, Renitentes. Man hört es nicht nur seiner Musik an, es steht ihm ins Gesicht geschrieben.

Mit seiner Oper *Fidelio* und seiner Neunten erweist er sich aber auch als Friedens- und Freiheitskünder. Durs Grünbein schildert in *Die Jahre im Zoo*, einem autobiographischen Rückblick auf die DDR, wie im Herbst 1989 Parteibonzen in der Dresdner Semperoper Beethovens Gefangenenchor genießen, während draußen Polizisten mit Wasserwerfern und Schlagstöcken gegen Demonstranten vorgehen, die nicht mehr hinter einer Mauer leben wollen. Mit keiner anderen Oper ließe sich eine solche Paradoxie entfalten. Leonard Bernstein führt nach dem Mauerfall in Berlin die Neunte auf und wandelt Schillers *Ode an die Freude* ab in *Ode an die Freiheit*.

Allerdings hat die Neunte in ihrer zweihundertjährigen Geschichte schon für vieles herhalten müssen: Stalin liebt sie für ihre chorischen Massen, Hitler lässt sie 1937 zu seinem Geburtstag erklingen, jüdische Kinder müssen 1943 in Auschwitz die *Ode an die Freude* zur Begrüßung neuer Häftlinge vortragen. Seit 1972 ist sie offizielle Europahymne, allerdings nur in instrumentaler Fassung, um keiner Nationalsprache den Vorzug zu geben. 1974 macht allerdings auch das Apartheid-Regime in Rhodesien sie zur Nationalhymne, mit abgewandeltem Text. Als 1981 in Frankreich erstmals nach dem Zweiten Weltkrieg eine sozialistische Regierung an die Macht gelangt, lässt François Mitterand die Ode spielen, während er unter Jubel aufs Pantheon zuschreitet. Nicht anders hält es Emmanuel Macron bei seiner Amtseinführung, nur dass sein Weg über den Hof des Louvre führt.

Nicht nur die Neunte steht weltweit für Beethoven, die Fünfte ist nicht weniger bekannt, zumindest was das sogenannte Schicksalsmotiv angeht. Der Dirigent Leon Botstein berichtet, bei einem Konzert in einem New Yorker Gefängnis seien die Gefangenen von keinem Werk so gepackt gewesen wie von Beethovens Fünfter. Bei Beethoven sei die Spannung von Anfang bis Ende zum Greifen gewesen, ganz anders als bei Haydn, Dvořák und Richard Strauss. Bei ihrer Wiener Uraufführung fühlen sich die Zuhörer dagegen noch wie erschlagen, sie finden dieses viel zu lange Werk viel zu ungestüm und viel zu laut.

Als Friedrich Gulda in den 1960er Jahren mit seinen Auftritten das Publikum erschreckt, verkündet er, zwischen Beethoven und dem Jazz sei bloß Belangloses komponiert worden. Guldas Einspielungen von Beethovens 32 Klaviersonaten sind bis heute an Frische, Temperament und rhythmischer Verve schwer zu überbieten. Selten steht das Synkopische, Drängende, Energische so im Vordergrund. Dass zwischen Beethoven und dem Jazz keine Welten liegen, führt Gulda nicht nur in den schnellen Sätzen vor, er unterlegt auch die langsamen mit einem pulsierenden Groove. John Coltrane und Miles Davis haben in Guldas Augen mit Beethoven mehr zu tun als das meiste, was Klassik sonst zu bieten hat.

Keith Richards' Satz, klassische Musik wäre ja recht und gut, wenn ihr nicht das Schlagzeug fehlen würde, offenbart seine Unkenntnis von Beethovens Siebter, gegen die jede Rock-Nummer wie eine lahme Ente daherkommt. Chuck Berrys *Roll Over Beethoven* klingt unsäglich bieder, wenn man ein paar Takte aus der Siebten dagegenhält. Beethoven ist ein Berserker, seine Musik strotzt vor Energie. Aus der Ferne höre sie sich wie Bumbum an, meint Adorno, womit nichts gegen sie gesagt sein soll. Die Musikwissenschaftlerin Susan McClary behauptet gar, dass man im ersten Satz der Neunten einen mordlüsternen Vergewaltiger am Werk sieht. Schon immer wird Beethoven etwas zutiefst Männliches bescheinigt. Wagner will allerdings bemerken, dass Beethoven im Schlussgesang der Neunten das männliche Prinzip durchbricht und zu weiblich-weltumfassender Harmonieseligkeit findet. Auch Roland Barthes entdeckt an seiner Musik vor allem virile Züge, ganz anders als an Schuberts, dessen Melodik für ihn das Weiche verkörpert.

Solche Zuschreibungen provozieren die Frage, ob man einen Komponisten tatsächlich mit seinem Werk gleichsetzen darf. Wie wenig sich das eine mit dem andern deckt, sieht man an Mozart, aus dessen Musik sich schwerlich die skatologischen Witzeleien seiner Bäsle-Briefe heraushören lassen. Zeichnet sich in Schumanns Klavierstücken dessen Abdrift in den Wahnsinn ab? Offenbart Tschaikowskis Streicherserenade dessen Homosexualität? Denken wir beim Hören von Debussys ätherisch flirrenden Préludes an einen korpulenten, bärtigen Kerl, den man sich leicht mit einem Humpen am Stammtisch vorstellen kann? Wie lässt sich erklären, dass Beethovens Zweite nicht im Geringsten düster klingt, obwohl sie entstanden ist, als er sich mit Selbstmordgedanken herumschlägt, wie man aus seinem *Heiligenstädter Testament* erfährt? Der Gemütszustand des Urhebers spiegelt sich nicht in seinem Werk. Vielleicht lenkt er sich damit ja gerade von seinen inneren Tumulten ab. Vielleicht schenkt die Arbeit als Einziges Halt.

Andererseits drängen sich Spekulationen über den Zusammenhang von Leben und Schaffen nolens volens auf. Nicht jedes Gesicht passt zu jedem Werk. Wittgenstein bringt es folgendermaßen auf den Punkt: »Es könnte so sein: Ich höre, es male jemand ein Bild ›Beethoven beim Schreiben der Neunten Symphonie‹. Ich könnte mir leicht

vorstellen, was etwa auf so einem Bild zu sehen wäre. Aber
wie, wenn Einer darstellen wollte, wie Goethe ausgesehen
hätte beim Schreiben der Neunten Symphonie? Da wüsste
ich mir nichts vorzustellen, was nicht peinlich und lächer-
lich wäre.« Stefan Zweig hat es Beethovens Notenschrift
angetan. »Rein optisch«, lesen wir bei ihm, »wirkt auf mich
eine erste Skizze Beethovens mit ihren wilden, ungedul-
digen Strichen, ihrem wüsten Durcheinander begonnener
und verworfener Motive, mit der darin auf ein paar Blei-
stiftstriche komprimierten Schöpfungswut seiner dämo-
nisch überfüllten Natur geradezu physisch erregend, weil
der Anblick mich so sehr geistig erregt; ich kann solch ein
hieroglyphisches Blatt verzaubert und verliebt anstarren
wie andere ein vollendetes Bild.«

Dass Beethoven nicht die Freundlichkeit in Person gewesen ist, sieht man seinen Porträts an: die Haare kräftig
und ungekämmt, die Brauen buschig, die Haut pockennar-
big, die Lippen zuweilen herabhängend. Als einen gemütlichen Onkel kann man ihn sich schwer vorstellen. Auf
einer Zeichnung von Johann Peter Lyser sieht man ihn auf
der Gasse mit Zylinder: eine leicht gedrungene, ein wenig
vorgebeugte Gestalt mit mächtigem Schädel, aus deren
Fracktasche ein Schnupftuch hängt, was zeigt, wie wenig
Wert er auf ein tadelloses Äußeres legt. Über seine täglichen Spaziergänge nach dem Mittagessen schreibt Ignaz
Xaver von Seyfried: »Er lief im Duplierschritt, wie gesta-
chelt dazu, ein paarmal rund um die Stadt. Ob es nun reg-
nete, schneite oder hagelte, ob der Thermometer 16 Kälte-
grade anzeigte, ob Boreas seinen eisigen Hauch mit vollen
Backen von Böhmens Grenzmarken herüberblies, ob der
Donner brüllte, zackige Blitze die Lüfte durchschnitten,
die Windsbraut heulte oder Phöbus' Glutstrahlen wie in
Libyens Sandmeeren senkrecht auf den Scheitel niederfie-

len, – was kümmerte all dies den Geweihten, der seinen
Gott im Herzen trug, und dem vielleicht gerade eben unter
dem Aufruhr der Elemente im Geiste ein paradiesisch mil-
der Frühling erblühte!«

Über den wild gestikulierenden Dirigenten Beethoven
berichtet er: »Das Diminuendo pflegte er dadurch zu markieren, dass er immer kleiner wurde und beim Pianissimo
sozusagen unter das Taktierpult schlüpfte. Sowie die Ton-
massen anschwellten, wuchs auch er wieder aus seiner Ver-
senkung empor, und mit dem Eintritt der gesamten Instru-
mentenkraft wurde er, auf den Zehenspitzen sich erhebend,
fast riesengroß und schien, mit beiden Armen wellenför-
mig rudernd, zu den Wolken hinaufschweben zu wollen. ...
Bei zunehmender Harthörigkeit entstand freilich öfters ein
derber Zwiespalt, dass der Maestro in Arsin battierte und
die Musiker in Thesin akkompagnierten.« Mit Thesin ist
das Tessin gemeint, Arsin liegt am Schwarzen Meer in der
Türkei.

Beethovens Zeitgenossen finden seine Musik oft chaotisch.
»Ward's Genuss schon? ist's noch Qual?«, heißt es in einem
Gedicht mit dem Titel *Beethoven*, das von dessen Freund
Franz Grillparzer stammt. Bei der Uraufführung der dritten Sinfonie fühlen die Zuhörer sich restlos überfordert.
Man kann sich nicht mehr genießerisch zurücklehnen; sie
klingt anstrengend, es schwirrt der Kopf. Allein durch ihre
maßlose Länge geht jede Übersicht verloren, und es entsteht der Eindruck, dass nichts einer Regel gehorcht. Zwar
gäbe es ein paar schöne Stellen, heißt es in der *Allgemeinen
musikalischen Zeitung*, doch im Ganzen vermisst man alles
Lichte und Klare. Ähnliches weiß Hector Berlioz von der
französischen Erstaufführung zu berichten: »Man fand sie
bizarr, zusammenhanglos, wirr, mit ihren haarsträubend

harten Modulationen, ihren wilden, jeder Melodie be-
raubten Harmonien, ihrer Überspanntheit, ihrem furcht-
baren Krach, und viel zu laut, ganz zu schweigen von ihrer
schrecklichen Kompliziertheit.«

Mit Beethoven verabschiedet sich die Musik von einem
Kunstideal, das Schönheit, Maß und Ausgleich anstrebt.
In Johann Georg Sulzers – kurz nach Beethovens Geburt
erschienenen – *Allgemeinen Theorie der schönen Künste* heißt
es: »Das bloß Schöne und Gute, in der Natur und in der
Kunst, gefällt, ist angenehm oder ergötzend; es macht
einen sanften Eindruck, den wir ruhig genießen. Aber das
Erhabene wirkt mit starken Schlägen, ist hinreißend und
ergreift das Gemüt unwiderstehlich.« Edmund Burke bemerkt in seiner 1757 veröffentlichten *Philosophischen Unter-
suchung über den Ursprung unserer Ideen vom Erhabenen und
Schönen*, dass »das Schöne in der Musik weder jenen Lärm
verträgt und jene heftigen Töne, die Leidenschaften in uns
entfachen, noch schrille, schroffe und schwere Klänge«.
Burke fügt hinzu, »dass zu heftige Wechsel und zu ge-
schwinde Übergänge von dem einen Rhythmus oder dem
einen Farbklang zum andern dem Gefühl musikalischer
Schönheit zuwider sind«. Hätte Burke Beethovens Musik
gekannt, hätte er auf sie verwiesen.

Was vielen zu derb, zu drastisch und zu konfus klingt,
feiern andere als eine ganz neue Musik, die den Blick
in metaphysische Abgründe freigibt. In den Augen
E.T.A. Hoffmanns führt Haydn noch in »grüne Haine«,
während Beethoven uns »das Reich des Ungeheuren und
Unermesslichen« eröffnet. Wagner bemerkt in seiner 1870
erschienenen *Beethoven*-Schrift: »Überblicken wir den
kunstgeschichtlichen Fortschritt, welchen die Musik durch
Beethoven getan hat, so können wir ihn bündig als den
Gewinn einer Fähigkeit bezeichnen, welche man ihr vor-

her absprechen zu müssen meinte: sie ist vermöge dieser
Befähigung weit über das Gebiet des ästhetisch Schönen
in die Sphäre des durchaus Erhabenen getreten.«

In seinem Gedicht *Die Stille der Welt vor Bach* malt Lars
Gustafsson sich ein Leben aus, wo die Klänge des *Wohltem-
perierten Klaviers* und der *Matthäus-Passion* noch nirgends
zu hören gewesen sind. Es muss eine andere Welt gewesen
sein, eine Welt, die wir uns nicht mehr vorstellen können,
selbst wenn wir sie auf Brueghel-Bildern zu sehen meinen.
Längst können wir uns auch keine Welt mehr vorstellen, in
der es nur Bach gegeben hat, aber keinen Beethoven. Beethoven bildet eine Zäsur. Was nach ihm kommt, hat sich an
ihm zu messen. Zahlreich sind die Klagen von Komponisten, dass man nach ihm keine Sinfonien mehr schreiben
kann, ohne als Epigone dazustehen. Beethoven hat die –
damals noch gar nicht alte – Form der Sonate und damit der Sinfonie an Grenzen gebracht und gesprengt. Gar
nicht zu reden von der Kühnheit im Umgang mit Harmonien, die Schubert von ihm übernimmt und die bei Haydn
noch undenkbar gewesen wären.

Für Adorno beginnt die neuere Musikgeschichte mit
Beethoven. Alles davor bewegt sich für ihn in mehr oder
weniger vorgestanzten Formen, während Beethoven mit
Tradiertem bricht, allerdings nicht, indem er es ablehnt,
sondern indem er es aufbricht. In Beethovens Spätwerk
entdeckt Adorno Kraterlandschaften und Wüsteneien voller Abgründe, Hohlstellen, Risse und Löcher. Das gilt zwar
weniger für die Sinfonien, doch umso mehr für die letzten
Klaviersonaten und Streichquartette. In Thomas Manns
Doktor Faustus erklärt der junge Musiker Wendell Kretzschmar einer Schar von Rentnern, dass es nach Beethoven
keine Sonate mehr geben kann. Zwar könne man, behauptet er, nach wie vor Sonaten schreiben, doch die Sonate

als historische Gattung habe mit Beethovens op. 111 für
immer ausgespielt, sei an ihr Ende gelangt, besitze keine
Lebenskraft mehr. Thomas Mann schließt sich damit nicht
nur Adorno an, der ihn beim *Doktor Faustus* musikalisch
beraten hat, er nimmt eine These auf, die bereits seit dem
19. Jahrhundert in Umlauf ist.

Für Tolstoi dagegen steckt in Beethovens Musik der Teu-
fel. In seiner Erzählung *Die Kreutzersonate* steht ein Guts-
besitzer im Mittelpunkt, der Beethovens Musik für die
vermeintliche Untreue seiner Frau verantwortlich macht.
Diese Musik, behauptet er, stachle erotisch auf, doch ohne
Sinn und Ziel, um purer Erregung willen und um eine
Wirrnis zu stiften, die sich nicht mehr bändigen lässt. Sie
entflammt uns, entführt uns, entrückt uns von uns selbst,
auf unverständliche, gerade dadurch aber gefährliche
Weise. Gäbe es Beethovens *Kreutzersonate* nicht, hätte er
seine Frau nicht ermorden müssen, glaubt dieser Mann.
Und er folgert daraus, dass der Staat eine solche Musik
verbieten muss.

Bei der *Kreutzersonate* handelt es sich um Dichtung,
doch in seiner späten apodiktischen Schrift *Was ist Kunst?*
bescheinigt Tolstoi Beethovens Musik – ohne jeden fiktiven
Rahmen – »eine krankhafte nervöse Reizbarkeit«. Infolge
seiner Taubheit habe Beethoven sich in »künstlerischem
Irrereden« ergangen und nur noch krude, sinnlose Dinge
geschrieben, behauptet Tolstoi. In seinen Augen beginnt
damit all das Krankhafte, das seit Beethoven die Musik
prägt. Diese These klingt versteckt auch in Thomas Manns
Doktor Faustus an, wo der Komponist Adrian Leverkühn
darüber klagt, dass die klassische Musik immer komplizier-
ter, zerrütteter und unverständlicher klingt und sich von
den menschlichen Bedürfnissen endlos entfernt. Leverkühn

komponiert selbst solche Musik, hat aber das Gefühl, dass sie nicht weiterführt und nichts Wohltuendes besitzt. Das einzige Heilmittel erblickt er in der Rückkehr zum Einfachen, Gesunden, Harmonischen. Dass er selbst daran nicht glaubt, steht auf einem anderen Blatt. Was Tolstoi an Beethovens Musik unerträglich findet, ist für Proust »geistiges Hauptnahrungsmittel«, wie man in der *Recherche* liest. Was den einen graust, ist des andern Glück.

Beethovens Sinfonien verstören uns längst nicht mehr. Wir können sie nicht mit den Ohren seiner Zeitgenossen hören, man kann sich nur vorzustellen versuchen, wie es wäre, wenn man sie noch nie gehört hätte. Das gelingt zwar nicht, verändert aber die Wahrnehmung. Schließlich überkommt einen zuweilen auch im frühen Morgendämmer das Gefühl, als werde über der Welt zum ersten Mal Licht.

Ein Kosmos ohne Worte

In Willa Cathers 1904 erschienener Erzählung *Eine Wag-ner-Matinee* sitzt ein Mann im Konzert neben seiner Tante, die er zuletzt als kleiner Junge gesehen hat. Seit dreißig Jahren lebt sie in Nebraska und ist erstmals wieder in Boston. Er hat sie in eine Matinee mitgenommen, obwohl sie von der Fahrt noch wie betäubt ist. Als Erstes steht das Vorspiel zum *Tannhäuser* auf dem Programm. Als die Tante bei den Hörnerklängen nach dem Ärmel des jungen Mannes greift, kommt ihm der Gedanke, dass diese Musik für sie zum ersten Mal die unfassbare Stille jener endlosen Ebenen durchbricht, in denen sie seit über einem Vierteljahrhundert lebt. Als die Geigen mit ihrem flirrenden Venusbergmotiv einsetzen, sinniert er über die Vergänglichkeit und Vergeblichkeit unseres Daseins, und vor seinem inneren Auge tauchen Kindheitserinnerungen auf an ihr kleines, kahles Haus, das in den Weiten der Prärie wie eine hölzerne Festung wirkt. Ebenso kommt ihm der schwarze See in den Sinn, in dem er schwimmen gelernt hat, und die bis zum Horizont reichenden Kornfelder, während die Tante wie erstarrt aufs Orchester blickt.

Was mag sie denken und empfinden bei diesem Aufruhr der Geigen und Posaunen?, fragt er sich. Sagt ihr die Musik etwas, oder verliert ihr Blick sich im Nichts? Es ist lange her, dass sich die Tante solchen Klängen ausgesetzt hat. Das musikalische Leben an ihrem abgelegenen Ort beschränkt sich auf die Gesänge beim Gottesdienst. Der

junge Mann rätselt, was ihr durch den Kopf geht. Ob ihr
schöne Bilder kommen oder ungute, ob sie ans Gewoge
des Meeres denkt oder an die zahllosen Toten, die es hin-
abgerissen hat, oder an ihr karges Heim oder ihre behütete
Kindheit in Boston. Als das Konzert zu Ende ist, drängen
die Leute plaudernd und lachend hinaus. Die Tante bleibt
sitzen. Ihr rollen Tränen über die Wangen.

Wir wissen nicht, was sich in andern beim Musikhören
abspielt. Bei Liedern mag der Text die Gedanken ein Stück
weit lenken, was aber keineswegs heißt, dass bei jedem
ähnliche Bilder erstehen und gleiche Gefühle. Reine Instrumentalmusik dagegen lässt fast alles offen. Zwar rufen Stücke, die düster klingen, meist keine Freude hervor,
und heitere machen selten schwermütig. Was Musik mit
uns aber tatsächlich anstellt, wissen wir meist selbst nicht
richtig. Bei Lektüre lässt sich das leichter feststellen, Musik dagegen bietet keinen inhaltlichen Anhaltspunkt. Zwar
mögen wir bei Trompetenfanfaren ans Militär denken
oder bei Hornsignalen an Jagd, was aber der zweite Takt
des dritten Satzes aus Beethovens Vierter bedeutet, lässt
sich schwer sagen. Gewiss ist, dass er eine musikalische
Funktion besitzt, die man kompositionstechnisch erklären kann, doch was er sonst noch bedeutet, steht in den
Sternen.

Dass Musik ohne Gesang auskommt, ist für uns längst
nichts Besonderes mehr. Vor zwei, drei Jahrhunderten war
das noch ganz anders. Zwar wird seit je zum Tanz aufgespielt, und seit der Barockzeit rückt auch reine Cembalo-,
Lauten-, Gamben- und Kammermusik immer mehr ins
Zentrum. Dass man aber in Konzerte geht und ausschließlich Instrumenten lauscht, ohne dass ein einziger Ton gesungen wird, ist bis weit ins 18. Jahrhundert hinein noch
unüblich. Sofern ein Komponist nicht für die Kirche arbei-

tet, schreibt er Musik für den Hof. Corellis Streichersona-
ten werden in römischen Palästen aufgeführt, wo im Publikum so wenig Stille herrscht wie damals in Opernhäusern.
Händels *Wassermusik* entsteht für eine königliche Lustfahrt
auf der Themse, die *Feuerwerksmusik* für ein Friedensfest in
den Gärten von Vauxhall. Die *Goldberg-Variationen* werden
zu Bachs Zeit kein einziges Mal öffentlich aufgeführt, *Das
Wohltemperierte Klavier* ebenso wenig. Dessen Fugen dienen dem jungen Beethoven als komplizierte Klavier-Etü-
den und für Kontrapunktstudien. Erst Clara Schumann
und Franz Liszt nehmen einzelne Stücke in Konzerte auf,
hundert Jahre nach ihrer Entstehung.

Wie Musik sich nur langsam vom Gesang befreit und wie
sie noch lange auf ihn verweist, zeigt allein die im 17. Jahrhundert aufkommende Instrumentalgattung der *Canzone*,
ebenso künden Tempobezeichnungen und Satzüberschrif-
ten bis heute häufig von ihrer Herkunft aus dem Vokalen.
Bach charakterisiert das Thema seiner *Goldberg-Variationen*
als *Aria*, über Beethovens Variationen-Satz seiner Klaviersonate op. 111 steht *Arietta*, und zwar mit der Vortragsanweisung: *Adagio molto semplice e cantabile* – ein sehr
schlichtes und sangliches Adagio; die Angabe für den langsamen Satz seiner *Pathétique* lautet *Adagio cantabile*, für den
3. Satz seiner Klaviersonate As-Dur, op. 110: »Klagender
Gesang, *Arioso dolente*«; beim 2. Satz der Klaviersonate
e-moll, op. 90, schreibt er vor: »Nicht zu geschwind und
sehr singbar vorgetragen«; im 3. Satz des Streichquartetts
a-moll, op. 132, überrascht er mit der Überschrift: »Heiliger Dankgesang eines Genesenen an die Gottheit.« Die
Beispiele ließen sich fortführen, bis hin zum *Andante amo-
roso* aus Mahlers Siebter, das mit seiner Gitarre und Man-
doline Abendständchen in Erinnerung ruft, wie man sie
aus Rossinis *Barbier von Sevilla* kennt.

Zu Beethovens Zeit erklingen in Konzerten zwischen
den einzelnen Instrumentalwerken immer auch Chöre und
Arien. Die Tatsache, dass wortlose Musik im Vormarsch ist,
löst im 18. Jahrhundert weltanschauliche Debatten aus,
bei denen es um weit mehr geht als nur um Musik. Wie
wenig Instrumentalmusik damals noch als ernst zu neh-
mende Kunst anerkannt wird, belegt eine autobiographi-
sche Skizze von Joseph Haydn, die er mit Mitte vierzig als
Empfehlungsschreiben anfertigt. Er listet darin lediglich
seine Opern, Oratorien und geistlichen Gesänge auf, erwähnt aber mit keinem Wort seine Sinfonien und Streichquartette, obwohl bereits Dutzende aufgeführt worden
sind. Zur Ironie der Geschichte gehört, dass seine Opern
fast nur auf Schloss Esterházy gespielt werden und selten
in städtischen Opernhäusern, während seine Streichquartette und Sinfonien bis heute zum Bedeutendsten gehören, was die Klassik hervorgebracht hat. Ihm selbst sind
sie jedoch keine Erwähnung wert. Mit Instrumentalmusik
lassen sich keine Meriten verdienen, und man kann nicht
von ihr leben. Erst im Alter wird Haydn in London für
sein sinfonisches Werk gefeiert, denn anders als in Wien
gibt es dort bereits ein großes Orchester, das sogar Werke
in Auftrag gibt.

Wäre Beethoven hundert Jahre früher geboren worden,
hätte er mehr Vokalwerke komponieren müssen, auch wenn
darin nicht seine Stärke lag. Zwar gehört sein *Fidelio* zu den
meistgespielten Opern, doch klagen Sänger bis heute, dass
manche Passagen wenig gesangsgerecht geschrieben sind.
Wilhelm Heinrich Riehl zitiert in seinen 1862 erschienenen
Musikalischen Charakterköpfen Stimmen, die behaupten, es
handle sich beim *Fidelio* nicht um eine Oper, sondern um
eine »dramatisierte Symphonie«. Beethoven wird für seine
Klaviersonaten und Streichquartette berühmt und vor al-

lem für seine Sinfonien, die in der Musikgeschichte der
letzten Jahrhunderte wie Kolosse herausragen und eine
musikgeschichtliche Zäsur markieren. Ganz anders verhält es sich mit Mozarts Sinfonien und Klaviersonaten, die
zwar keinesfalls gering zu schätzen sind, an seine Opern
aber kaum hereinreichen. Beethoven dagegen tut sich mit
der Oper schwer, was nicht nur am Genre selbst liegt, sondern auch daran, dass er mit keinem Libretto zufrieden
ist. Mozarts Da-Ponte-Opern sind ihm zu frivol, erotische
Stoffe sind seine Sache nicht. Franz Grillparzer schrickt
zurück, als Beethoven ihn um ein Libretto bittet. Gegenüber dem Musikkritiker Eduard Hanslick äußert er: »Diese
Anfrage setzte mich in nicht geringe Verlegenheit. Einmal
lag mir der Gedanke, je ein Opernbuch zu schreiben, an
sich schon fern genug, dann zweifelte ich, ob Beethoven,
der unterdessen völlig gehörlos geworden war und dessen
letzte Kompositionen, unbeschadet ihres hohen Wertes,
einen Charakter von Herbigkeit angenommen hatten, der
mir mit der Behandlung der Singstimmen in Widerspruch
zu stehen schien; ich zweifelte, sage ich, ob Beethoven
noch imstande sei, eine Oper zu komponieren.«

Von den wenigen Liedern, die Beethoven schreibt, ist
nur *Adelaide* wirklich bekannt. Während man mit Schubert-
Liedern Säle füllt und auch Schumann und Brahms für
ihre Gedichtvertonungen berühmt sind, führt Beethoven
in dieser Hinsicht ein Schattendasein. Bei seiner *Missa
Solemnis* gehen die Urteile ohnehin auseinander. Für
Adorno ist sie wegen ihrer rückwärtsgewandten Stilmittel nahezu indiskutabel, andere setzen sie mit Händels
Messias gleich. Häufig aufgeführt wird sie nicht, weder
im Konzertsaal noch in der Kirche, was nicht zuletzt an
ihren schieren Ausmaßen liegt. Mit seiner Instrumentalmusik jedoch sprengt Beethoven Grenzen. Alle, die nach

ihm kommen und noch Klaviersonaten, Streichquartette
und Sinfonien komponieren, müssen sich an ihm messen
lassen.

Rousseaus Kampf gegen Rameau

Knapp zwanzig Jahre vor Beethovens Geburt werden in Paris geistige Schlachten geschlagen, die nicht nur die Musik-
welt erregen. Sie gehen unter dem Titel Buffonistenstreit in
die Geschichte ein, bei dem es sich vordergründig um die
Frage handelt, ob man der italienischen Oper den Vorzug
gibt oder der französischen. In Paris stehen sich die beiden
Opernhäuser in inniger Feindschaft gegenüber. In der italienischen Oper vergnügt man sich bei schönen Gesängen,
herrlichem Getriller und Geschichten, die von Liebe und
Macht handeln und von Lust und Eifersucht. Während der
Rezitative unterhält man sich und isst und trinkt, tritt die
Primadonna an die Rampe, rauscht Beifall auf und man
ist ganz Ohr.

Ganz anders im französischen Haus. Zwar wird auch dort
gesungen, doch das Orchester dient nicht mehr nur als ver-
größerte Gitarre, die für Rums-bums-Rhythmen sorgt, wie
George Bernard Shaw über die italienische Oper einmal
spotten wird. Rameaus Opern entfalten ein sinfonisches
Tohuwabohu, wie man es nie zuvor gehört hat, mit Wind-
maschinen, Donnerblech, Schlagwerk und ungewohntem
Bläsereinsatz. Der Gesang wirkt bloß noch wie Zutat. Die
Geiger entlocken ihren Instrumenten allerlei Lautmale-
reien, die nicht auf Wohlklang aus sind, sondern die Elemente zum Toben bringen. In Rousseaus Ohren handelt
es sich um einen Krach, der dem gesunden Empfinden
widerstrebt und jeden Bezug zum Gesang verloren hat. Er

wirft Rameau vor, das Harmonische übers Melodische zu stellen und damit die Musik zu pervertieren.

Wie man im Namen des Melodischen gegen das Harmonische anrennen kann, ist heutzutage schwer nachzuvollziehen. Jeder, der sich auf der Gitarre begleitet, unterstützt mit Akkorden den eigenen Gesang: Harmonie kommt zu Melodie. Doch was, wenn vor allem Harmonien regieren? Das lässt sich an Jazz-Improvisationen sehen, denen Changes zugrunde liegen, also Harmoniefolgen, die dem freien Spiel als Basis dienen. Wem dieses endlose Improvisieren auf die Nerven geht und wer daran das Melodische vermisst, dem ergeht es wie Rousseau. Bereits der Musiktheoretiker Johann Mattheson wirft dem jungen Händel vor, er improvisiere zu viel auf der Orgel und verliere dadurch jeden Bezug zum Melodischen. Mattheson vergleicht eine solche Musik mit Aussätzigen, die Kleider aus Brokat tragen. Solange die Melodie fehlt, sind Harmonien für ihn leere Hüllen.

Während Rousseau nur sangbare Musik für menschengemäß hält, entwickelt Rameau eine Harmonielehre, die auf der Obertonreihe basiert und die der westlich geprägten Musik bis heute als Grundlage dient. Sowohl Rousseau als auch Rameau berufen sich auf die Natur, jeder sich jedoch auf eine andere. Für Rousseau besteht sie im Gesang der Amme, den die Seele nie vergisst, für Rameau besteht sie aus Gesetzmäßigkeiten, die sich mathematisch fassen lassen. Der eine argumentiert mit Gefühlen, der andere mit Physik.

Im Grunde hält dieser Streit bis heute an. Schließlich geht es um nicht weniger als die Frage, welche Musik uns guttut und welche nicht. Rousseau ist über Nacht mit seiner *Abhandlung über die Wissenschaften und Künste* berühmt geworden, in der er die moderne Gesellschaft als dekadent brandmarkt. Mit seinen Attacken gegen Rameau weitet er seine Sozialkritik aufs Feld der Musik aus. Alles, was sich vom Einfachen und Gesunden entfernt, ist in seinen Augen entartet – *dépravé*. In seinem 1767 veröffentlichten *Wörterbuch der Musik* erklärt Rousseau, jede Musik, die nicht melodisch ist, erzeuge Langeweile. Auch Musik, in der mehrere Melodien ineinanderspielen, sei zu verwerfen, da sie das menschliche Gehör überfordere. In seinem 1753 erschienenen *Brief über die französische Musik* holt er zum Generalangriff gegen jede Art von Instrumentalmusik aus. Weil sie nicht mehr schön, sondern bloß noch interessant sein will, gehört sie für ihn zu jenen Dekadenzphänomenen, wie sie nur verstädterte Gesellschaften hervorbringen können.

Die damals gängige Gattung für Instrumentalmusik ist die Sonate. Sie besteht aus drei oder vier Sätzen, einem schnellen ersten, langsamen zweiten, tänzerischen dritten und geschwinden letzten. Da Sonaten im Unterschied zu Kantaten ohne Gesang auskommen, bemerkt Rousseau:

>*Heutzutage, wo Instrumente den wichtigsten Teil der Musik bilden, sind Sonaten überaus in Mode, genauso wie Sinfonien; das Vokale ist fast bloß noch Zutat. ... Wir verdanken diese Geschmacklosigkeit denen, die ... uns zwingen, mit Instrumenten etwas zu machen, was unserer menschlichen Stimme nicht gelingt. Ich wage vorherzusagen, dass eine so widernatürliche Geschmacksrichtung nicht von langer Dauer sein kann. ... Um zu erfahren, was dieser ganze Sonatenplunder, mit dem wir uns quälen lassen, sagen will, müsste man es machen wie dieser ungeschlachte Maler, der sich gezwungen sah, unter seine Bilder zu schreiben: das ist ein Baum, das ist ein Mensch, das ist ein Pferd. Nie werde ich den Wutausbruch des berühmten Fontenelle vergessen, der diese endlosen Sinfonien*

*satthatte und voller Ungeduld brüllte: Sonate, was willst du
mir sagen?«*

Rousseau rekurriert auf einen – nicht weiter belegten –
Aufschrei von Bernard de Fontenelle, der sich als Opern-
librettist offenbar gefragt hat, wozu eine Musik gut sein soll,
die ohne Text auszukommen meint. Wozu in Klangfluten
versinken, die keinerlei Inhalt besitzen? In Italien würde
niemand wagen, das Publikum mit sinfonischem Galima-
thias aus den Opernhäusern zu verscheuchen. Niemand
käme dort auf die Idee, den Gesang bloßem Getrommel,
Gepfeife und Gescharre zu opfern. In Italien liebt man das
Wohltuende, während in Paris laut Rousseau eine Mode
herrscht, die sich für Fortschritt hält, in Wirklichkeit aber
von Verkommenheit zeugt.

Kants Kopfschütteln über Musik

Rousseau ist nicht der Einzige, den wortlose Musik irri-
tiert. Als 1790 Kants *Kritik der Urteilskraft* erscheint, wird
Joseph Haydn in London mit seinen späten Sinfonien gefeiert. Die Namen Haydn und Mozart tauchen bei Kant
zwar nicht auf, doch in seiner *Urteilskraft* lesen wir, Musik sei die niedrigste aller Künste. Kant erklärt das damit,
dass sie »ihren Einfluss weiter, als man ihn verlangt, auf die
Nachbarschaft ausbreitet.« Wer philosophische Argumente
erwartet, sieht sich enttäuscht. Kant stört an Musik, dass
sie die Nachbarschaft stört. Allerdings weiß er auch nicht
viel mit ihr anzufangen, was vor allem daran liegt, dass sie
bloß mit Empfindungen spielt, dem Geist jedoch wenig
Stoff für Disputationen und Diskussionen bietet. Während
man sich über Dichtung des Langen und Breiten auslassen

kann, greift man bei Musik ins Leere, zumindest wenn sie nur instrumental ist. Sie besteht aus nicht viel mehr als tönender Luft. Gesang gibt einem immerhin durch den Text Bedeutungen an die Hand, reine Musik dagegen besteht aus klingendem Nichts.

Ihr windiges Wesen trägt unsere Gedanken und Gefühle hierhin und dorthin, ohne erkennbaren Sinn, ohne bestimmtes Ziel. Wir können ihr alles Erdenkliche andichten, nichts lässt sich belegen, nichts sich beweisen. Instrumentalmusik fehlt jeder Grund und Boden, sie lässt alles in der Schwebe. Kants philosophischer Ehrgeiz besteht darin, unser Denken und Erkennen unter Kategorien zu subsumieren und sie in einem Koordinatensystem zu verorten, das für Übersicht sorgt. Kunst besitzt für ihn dabei die Funktion, das freie Spiel des Vorstellungsvermögens in Gang zu setzen. Anders als in der Wissenschaft, wo die Gesetze der Logik gelten, muss man dabei zwar keinen bestimmten Regeln gehorchen, sinnvoll reden lässt sich aber auch dort nur über Dinge, die nicht völlig entgleiten. Der elementare Mangel an Musik besteht jedoch in ihrer Unfasslichkeit. Sie ist im wahrsten Sinne des Wortes gegenstandslos, in mehrfacher Hinsicht: Sie bildet nichts ab wie Gemälde und drückt nichts aus wie die Sprache. Weil sie in keiner Weise greifbar ist, ist sie intellektuell unergiebig. Ihre Wirkung entfaltet sich in den Eingeweiden – Verstand und Vernunft gehen leer aus.

Romantische Hymnen aufs Unbegreifliche

Während Kant die Welt gedanklich geordnet sehen will, schrecken romantische Dichter vor der Vision vollkommener Transparenz zurück. Im Jahr 1800 veröffentlicht

Friedrich Schlegel einen Aufsatz mit dem Titel *Über die Unverständlichkeit*, in dem es heißt: »Wahrlich, es würde euch bange werden, wenn die ganze Welt, wie ihr es fordert, einmal im Ernst durchaus verständlich würde.« Schlegel ist nicht für musikalische Reflexionen berühmt, doch in seinen Schriften finden sich immer wieder Bemerkungen, die sich als Beitrag zu den damaligen musikalischen Debatten lesen lassen. In seinen *Lyceums*-Fragmenten begegnen wir dem Satz: »Alle reine Musik muss philosophisch und instrumental sein.« In Klammern folgt der Zusatz: »Musik fürs Denken.« Schlegel wünscht sich nicht nur eine Welt, die ihre Rätselhaftigkeit behält, seine Sätze klingen selbst oft rätselhaft. Man versteht sie irgendwie, jedoch nicht ganz. Man kann sich unter ihnen etwas vorstellen, aber nichts Genaues. Das haben sie mit Musik gemein. Während Kant auf Greifbares aus ist, wertschätzt Schlegel instrumentale Musik, weil sie den Geist frei schweifen lässt. Wo Kant Bändigung einklagt, entdeckt Schlegel reinen Überschuss; was Kant ratlos macht, bedeutet für Schlegel Entgrenzung. Musik erzeugt in seinen Augen eine unerschöpfliche Fülle. Weil es in ihr kein Ja gibt und kein Nein, kein Entweder-oder, kein Plus und kein Minus, führt sie über das Rasterhafte der Sprache unendlich hinaus.

Mit seinem Satz »Philosophie gründet sich auf Musik« kehrt Schlegel Kants Verdikt um. »Muss die reine Instrumentalmusik sich nicht selbst einen Text erschaffen?«, fragt er in den *Athenäums*-Fragmenten. »Und wird das Thema in ihr nicht so entwickelt, bestätigt, variiert und kontrastiert, wie der Gegenstand der Meditation in einer philosophischen Ideenreihe?« Die Souveränität von Musik zeigt sich für ihn darin, dass sie sich ihre Themen selbst gibt; sie gehorcht ausschließlich ihrer eigenen Bewegung, ihren eigenen Gesetzen, ihrer eigenen Dynamik. Auch Schlegel

sieht die Zeit gekommen, wo Kunst nicht mehr in erster
Linie schön sein will, sondern vor allem interessant. Während Schönheit angenehme Gefühle weckt, erregt das Interessante Staunen. So wie Beethovens Musik. Bei der Uraufführung seiner Sinfonien sind die Zuhörer verwirrt und
perplex. Sie rätseln, was diese Musik ihnen sagen will.

Als der Geiger Felix Radicati Beethoven vorhält, bei seinen Streichquartetten op. 59 handle es sich nicht mehr um
Musik, antwortet Beethoven: »O, sie sind auch nicht für Sie,
sondern für eine spätere Zeit.« Während einer Aufführung
in Sankt Petersburg soll das Publikum in Lachen ausgebrochen sein, als der Cellist am Anfang des zweiten Satzes
von Quartett Nr. 7 in F-Dur mehrere Takte lang auf einem
einzigen Ton einen bocksbeinigen Rhythmus vortrommelt.
Aus Wut über diesen Unsinn soll der Cellist daraufhin
auf den Noten herumgestampft sein. Als der Beethoven
treu ergebene Geiger Ignaz Schuppanzigh, der mit seinem Streichquartett zahlreiche seiner Werke uraufführt,
darüber klagt, dass manches an Grenzen führt und schwer
zu begreifen ist, gibt Beethoven zurück: »Glaubt Er, dass
ich an eine elende Geige denke, wenn der Geist zu mir
spricht und ich es aufschreibe?«

In seiner groß angelegten Besprechung von Beethovens
5. Sinfonie lässt E. T. A. Hoffmann sich über die musikalischen Entwicklungen der letzten Jahrzehnte aus und rühmt
Beethoven als den Überwinder einer Musik, die in erster
Linie angenehm klingen will. Beethoven dagegen, erklärt
er, »schließt dem Menschen ein unbekanntes Reich auf;
eine Welt, die nichts gemein hat mit der äußern Sinnenwelt,
die ihn umgibt, und in der er alle durch Begriffe bestimmbaren Gefühle zurücklässt, um sich dem Unaussprechlichen hinzugeben.« Von Mozart und Haydn sagt Hoffmann,
sie bewegten sich noch in der Welt des Schönen und Hei-

teren, wogegen Beethoven den Weg weise in »das Reich des Ungeheueren und Unermesslichen«.

Während Rousseau die neu aufkommende Instrumentalmusik am liebsten sofort wieder abschaffen würde, bildet sie für Hoffmann den Höhepunkt der Musikgeschichte. Erst jetzt kommt die Musik zu sich selbst; sie muss keinen Ansprüchen mehr dienen, die ihr von außen aufgetragen werden. Mit Beethoven hat das bisherige Harmonie-Ideal ausgedient. Die Sinfonie hat laut Hoffmann »die steife, langweilige Form des ehemaligen *Concerto grosso*« begraben und eine neue Gattung hervorgebracht: »die Oper der Instrumente«. »Beethovens Musik bewegt die Hebel des Schauers, der Furcht, des Entsetzens, des Schmerzes, und erweckt jene unendliche Sehnsucht, die das Wesen der Romantik ist«, schreibt er. Seine Musik offenbare die Nachtseiten der Welt, allerdings in einem Licht, das himmelwärts weist und uns mit Ewigkeitsgefühlen berauscht. Auch für Wilhelm Heinrich Wackenroder und Ludwig Tieck vollendet sich in der Instrumentalmusik alle Kunst. Wer wie ein Esel fragt, was sie bedeuten soll, gehört in ihren Augen zu jenen erbärmlichen Vernünftlern, »die sich nicht darin finden können, dass nicht jedes eine nennbare Bedeutung hat wie ein Gemälde«, heißt es in ihren 1799 erschienenen *Phantasien über die Kunst*.

Hanslick verhöhnt die Phantasten

Für den berühmtesten deutschsprachigen Musikkritiker des 19. Jahrhunderts, Eduard Hanslick, erreicht die Musik ihren Gipfel ebenfalls im rein Instrumentalen. Allerdings gehen ihm die ins Kraut schießenden poetisierenden Deutungen auf die Nerven, mit denen man zu erklären ver sucht, was sie sagen will. 1854 legt er seine vieldiskutierte Schrift *Vom Musikalisch-Schönen* vor, die bis heute die Geister spaltet. Anders, als der Titel vermuten lässt, geht es Hanslick nicht um den Unterschied zwischen dem Schönen und Erhabenen und auch nicht um Harmonie und Melodie. Instrumentalmusik zeichnet sich für ihn dadurch aus, dass sie keinen Inhalt besitzt und sich nicht in Bildern und Begriffen fassen lässt. Weder will er in ihr metaphysische Entgrenzungen entdecken noch sonstige Maßlosigkeiten. Eine Sinfonie besteht für ihn aus purer Form, mehr bedarf es nicht. Hanslick vergleicht sie mit Arabesken, die ebenfalls nichts darstellen als sich selbst: »Wir erblicken geschwungene Linien, hier sanft sich neigend, dort kühn emporstrebend, sich findend und loslassend, in kleinen und großen Bogen korrespondierend, scheinbar inkommensurabel, doch immer wohlgegliedert, überall ein Gegen- oder Seitenstück begrüßend, eine Sammlung kleiner Einzelheiten und doch ein Ganzes.«

Es kümmert Hanslick nicht, was ein Komponist sich beim Komponieren gedacht hat, einzig entscheidend ist, was in der Partitur steht. Und das sind ausschließlich Noten, Tempoangaben, Artikulationszeichen. Wer eine Sinfonie begreifen will, muss ihren inwendigen Zusammenhang studieren und ihr Gefüge durchdringen. Alles andere sagt nichts aus über sie, sondern nur über den, der sie hört. Dessen Gedanken und Gefühle interessieren Hanslick jedoch nicht, zumal sie bei jedem anders ausfallen. Er spottet über die wortreichen Dichter und Musikkritiker, denen bei der *Eroica* unablässig Phantasien kommen und Gefühle, über die sie reden wollen. Ihn verlangt nach Strukturanalysen, nicht nach Herzensergießungen.

Für Hanslick besitzen Opern und Lieder zwar nach wie vor ihre Berechtigung, ihre musikalischen Ausdrucksformen

kann er allerdings nicht immer ernst nehmen. »Als die Arie
des Orpheus: ›J'ai perdu mon Euridice, / Rien n'égale mon
malheur‹ Tausende (und darunter Männer wie J.-J. Rousseau) zu Tränen rührte, bemerkte ein Zeitgenosse Glucks, …
dass man dieser Melodie ebenso gut, ja weit richtiger die
entgegengesetzten Worte unterlegen könnte: ›J'ai trouvé
mon Euridice, / Rien n'égale mon bonheur‹«, spottet er.*
Damit bringt er auf den Punkt, was auch einen nicht kleinen Teil von Songs und Schlagern ausmacht, die in ihrer
Drei-Akkord-Seligkeit von Schmerz und Einsamkeit handeln, obwohl genauso gut von Frieden und Glück die Rede
sein könnte. Ihre Rhythmen gleiten locker dahin, alles
läuft wie am Schnürchen; während der Text von schlimms-
ter Zerrissenheit handelt, spürt man in der Musik davon
nichts.

Dass Hanslick sich mit seiner Apotheose der reinen Musik nicht nur Freunde macht, liegt auf der Hand. Sein be-
kanntester Widersacher wird Wagner, der Beethovens Sinfonien zwar über alles schätzt, die Neunte allerdings für die
wichtigste hält, weil sie sich wieder der Sprache öffnet. Indem sie das Getrennte wieder zusammenführt, weist sie in
Wagners Augen den Weg zu jenem Gesamtkunstwerk, für
dessen Erfinder und Vollender er sich hält. Aus Hanslicks
Sicht fällt Wagner damit jedoch in überwunden geglaubte
Zeiten zurück. Während für Hanslick wahre Musik aus
nichts als »tönend bewegter Form« besteht, setzt Wagner
alle erdenklichen außermusikalischen Mittel ein, um das
Publikum zu überwältigen. Was sich zwischen Hanslick-
Anhängern und Wagner-Aposteln abspielt, grenzt an einen

---

* In der deutschen Fassung lauten die Verse: »Ach, ich habe sie verloren,
  all mein Glück ist nun dahin!« Entsprechend würde die Kontrafaktur
  lauten: »Ach, ich habe sie gefunden, all mein Glück ist nun dahin!«

Glaubenskrieg, der nicht nur die damalige Komponisten-
generation entzweit.

Lyotard blickt in Abgründe

Wie sehr diese Diskussionen bis heute nachwirken, zeigt
sich nicht zuletzt in den Schriften von Jean-François Lyotard, die immer wieder hervorheben, dass Musik uns in ein
Nichts von Bedeutungen stürzt. Lyotard nimmt Kants Ar-
gumentation auf, wendet sie aber in die gegenteilige Richtung. Sein gesamtes Denken läuft darauf hinaus, dass wir
im Grunde nichts wirklich wissen können und am Ende
stets im Unbegreiflichen anlangen. Während Wissenschaft
und Philosophie seit Jahrtausenden ein gewaltiges Be-
deutungstheater aufführen, das Sinn in Hülle und Fülle
vorgaukelt, konfrontiert reine Musik uns mit dem *abîme* –
dem Bodenlosen. Ihre Klänge ziehen uns in einen Strudel
hinein, in dem wir verloren sind. Während wir mit unserem sprachlichen Weltzugriff der Illusion unterliegen, man
könne die Wirklichkeit mit Worten einfangen, nährt reine
Musik diese Illusion nicht.

Wenn Lyotard über Musik spricht, hat er natürlich nicht
jene Lieder und Songs im Blick, die aus wohlbekannten
Legobausteinen bestehen und das Vertraute bedienen. Er
denkt an Musik, bei der man sich nicht sofort heimisch
fühlt; an Musik, die einen ratlos zurücklässt und sich nicht
im Koordinatensystem des Sagbaren verorten lässt; an
Musik, bei der man etwas hört, das sich jeder Benennung
entzieht. Er meint Musik, die uns entführt, ohne zu ver-
raten, wohin. Wo Kant Rationalität anmahnt, will Lyotard
deren Gefängnis entkommen. Sprache verharrt immer ein
Stück weit in deren Fängen, selbst wenn sie sich verspon-

nen gibt und wirr. Musik dagegen entschwindet, man weiß
nicht einmal, in welche Richtung. Es gibt in ihr kein rechts
und kein links, kein oben und unten, sie besteht allein aus
Intensität, in vollkommener Ortlosigkeit.

Derrida zerpflückt Rousseau

Jacques Derrida wiederum widmet in seiner 1964 erschienenen *Grammatologie* weite Strecken Rousseaus Kampf
gegen Rameau. Der Name Rameau steht für eine Krank-
heit, die in Rousseaus Augen charakteristisch für die Entwicklung unserer abendländischen Zivilisation ist. Man
könnte den Namen Rameau auch durch den von Beethoven ersetzen und durch die Namen all jener Komponisten,
deren Werke sich von der menschlichen Stimme und damit von unseren mütterlichen Ursprüngen entfernt haben.
Durch allerlei Verästelungen führt Derrida vor, wie Rousseaus Denken auf einem Dualismus beruht, für den es nur
das Echte und Unechte, Eigentliche und Uneigentliche,
Authentische und Dekadente gibt. Je mehr wir uns von
unseren geschichtlichen Anfängen entfernen, desto mehr
Ersatzbedürfnisse erzeugen wir, glaubt Rousseau. Diese
Ersatzbedürfnisse bilden in seinen Augen »ein gefährliches
Supplement«, das keinerlei Sättigung kennt und stets neue
Bedürfnisse erzeugt, wodurch eine immer größere Leere
entsteht, die mit ständig neuen Supplements gestopft werden muss, woraus wiederum eine Kultur hektischer Neue-
rungssucht erwächst, die für unablässige Zerstreuung sorgt.
Dieser Circulus vitiosus lässt sich nur durchbrechen, wenn
wir wieder zu unserem wahren Selbst zurückkehren und
zur wahren Natur. So lautet Rousseaus Credo.

Laut Derrida bedient Rousseau einen gedanklichen

Schematismus, dem ein Dogmatismus zugrunde liegt, den er selbst nicht durchschaut. Schließlich setzt Rousseau voraus, dass der Gegensatz zwischen Authentischem und Dekadentem sich wie von selbst versteht, obwohl er sich einer Konstruktion verdankt, aus der alles andere spricht als Natur. Man könnte diese Diskussion mit Blick auf Beethoven vergessen, müssten seine Sinfonien nicht aus Rousseaus Sicht als entarteter Ersatz für verlorene Natürlichkeit gelten. Rousseaus Argumente flammen auch in heutigen Debatten auf, bei denen die Existenz bürgerlicher Kulturtempel zur Disposition steht. Schon Tolstoi erweist sich als Rousseauist, wenn er in seiner Schrift *Was ist Kunst?* den Kopf über Opernhäuser schüttelt, die von zahllosen einfachen Leuten finanziert werden, die sich für Opern nicht interessieren. Wie Rousseau wütet Tolstoi gegen eine Kunst, die nicht jedem verständlich ist und die Wege einschlägt, denen das Volk nicht folgen kann. Schuld an dieser Entwicklung ist für Tolstoi kein anderer als Beethoven, dessen »harmonische, rhythmische und orchestrale Kompliziertheiten« von »krankhafter nervöser Reizbarkeit« zeugen.

Rousseau behauptet, Instrumentalmusik werde für ein Publikum geschrieben, das derart verderbt sei, dass es sich nicht einmal mehr die Frage stellt, wozu dieses sinfonische Tohuwabohu gut sein soll. Hätte es sich ein gesundes Gemüt bewahrt, könnte es mit dieser Musik nichts anfangen. »Unsere Seelen sind in dem Maße verdorben, in dem unsere Wissenschaften und unsere Künste vollkommener geworden sind«, heißt es in der *Abhandlung über die Wissenschaften und Künste*, die in dem Postulat gipfelt: Zurück zum Schlichten! Gesund wären in Rousseaus Augen nur solche Konzertbesucher, von denen Gerhard von Breuning berichtet, sie hätten noch Jahre nach Beethovens Tod die Konzerte verlassen, wenn seine Stücke an die Reihe kamen.

Nicht nur Rousseau widerstreben die neueren musikalischen Tendenzen, auch der weitaus jüngere Stendhal erklärt: »Das Instrumentalspiel hat die Musik zugrunde gerichtet.« In seiner 1824 erschienenen Schrift *Rossinis Leben* heißt es: »Die Kunst ist im Niedergang begriffen. Man könnte sagen, je gelehrter die Menschen werden, umso mehr verhärten sich ihre Herzen. Was Rousseau über die Politik und die Organisation der Gesellschaften geschrieben hat, ist veraltet; aber was er über die Musik ... geschrieben hat, ist noch immer frisch und wahr.« Der Franzose Stendhal hat sein eigenes Land nie gemocht, für ihn ist Italien das Paradies, vor allem seiner Opernhäuser wegen. Musik, die nicht mit Arien beglückt, ist für ihn nichtig. Rousseau dagegen opponiert generell gegen eine Kultur, die sich in Komplexität gefällt und Raffinesse für einen Wert als solchen hält. Gegen das Elitäre verteidigt er das Volkstümliche, heutig ausgedrückt: Pop und Folk. Wäre es nach ihm gegangen, hätte Musik sich nie in U und E aufspalten dürfen.

Taumeln oder Takte zählen

Nicht bloß Rousseau hat seine Nachfahren, auch Hanslick. In der alten Bundesrepublik haben wenige Musikwissenschaftler die Diskussionen so nachhaltig geprägt wie Carl Dahlhaus. Weil er jedoch keine allgemein verständlichen Abhandlungen über das Leben und Wirken von Beethoven geschrieben hat, wird seine Stimme nur in Fachkreisen wahrgenommen. Während Hanslick sich selbst keineswegs an seine eigenen Vorgaben gehalten hat, Musik allein aus ihrer Form zu erklären, nimmt Dahlhaus ihn beim Wort. Nicht nur von musikwissenschaftlicher DDR-Seite hat

ihm das den Vorwurf eingebracht, einer bürgerlichen Ideologie anzuhängen, die Musik autonom über dem Leben
schweben lässt und sie von den gesellschaftlichen Verhältnissen abkoppelt. Dass dieser Angriff nicht trifft, zeigen
Dahlhaus' detailversessene Analysen, mit denen er am
Notentext nachweist, wo genau Beethoven die Musik des
18. Jahrhunderts hinter sich lässt und Wege einschlägt, die
eine ganz neue Musikauffassung entstehen lassen, zu der
ein öffentliches Konzertwesen gehört, wie es nie zuvor existiert hat. Dahlhaus denkt mitnichten unhistorisch, ganz im
Gegenteil, nur besitzen seine kompositionstechnischen
Studien nicht die Verständlichkeit von Geschichtsbüchern.
Biographisches blendet er weitgehend aus, da es beim Se-
zieren von Musik selten weiterführt. Was ihn interessiert,
sind Beethovens musikalische Skizzenbücher und weniger
dessen Briefe und Konversationshefte.

Sofern Hanslick und Dahlhaus alle Versuche abwehren,
Musik anders als auf innermusikalische Weise beizukom-
men, grenzen sie jenen Gefühls- und Gedankenkosmos
weitgehend aus, der Musik erst zum Erlebnis und Ereignis
macht. Beethovens Sinfonien peitschen jedoch nicht nur
im psychischen Sinn auf uns ein, sondern auch im physi-
schen. Man fragt sich dabei nicht, wie das funktionsharmo-
nisch zu erklären ist, man ist schlichtweg überwältigt. Dass
man ohne musiktheoretische Kenntnisse keine Einsicht ins
innere Gewebe von Sinfonien gewinnt, ist das eine, dass
diese Einsicht wenig über deren Wirkung sagt, das andere.
Zwar ist es vorteilhaft, nicht betrunken zu sein, wenn man
die Wirkstoffe von Alkohol untersucht, es schadet aber
auch nicht, wenn man weiß, wie sich ein Rausch anfühlt.
So wohlüberlegt Beethoven seine Werke konzipiert und
komponiert hat, so sturmartig überfallen sie einen. Darüber zu schweigen hieße, das Wichtigste zu unterdrücken.

Im Übrigen gibt es verschiedene Wege, sich Musik zu nähern. Sie müssen einander nicht ausschließen.

In E. M. Forsters 1910 erschienenem Roman *Wiedersehen in Howards End* sitzen sechs Leute im Konzert bei Beethovens Fünfter. Mrs Munt schlägt bei melodiösen Stellen den Takt mit, Helen treten Helden und Schiffbrüche vors innere Auge, ihre Schwester Margaret hört bei Musik einfach nur Musik und flüstert gelegentlich mit dem Nachbarn, ihr Bruder Tibby hat die Partitur auf den Knien und liest mit, während die deutsche Cousine, Fräulein Mosebach, bei Beethoven immer das Gefühl hat, dass es »echt deutsch« klingt, wogegen ihr Verehrer ständig an Fräulein Mosebachs Schönheit denken muss und die Klangwogen ihn in Wallung versetzen. Beim Andante nimmt Helens Aufmerksamkeit ab. Sie vermisst die Helden und Schiffbrüche des ersten Satzes, weshalb sie nicht mehr richtig zuhört und die Leute um sich herum zu studieren anfängt.

In dieser kleinen Gesellschaft finden sich ganz unterschiedliche Hörertypen. Tibby macht es wie Adorno, für den die Lektüre der Partitur den einzig adäquaten Zugang bildet; Helen gibt sich ihren Phantasien hin und langweilt sich, wenn die Musik an Spannung verliert; Margaret hört nur Musik, ohne in Bildern zu schwelgen oder kompositionstechnisch versiert zu sein; und was sich sonst noch alles abspielt, ist ohnehin jedem vertraut, der in Konzerten nicht nur zum Orchester schaut.

1980 erscheint von dem Musikwissenschaftler Joseph Kerman ein Artikel mit dem Titel *How We Got into Analysis, and How to Get Out*: Wie wir ins Analytische hineingelangten und wie man herauskommt. Für Kerman steht fest, dass es keine Musikkritik mehr gäbe, wenn Rezensenten sich aufs Formale beschränken und nur über Modulationen, Motivarbeit, Kontrapunktik und Kadenzen reden würden. Für Seminardiskussionen und die Ausbildung an Konservatorien sind solche Fragen unabdingbar, doch der gewöhnliche Konzertbesucher, Musikhörer und Zeitungsleser schaltet dabei ab. Wer sich ausschließlich aufs Strukturelle kapriziert, versackt in musikalischer Mathematik. Selbst über hervorragende Musiktheoretiker sagt Kerman, sie ließen den Leser meist mit einem gewissen Unbehagen zurück: »Sie warten mit faszinierenden Einzelheiten auf, die auch fraglos relevant sind, doch man hat immer das bedrückende Gefühl, dass etwas Vitales übersehen worden ist.« Ganz anders ist es bei E.T.A. Hoffmann, der – selbst ein Komponist – aufs Schönste vorführt, wie man technisch und poetisch zugleich über Musik reden kann. Ebenso greifen in Hector Berlioz' *Étude critique des symphonies de Beethoven* Assoziatives und Handwerkliches ineinander. Berlioz gibt sogar zu, dass er sich bei manchen Passagen langweilt, plötzlich aber merkt, dass sie trotzdem gut sind.

Wie groß das Bedürfnis ist, Instrumentalmusik mit Programmen zu unterlegen, zeigen bereits bei Beethoven allerlei Titel: *Mondschein-Sonate, Pathétique, Appassionata, Der Sturm, Pastorale, Les Adieux.* Meist stammen sie nicht von Beethoven selbst, zeugen jedoch von dem Verlangen, aus Musik mehr herauszuhören als nur Musik. Choreographen wiederum bebildern Instrumentalwerke gerne mit Balletten oder nutzen sie als Grundlage fürs Tanztheater. Der Schweizer Adrian Marthaler hat Mahlers Sinfonien verfilmt, was heißt, dass man während eines Adagios in nächtlichen Gassen einsame Gestalten an Straßenecken sieht, die von schummrigen Funzeln beleuchtet sind.

Andersherum dienen Beethovens Sinfonien selbst bald schon als Vergleichsgrößen. In Balzacs Roman *Das Cha-*

grinleder heißt es von einer größeren Gesellschaft, bei der bereits eine Menge Alkohol geflossen ist:

> *»Man hätte meinen können, in einem Salon der besseren Gesellschaft zu sein, wo junge Mädchen und Frauen nach dem Diner den Gästen Kaffee, Zucker und Liköre reichen, die eine widerspenstige Verdauung anregen. Doch bald erklang Lachen, das Murmeln wuchs an, Stimmen erhoben sich. Einen Augenblick lang schien die Orgie gebändigt gewesen zu sein, doch jetzt drohte sie wieder aufzuflammen. Dieser Wechsel von Stille und Brausen erinnerte an eine Beethoven'sche Symphonie.«*

Ebenso begegnet man in der Literatur immer wieder der Klage, dass bloße Worte niemals an Musik heranreichen. Am Ende seiner Schilderung einer *Sonnenfinsternis* klagt Stifter: »Ihr aber, die es im höchsten Maße nachempfunden, habet Nachsicht mit diesen armen Worten, die es nachzumalen versuchten, und so weit zurückgeblieben. Wäre ich Beethoven, so würde ich es in Musik sagen; ich glaube, da könnte ich es besser.« Gegen Ende von Peter Handkes *Wunschlosem Unglück* heißt es: »Oft habe ich bei der Arbeit an der Geschichte gespürt, dass es den Ereignissen besser entsprechen würde, Musik zu schreiben.«

Zwar ist Musik zuerst einmal tönende Form, doch ihre Wirkung entfaltet sie im Reich der Gefühle. Reines Takte-Zählen kann nicht ihre Wucht erklären. Wenn man bei Beethovens Musik an Revolution denkt, liegt das an ihrer Power. Die bloße Analyse von Exposition und Reprise erklärt nicht, warum wir uns nach ihren Klangfluten sehnen. In Sinfonien spielen sich regelrechte Dramen ab, ohne dass wir sagen könnten, worin sie bestehen. Wir lassen uns packen, wissen aber nicht, was sich abspielt. Man spürt es,

hört es, vernimmt es, wird mitgerissen, fühlt sich aufgewühlt. Mit dem Unterschied zwischen erstem und zweitem
Thema – das eine wild, das andere sanft – lässt sich das nur
bedingt erklären.

Unser Assoziationsgetriebe können wir beim Musikhören
nicht abstellen. Allerdings lassen sich Hanslicks Aversionen gegen außermusikalische Sinnzuschreibungen leicht
nachvollziehen, wenn Werke mit Gedanken überfrachtet
werden, die das Gruseln lehren. So hat Arnold Schering,
einer der führenden Musikwissenschaftler während der
Nazizeit, Beethoven zu einem germanischen Komponisten
stilisiert, mit dem man sich gegen rassenfremde Einflüsse
und musikalische Verderbnis zu wappnen hat. Vor allem
die sogenannte Schicksalssinfonie hat es Schering angetan,
Beethovens Fünfte, aus der er den »Existenzkampf eines
Volkes« heraushört, »das einen Führer sucht und endlich
findet«. Dem ungläubigen Kopfschütteln von Kollegen ist
Schering mit der Behauptung begegnet, er habe wissenschaftliche Beweise, von Ton zu Ton, bis in den letzten Takt.

Stadt, Land, Sinfonie

Es versteht sich von allein, dass die Damen und Herren in
Forsters *Howards End* nicht in einem dörflichen Wirtshaus
Beethovens Fünfter lauschen, sondern in einem Konzertsaal, nämlich der Londoner Queen's Hall, die dreitausend
Zuhörer fasst. Zwar gibt es inzwischen auch Klassik-Fes-
tivals auf freiem Land, doch das Konzertwesen hat sich in
Metropolen entwickelt. Die ersten großen Orchester sind
in London und Paris gegründet worden, während Beethoven in Wien noch seine liebe Mühe hat, für Uraufführun-
gen passende Orte und geeignete Musiker zu finden.

In dem Roman *Howards End* geht es unablässig um den Unterschied zwischen Stadt und Land: In der Stadt macht man die Nacht zum Tag, auf dem Land lebt man mit den Jahreszeiten und von der Hände Arbeit; hier permanente Unruhe, dort schierer Stillstand; hier an jeder Ecke ein Pub, ein Café, ein Ballsaal, ein Theater oder Opernhaus, dort ruhige Abende, an denen man früh zu Bett geht. Obwohl E. M. Forster kein Natur-Apostel ist, meint man Rousseau zu hören, wenn er schreibt, London sei »voller Unrast, intelligent, doch ohne Ziel, erregbar, doch ohne Liebe; ... ein Herz, welches zwar schlägt, aber nicht mit menschlichem Pulsschlag«. Rousseau sagt über das Leben in den Städten das Gleiche, was er über Rameaus Musik sagt, die kein Ziel kennt und den Bezug zum menschlichen Herzen verloren hat. In seinem Essay *Not Listening to Music* erklärt Forster: »Musikhören bringt ein solches Kuddelmuddel, dass man kaum weiß, wie anfangen, will man es beschreiben.« Entsprechend trägt ein anderer Essay den Titel *London is a Muddle* – London ist ein Kuddelmuddel. Auch in *Howards End* heißt es, London sei nur »ein Vorgeschmack von unserer neuen Nomadenkultur«. Und es geht ganz rousseauistisch weiter: »Im Zeitalter des Kosmopolitismus werden wir, sollte es wirklich kommen, keine Hilfe mehr von der Erde empfangen. Bäume und Wiesen werden nur noch Kulisse sein.«

Auf dem Land gibt es keine Opern, keine Konzerthäuser, keine Sinfonien. Die Stadt dagegen ist selbst eine Sinfonie. In dem Roman *César Birotteau* schildert Balzac gleich im ersten Satz das nächtliche Gelärm der Stadt, mit Gemüsehändlern, die in die Markthalle fahren, während andere aus den Theatern strömen oder von Bällen kommen. Balzac spricht von »der großen Sinfonie des Pariser Aufruhrs«, die nachts um eins ihren Höhepunkt erreicht. Warum Sinfonie und Aufruhr für ihn identisch sind, wird später deutlich, als er auf Beethovens Fünfte zu sprechen kommt.

Ebenso charakterisiert Victor Hugo in *Der Glöckner von Notre-Dame* Paris als »machtvolle Symphonie aus Stein«. Zum Kolossalen der Architektur gehören die von überall zusammenströmenden Klänge und Geräusche: das dröhnende Glockengeläut Dutzender Kirchen, »das Murmeln einer halben Million Menschen, die ewige Klage des Stromes, das unaufhörliche Hauchen des Windes, das feierliche Rauschen der vier Wälder, die wie riesige Orgelgehäuse die fernen Hügel bedecken«. Zwar entwirft Hugo ein Bild vom mittelalterlichen Paris, wenn er jedoch von der »zum Orchester gewordenen Stadt« und von einer Sinfonie spricht, »die wie ein Sturmwind einherbraust«, greift er auf musikalische Begriffe zurück, die erst seit kurzem existieren.

Der erste Haydn-Biograph Georg August Griesinger berichtet, der alte Haydn habe in London seine glücklichste Zeit erlebt. Nach jahrzehntelanger Arbeit auf dem abgelegenen Schloss Esterházy fühlt er sich erst dort als freier Mann. Endlich darf er große Sinfonien schreiben, die in prächtigen Konzertsälen aufgeführt werden. Seitdem Beethoven mit dreißig Jahren seine erste Sinfonie herausgebracht hat und sich nicht mehr auf Klaviersonaten und Kammermusik beschränkt, zieht es ihn nach Paris, für dessen berühmtes Orchester der alte Haydn ebenfalls Sinfonien geschrieben hat. In Wien ist man noch auf die Unterstützung adliger Herren angewiesen, die ihre Palais für halbprivate Aufführungen öffnen. Einen Tag vor der geplanten Uraufführung von Beethovens 2. Sinfonie sagt der Impresario des Theaters an der Wien ab, weil er von jetzt auf gleich eine Aufführung angeboten bekommen hat, die rentabler scheint. Während sich in London und Paris

bereits ein richtiger Konzertbetrieb entwickelt hat, bleibt
Beethoven auf gräfliche Gönner und Theaterdirektoren
angewiesen, deren Launen und Geschäftsinteressen wechseln.

In Paris und London wird Haydn umjubelt wie zu Hause
nie. Anders als Wien hat Paris eine Revolution hinter sich,
und London ist eine Weltstadt, in der aller Handel zusam-
menkommt, der in den Kolonien getrieben wird. Der freie
Markt prägt dort das Leben und das öffentliche Parkett,
mit allem, was dazugehört. Als Zelter im Mai 1816 aus
Berlin an Goethe schreibt, er habe Beethovens *Schlachtensinfonie* gehört – es handelt sich um *Wellingtons Sieg oder die
Schlacht bei Vittoria* –, schreibt Goethe zurück: »Von Beethovens ›Schlacht‹ hörte ich dich sehr gerne erzählen. Das
sind Vorteile der großen Stadt, die wir entbehren.« Rousseau hat nicht unrecht: Sinfonische Musik gedeiht nur dort,
wo man das ländliche Leben bloß noch von Wochenend-
ausflügen kennt. Beethoven wird solchen Wochenendaus-
flügen eine Sinfonie widmen. Seine Sechste, die *Pastorale*,
erzählt von dem Bedürfnis des Städters nach *Heiteren Gefühlen bei der Ankunft auf dem Lande*.

DIE ERSTE

Sinfonie in C-Dur, op. 21

*Uraufführung am 2. April 1800 im k. k. Hoftheater
nächst der Burg, dem heutigen Burgtheater*

1. Satz
Adagio molto – Allegro con brio

Da man der ersten Sinfonie schwerlich nachsagen kann,
dass sie schon den Grenzen sprengenden Beethoven enthält, weisen Musikwissenschaftler in aller Regel auf die
Kühnheit des Anfangs hin, um wenigstens herauszustellen,
dass hier in nuce schon ein subversiver Beethoven am Werk
ist. Beim ersten Ton handelt es sich um einen Septakkord,
der nicht einmal in die Grundtonart einmündet, sondern
in die Subdominante führt, als stehe das Stück nicht in
C-Dur, sondern in F. Das ist gewiss ungewöhnlich für die
damalige Zeit, doch es hat die Zuhörer sicherlich nicht so
maßlos verstört, dass sie von den Stühlen gekippt sind. Allerdings macht sogar Schönberg in seiner *Harmonielehre* auf
diesen eigenwilligen Anfang aufmerksam, wenn er schreibt:
»Das Bedürfnis der Alten, die Tonart möglichst unzweideu-
tig auszudrücken, ließ sie insbesondere am Anfang und am
Ende allem Problematischen, Fragwürdigen ausweichen.«
Schönberg entdeckt hier einen »absichtlich verschwom-
menen Anfang«, wobei das Adjektiv »verschwommen« die
Sache nicht wirklich trifft. Denn dieser Anfang klingt we-

der wolkig noch unscharf, ganz im Gegenteil. Eher wirkt dieser Septakkord wie ein kleiner Nadelstich, der Aufmerksamkeit erzwingt. Auch wenn wir dabei heutzutage nicht mehr sonderlich aufhorchen, merkt man, dass Beethoven auf eine kleine Irritation aus ist. Schließlich treibt er das Spiel mit den Septakkorden gleich dreimal hintereinander, mit immer verschiedenen, als wollte er sagen: Ich weiß selbst noch nicht, in welche Tonart dieses Stück mündet! Auch kostet er diese Akkorde so lange aus, dass sie sich wie Fragezeichen anhören.

Ungewöhnlich für die damalige Zeit sind auch die beiden Klarinetten im Orchester. Zwar taucht schon in Mozarts und Haydns Sinfonien gelegentlich eine Klarinette auf, gleich zwei hat das damalige Publikum aber selten gesehen. Nach der Uraufführung werden denn auch Klagen laut, es seien hier zu viele Bläser am Werk, was man vor allem an diesen beiden Klarinetten festmacht. Dieser Vorwurf zeigt, wie sehr damals noch ein kammermusikalisches Denken vorherrscht, dem die Vergrößerung von Orchestern suspekt ist. Zu Lullys Zeiten haben am Hof des Sonnenkönigs Bläser vor allem im Freien aufgespielt, die Streicher dagegen in den Kammern. Bläser gehören auf große Plätze oder in den Wald, wenn man zur Jagd ruft. Unter Streichern hat allenfalls eine Flöte Platz, bestenfalls noch eine Oboe. Im Übrigen gibt es Klarinetten noch nicht lange, sie sind eine Erfindung des frühen 18. Jahrhunderts.

Ansonsten wartet Beethoven mit keinen offenkundigen Überraschungen auf. Dass der erste Satz mit einer langsamen Einleitung beginnt, ist nichts Neues. Man kennt es von Haydns späten Sinfonien und auch von Mozart, wenngleich in geringerem Ausmaß. Mozarts Opern-Ouvertüren setzen einige Male mit getragenen Einleitungen ein, die zuweilen so dunkel klingen, dass man eine unendlich düstere Geschichte erwartet. Um im Bild der sinfonischen Stadt zu bleiben, kann man sich gravitätische Einleitungen aber auch wie mächtige Stadttore vorstellen, die sich langsam öffnen und erst mit Beginn des schnellen Teils den Blick aufs Treiben drinnen freigeben. Ebenso lassen sie an schwere Theatervorhänge denken, die schleppend aufgehen, um die Spannung zu steigern. In späteren Sinfonien reizt Beethoven diese Spannung noch stärker aus und zögert das erlösende Allegro länger hinaus. Bei der Ersten muss man auf den hurtigen Teil nur zwölf Takte lang warten.

Aufmerksamkeit erregt der Anfang allerdings auch durch die Pizzicati der Streicher. Es handelt sich um keine ungewöhnliche Spieltechnik, doch man hört sofort anders hin, wenn es gleich beim ersten Ton geschieht. Doch all das reicht nicht aus, um Beethoven hier Kühnes anzudichten, es sind interessante Petitessen. Unsere Ohren sind längst an ganz anderes gewöhnt, nicht erst seit Schönberg und dem Free Jazz. Selbst Haydn hat schon mit frecheren Einfällen überrascht, wie etwa in seiner Sinfonie Nr. 94, wo er das Publikum im Andante mit einem unverhofften Paukenschlag aus dem Schlummer reißt. Oder in seiner *Abschiedssinfonie*, bei der im letzten Satz ein Musiker nach dem andern das Pult verlässt, bis nur noch der erste Geiger übrig bleibt. Mit kompositionstechnischen Extravaganzen hat das freilich nichts zu tun, Haydn will nur seinen Arbeitgeber, Fürst Esterházy, darauf hinweisen, dass man endlich Urlaub braucht.

Mit dem *Allegro con brio* schlägt einem sofort eine Energie entgegen, die etwas Scharrendes und Jubilierendes zugleich besitzt. Im Staccato eilen die Violinen aus ihrer tiefsten Lage in die Höhe, mehrmals hintereinander mit rasendem Schwung, immer wieder von vorn, angepeitscht

durch eingeworfene Fortissimo-Akkorde. Man ist hellwach.
Dass Beethoven von C-Dur unvermittelt nach d-moll
wechselt, mehrmals hin und zurück, ohne harmonische
Modulationsregeln zu beachten, nehmen unsere Ohren
ebenso wenig als Kühnheit wahr wie die Septakkorde zu
Anfang.

Das Hauptthema besitzt eine Eigenschaft, die auch in
Klaviersonaten hervortritt und in weiteren Sinfonien. Hier
rückt die Diskussion um Melodie und Harmonie in den
Blick, die nicht nur zu Rousseaus Zeit die Gemüter entzweit. Anders, als man es von Mozart und Haydn kennt,
wartet Beethoven nämlich nicht mit einem sanglichen
Thema auf, sondern mit einer Akkordbrechung, die statt
eines melodischen Charakters einen rhythmischen besitzt:

Vergleicht man das Thema mit dem aus Mozarts 40. Sinfonie in g-moll, lässt sich dasjenige von Beethoven weitaus
schlechter mitsingen, obwohl auch bei Mozart die rhythmische Verve entscheidend ist:

Beethovens Thema dagegen besteht einzig aus einem gebrochenen C-Dur-Akkord, dem als Übergangsnote die große Septime eingefügt ist:

Das ist das ganze Geheimnis. Solche Akkordbrechungen liegen vielen Werken von Beethoven zugrunde, auch der *Eroica* oder der Klaviersonate namens *Appassionata*.

Das zweite Thema erscheint nur wie eine Art Übergang. Im Grunde fragt man sich, wo es anfängt und aufhört. Es hinterlässt den Eindruck, als bleibe im ersten Ansturm keine Zeit für Lyrisches. Als verliere man mit melodischen Ergüssen nur den Schwung, eilt Beethoven mit voller Kraft voraus, auf dass die Energie nicht versiegt.

Was im Übrigen das Septakkorde-Spiel des Anfangs betrifft, so weist der Musikwissenschaftler und Pianist Charles Rosen darauf hin, dass Beethoven klare Dominant-Tonika-Verhältnisse häufig vermeidet. Bei Haydn und Mozart bleibt das tonale Zentrum meist leicht erkennbar, Beethoven dagegen kurvt durch allerlei Harmonien, die weit weg von der ursprünglichen Tonika liegen. Spätestens bei der Neunten fragt man sich, warum überhaupt noch eine Tonart angegeben ist: Die ersten beiden Sätze stehen in d-moll, der dritte beginnt in B-Dur, wechselt nach wenigen Takten nach D, kehrt zurück nach B, wechselt zu G und von dort nach Es, um über diverse chromatische Wendungen wieder bei B anzugelangen. Der letzte Satz sprengt nicht nur jeden tonartlichen Rahmen, er sprengt mit seinen ständigen Wechseln von Allegro zu Presto zu Andante, Adagio, erneutem Allegro bis zum finalen Prestissimo alle Grenzen.

Die Siebte in A-Dur wartet im 2. Satz mit C-Dur auf und überrascht im dritten mit einem plötzlichen Presto, das in F steht und mehrere Mittelteile in D besitzt. Die Beispiele ließen sich fortsetzen, vor allem mit Blick auf die späten Streichquartette und Klaviersonaten. Beethoven hebelt klassische Strukturgesetze immer mehr aus, allerdings nur Schritt für Schritt und zuweilen fast unmerklich.

2. Satz
Andante cantabile con moto

Hier entfaltet Beethoven ausschließlich mit den zweiten Geigen ein Thema, dessen schlichte Schönheit selbst Rousseau hätte Frieden schließen lassen können mit Instrumentalmusik. Es zeugt von einem ländlichen Frieden, wie man ihm bei Beethoven selten begegnet. Nachdem kanonartig immer weitere Geigenstimmen hinzugetreten sind, entwickelt sich zwischen Bläsern und Streichern ein seliges Zwiegespräch. Wie der den Bläsern gegönnte Raum den Vorwurf hervorrufen kann, sie nähmen zu viel Platz ein, lässt sich angesichts dieser sonnendurchfluteten Passagen schwer nachvollziehen. Das gesamte Andante kommt tänzerisch beschwingt daher, wozu nicht zuletzt die Pauke beiträgt, die mit ihren punktierten Achteln für einen zarten Groove sorgt, dabei aber vornehm im Hintergrund bleibt. Beethoven blickt mit diesem Satz noch einmal ins 18. Jahrhundert zurück und erweist Haydn seine Reverenz.

3. Satz

Menuetto. Allegro molto e vivace – Trio

Schrickt man nach dem zweiten Satz beim brüsken Auftakt
des dritten regelrecht auf, gewinnt man den Eindruck, dessen arkadischer Frieden habe nur dem Atemholen gedient
für neue Wildheiten. Die Tempobezeichnung *Allegro molto
e vivace* steht in Widerspruch zur Satzangabe *Menuetto*. Für
ein Menuett tritt dieses Stück vom ersten Staccato-Ton an
viel zu bockig auf und zu ungestüm. Mit jambischem Trotz
stürmt es aufwärts, ähnlich dem ersten Satz, nur nicht wie
dieser in Akkordbrechungen, sondern in einer schlichten
Tonleiter, die über zwei Oktaven hochdonnert, vom Piano
ins Forte, mit einem Crescendo, dem es eilig scheint:

Dass es sich bei der Satzangabe *Menuetto* um ein Täu-
schungsmanöver handelt, zeigt sich spätestens bei der
2. Sinfonie, deren dritten Satz Beethoven als *Scherzo* aus-
weist, was bereits hier die richtige Bezeichnung wäre. Die
Musikwissenschaftlerin Rossana Dalmonte glaubt gar, es
handle sich bei diesem Satz um eine Karikatur auf ein Menuett. Zumindest muss es auf zeitgenössische Hörer so ge-
wirkt haben. Menuette lassen an gepuderte Perücken denken, wie man sie aus Polanskis *Tanz der Vampire* kennt, wo
die Untoten auf Draculas Schloss bei nächtlichen Festen
inmitten riesiger Spinnweben ihre alten Tänzchen zele-
brieren.

Im *Trio*, dem obligaten Mittelteil, stimmen die Bläser
feierlich einen monotonen Choral an, durch den immer
wieder ein angriffslustiger Wespenschwarm huscht, der von

den Geigen kommt und dafür sorgt, dass die Stimmung
nicht zu getragen gerät. Als es auf die Kadenz zugeht, klingen auch die Bläser nicht mehr salbungsvoll, im Gegenteil.
Bei den auftrumpfenden Sforzati, die sie am Ende schmet-
tern, gewinnt man das Gefühl, dass alles Parodie gewesen
ist. Selbst die Pauken veranstalten einen Wirbel, der zu
einem klassischen Trio schlecht passt.

4. Satz
Finale. Adagio – Allegro molto e vivace

Dass der Schlusssatz mit einer langsamen Einleitung beginnt, ist ungewöhnlich. Allerdings dauert sie noch weniger
lang als im ersten. Im Grunde ist es gar keine Einleitung,
obwohl als Tempo *Adagio* angegeben ist, was aber bloß für
fünf Takte gilt und lediglich dazu dient, dass das Orchester furios Anlauf nehmen kann. Man empfindet diese paar
Takte gleich beim ersten mächtigen Tutti-Ton als Verzöge-
rungsmoment und fragt sich, was nach dem Lüpfen des
noch geschlossenen Vorhangs wohl geschehen wird. Und
schon geht es *molto vivace* los in strahlendem C-Dur, voll
federnder Spiellust, in reinem Überschwang. Es handelt
sich um einen Rausschmeißer, bei dem es einen kaum auf
den Stühlen hält. Nachdem das Orchester mit unbändiger
Energie durch zig Tonarten gerauscht ist, bremst eine Fermate den Schwung unverhofft ab, damit man nochmals
Atem holen kann für den Endspurt. Ungetrübte Freude.
Applaus.

Immer wieder heißt es, Beethovens Erste atme noch den
Geist Haydns und warte mit nichts wirklich Neuem auf.
Das mag zwar stimmen, doch es kommt auf die Perspektive

an. Zwei Artikel in der *Allgemeinen musikalischen Zeitung*
sprechen eine andere Sprache. Von einem Anonymus erscheint dort einen Brief an den toten Barockkomponisten
Andreas Werckmeister, in dem es heißt: »Welch ein Chaos
von widereinander streitenden Themen zeigen jetzt nicht
unsere großen Musiken! Nun ja – da hast du, Alltag, die
wahren Bilder von neurepublikanischen Congressen und
Conventen! Was wirst du nun erst zu jenem Brausen und
Toben, zu jener reißenden Heftigkeit unserer Orchester
sagen.«

Der Vergleich mit Kongressen und Konventen spricht
Bände. Er markiert den Bruch zwischen der alten Welt und
jener revolutionären, die von Frankreich her alles umzu-
stülpen beginnt. Dem anonymen Schreiber scheint dieses
Neue ein Übel zu sein, da es Mob und Meute zu den Herren von Parlamenten kürt, in denen endlos gezetert und
gelabert wird und alle durcheinanderschreien. Es fehlt ihm
eine führende Stimme, die alle andern bändigt. In einem
anderen Artikel wird – wie schon erwähnt – geklagt, dass
zu viele Bläser zum Einsatz kommen. Beide Autoren schütteln den Kopf über die um sich greifende Manie, dass allmählich jeder mitmachen, mitreden, mitbrüllen darf. Auch
wenn Hanslick instrumentale Werke nur aus sich selbst
erklären will, lässt sich schwer übersehen, dass sie in geschichtlichen Zusammenhängen stehen. Zuweilen nimmt
man Musik als Spiegel wahr, auch für politische Umbrüche.

Windinstrumente

Was wir schon lange als orchestralen Farbenreichtum empfinden, stößt um 1800 noch auf Widerstand. Ausgerechnet Friedrich Schlegel, der in literarischer und philosophischer Hinsicht jede gedankliche Ordnung untergräbt, stellt in einem 1797 erschienenen *Lyceums*-Fragment folgenden Vergleich an: »Manches kritische Journal hat den Fehler, welcher Mozarts Musik so häufig vorgeworfen wird: einen zuweilen unmäßigen Gebrauch der Blasinstrumente.« Der Einsatz von Bläsern in sinfonischer Musik ruft Aversionen hervor. Blasinstrumente dürfen Klangtupfer hinzufügen, jedoch nicht in den Vordergrund treten. Gerhard von Breuning berichtet, Beethovens langjähriger Sekretär Anton Schindler sei noch Jahrzehnte nach dessen Tod der Meinung gewesen, dass man in der C-Dur-Messe die Trompete am Anfang des *Agnus Dei* streichen soll.

Vergegenwärtigt man sich die Argumente, mit denen Rousseau die Diskussion um die Instrumentalmusik befeuert hat, könnte man behaupten, dass der Klang von Trompeten, Hörnern und Oboen dem Gesang – und somit der ursprünglichen Natur – näher ist als Geigen, Gitarren und Klaviere, weil er durch menschlichen Atem erzeugt wird. Im Englischen nennt man Holzblasinstrumente *woodwinds*, was unmissverständlich zum Ausdruck bringt, dass das äolische Element ihr Wesen ausmacht: die Luft, das Pneuma, der Lebenshauch. Doch just diese Naturnähe erregt zu Beethovens Zeit bei Verfechtern einer kultivierten

Kammermusik Widerstand. In der Kritik am Vordringen
von Blasinstrumenten verbirgt sich die Sorge, dass zu viel
Geblase entsteht. Schließlich führt spätestens der Jazz vor,
wie man mit Blasinstrumenten brummen, grunzen, stöh-
nen kann. Will man das? Aus Geigen lassen sich zwar auch
allerlei Geräusche hervorkitzeln, doch sie fördern selten
Klänge zutage, die ans Getön von Eingeweiden erinnern
oder an sonstige körperliche Erregungen.

Violinen strahlen etwas Wohlerzogenes aus, sie sind nicht
zufällig am Hof zu Hause. Es gibt sie erst seit der Renaissance, wogegen Blasinstrumente seit Menschengedenken
existieren. Eine Violine besitzt Eleganz, Bläser erinnern an
die Posaunen von Jericho, deren bellizistisches Geschmetter ganze Stadtmauern zum Einsturz bringt. Oder es kommen einem Satyrgestalten in den Sinn, die mit ihren Flöten
phallischen Gelüsten nachjagen. Oder Bierzelte, Marsch-
musik, Tschingderassabum und Gleichschritt. Man kann
verstehen, dass nicht alle begeistert sind, als die zarten Geigen es plötzlich mit Blasinstrumenten aufnehmen müssen.
Nicht nur nach der Uraufführung von Beethovens Erster
kommt die Klage auf, dass zu viele Bläser am Werk sind,
auch nach der Leipziger Erstaufführung seiner Zweiten
heißt es in der *Allgemeinen musikalischen Zeitung*: »Der
allzu häufige Gebrauch aller Blasinstrumente verhindert
die Wirkung vieler schöner Stellen.« Blech und Schönheit
vertragen sich schlecht. Noch 1820 staunt Zelter ungläubig
über sich selbst, als er Goethe schreibt, bei einem Bläser-
konzert habe er erlebt, wie schön Sinfonie- und Opern-
stücke von Mozart, Haydn und Beethoven mit solchen
Instrumenten klingen können.

Bei Bach sucht man noch vergeblich nach einer Klarinette, Vivaldi und Telemann setzten sie schon gelegentlich
ein, unter den Namen Claren oder Chalumeaux, sprich

Schalmeien. Weil die Sinfonie sich aus dem höfischen *concerto grosso* entwickelt, sind Blechblasinstrumente anfangs undenkbar: zu laut, zu deftig, zu derb. Erst mit der Zeit kommt eine einzelne Oboe hinzu oder sogar ein Horn, das gelegentlich einen warmen Waldklang beisteuern darf. Eine prominente Rolle beginnt die Klarinette erst mit Mozart zu spielen, dessen Klarinettenkonzert spätestens seit dem Film *Jenseits von Afrika* immense Bekanntheit erlangt hat. Schaut man jedoch auf Mozarts Sinfonien, so ist selbst in den späten oft nur eine einzelne Oboe und ein einzelnes Horn dabei, wie noch bei Johann Stamitz (1717–1757), an dessen Sinfonien sich die Entwicklung vom reinen Streicherensemble zu vorsichtigem Bläsereinsatz beispielhaft studieren lässt.

Haydn setzt in seinen 104 Sinfonien erstmals in der 1793 entstandenen 99. eine Klarinette ein. Generell werden Bläser erst beim späten Haydn und schließlich bei Beethoven mit zwei eigenständigen Stimmen doppelt besetzt, sieht man von Mozarts 39. Sinfonie ab, in der zum ersten und einzigen Mal zwei Klarinetten auftauchen. Allerdings verwickelt Mozart in seiner letzten Oper *La clemenza di Tito* eine Bassettklarinette in der Arie *Parto, parto, ma tu ben mio* in ein inniges Zwiegespräch mit der Sopranistin. Bei Aufführungen kommt der Klarinettist sogar häufig auf die Bühne. In seinen letzten Werken rückt Mozart die Klarinette wie kein anderes Instrument ins Zentrum.

Beethoven hat in jungen Jahren ein Bläsersextett und ein Bläseroktett geschrieben, deren Melodik mit ihren wohligen Seufzern an Mozart erinnern. In seinen Sinfonien spielen Bläser in langsamen Sätzen häufig Kantilenen, die von den Streichern mit rhythmischen Figuren umgarnt werden, am eindrücklichsten in der Vierten. Gegenüber

den einst konkurrenzlosen Oboen bekommen bei Beethoven die Klarinetten immer größeres Gewicht. Zwar handelt
es sich auch bei der Oboe um ein noch junges Instrument,
doch sie ist immerhin zwei, drei Generationen älter als die
Klarinette.

Der vermehrte Einsatz von Blasinstrumenten verdankt
sich nicht zuletzt ihrer mechanischen Verbesserung. Sie besitzen inzwischen Klappen, die das Spiel erleichtern und
die Griffe bei Halbtönen einfacher machen. Man kann sie
dadurch auch bei entlegeneren Tonarten einsetzen und
muss weniger Rücksicht auf spieltechnische Probleme
nehmen. Allerdings gibt es auch Stimmen, die bedauern,
dass diese Instrumente dadurch an Wärme einbüßen, ihre
Individualität verlieren und zu homogen klingen. Der heutigen Originalklangbewegung dienen diese Einwände als
Argumente für die Rückkehr zu klappenlosen Instrumenten, deren Ton teils rauer ist, teils geschmeidiger.

Je vielfältiger die Ausdrucksmöglichkeiten eines Klang-
körpers werden, desto mehr beansprucht er das Ohr. Beethovens Sinfonien erfordern eine andere Aufmerksamkeit
als Corellis Kammersonaten, zu denen Konfekt, Kaffee
und Likör gereicht worden sind. Beethovens Musik wühlt
zu sehr auf, als dass sie Raum für Anderweitiges ließe. Anders als in Palastgemächern geht das Publikum in Konzertsälen auch nicht auf und ab und hält ein Schwätzchen,
während die Musik spielt. Der Adel will noch eine Musik
genießen, bei der man sich unterhalten kann. Der durch-
dringende Klang einer Klarinette würde nur stören, Posaunen wären undenkbar. Mit dem Auszug aus den Höfen
schwellen nicht nur die Klangkörper an, die Werke gewinnen auch an Umfang. Man kann sich schwer vorstellen,
dass in einem ländlichen Herrenhaus Beethovens Fünfte
aufgeführt wird, bei der nebst doppelt besetzten Flöten,

Klarinetten, Oboen und Fagotten zwei Trompeten, zwei Hörner und drei Posaunen eine mächtige Phalanx über den Streichern bilden, von den Pauken gar nicht zu reden. Nach Beethovens Tod werden die Orchester nicht kleiner, im Gegenteil. Berlioz' *Grande Messe des Morts* sieht über zweihundert Musiker und Hundertschaften an Chorsängern vor. Mit Dutzenden von Posaunen will Berlioz tatsächlich nochmals die Mauern von Jericho zum Einsturz bringen und zeigen, wie gnadenlos gewaltig Musik sein kann. Hätten Beethovens Kritiker gewusst, zu welchen Exzessen der Einsatz von Bläsern noch führen wird, wären ihre Bedenken nachvollziehbar gewesen. Volles Blech trumpft bereits in der sogenannten Schreckensfanfare zu Beginn des letzten Satzes von Beethovens Neunter auf, nur dass dem kakophonen Krach Einhalt geboten wird, als eine Bassstimme dazwischenfährt, die befiehlt: »Freunde, nicht diese Töne!«

Was die immer größer werdenden Orchester anbelangt, so spiegeln sie durchaus das urbane Leben wider. Während man bei Streichquartetten vier vernünftigen Leuten beim Gespräch zuzuhören meint, wie Goethes berühmte Formulierung lautet, schlägt einem in Beethovens Sinfonien ein Tumult entgegen, den mancher für schwer erträglich hält. Goethes Freund Zelter macht Beethoven dafür verantwortlich, dass immer mehr Komponisten Werke vorlegen, »die in einem Dickicht von Tönen verharren« und »ein Chaos von den rarsten Effekten bieten, die sich untereinander aufreiben«. Mit vernünftigen Gesprächen hat das nichts mehr zu tun. In Beethovens Welt singen, streiten, toben und jubeln tausenderlei Stimmen.

»Sollte einer Harmonielehre verstehen und mit Verstand anwenden, er müsste heimlich die Welt beherrschen, ohne dass es einer merkt, und das ganze Universum kläng ihm

wie eine Symphonie und die ganze Weltgeschichte trom-
melte und pfiff und schalmeiete zu seinem großen Weltplä-
sir«, schreibt die Beethoven-Verehrerin Bettina von Arnim
an die Günderrode. In Bettinas sinfonischer Weltvision
spielen die Blasinstrumente eine weitaus größere Rolle als
die Streicher.

DIE ZWEITE

2. Sinfonie in D-Dur, op. 36

Uraufführung am 5. April 1803
im Theater an der Wien

Man redet die Erste nicht klein, wenn man behauptet, dass in der Zweiten noch mehr Feuer brennt. Zwar gilt die Dritte als erste typische Beethoven-Sinfonie, doch schon bei der Zweiten wird deutlich, dass sie auf keinen Fall mehr von Haydn sein könnte. Der Beethoven-Schüler Carl Czerny, von dem die berühmte *Schule der Geläufigkeit* stammt, berichtet, Beethoven habe 1801 – also ein Jahr nach der Uraufführung der Ersten – erklärt, er sei nur halb zufrieden mit seinen bisherigen Werken und wolle neue Wege gehen. Dass diese Wege keine vollkommen neuen sind, versteht sich von selbst, doch die Gangart verschärft sich.

1. Satz
Adagio – Allegro con brio

Wieder beginnt der Kopfsatz mit einer langsamen Einleitung, die allerdings entschieden länger ausfällt als in der ersten Sinfonie. Bei aller Schwere signalisieren die hellen Holzbläser und der punktierte Rhythmus der Geigen jedoch sofort, dass nichts Düsteres folgt. Wie um jene Kriti-

ker zu brüskieren, die zu viel Bläsereinsatz monieren, fährt
Beethoven nach dem Tutti-Aufschlag das gesamte Bläser-
ensemble auf, als wolle er von Anfang an klarmachen, dass
diesmal mit noch mehr zu rechnen ist. Die bisherige Vor-
rangstellung der Streicher gehört der Vergangenheit an.

Mit einem Lauf, der über anderthalb Oktaven hinab-
zischt, leiten die Violinen das losbrausende Allegro ein. Es
setzt mit einer schier unmerklichen, doch bei Beethoven
wiederkehrenden Besonderheit ein: Das Thema flitzt nicht
mit den üblichen Melodieinstrumenten – also den Violinen – los, es kommt aus dem Untergrund, von den Kon-
trabässen und Celli. Sie entfalten kein sangliches Thema,
sondern eine rhythmische Figur, die vom Keller her das
Orchester in Schwung bringt. Dieses Thema zeigt beispielhaft, wie Beethoven seinen Sätzen häufig keine melodiösen Wendungen zugrunde legt, sondern pulsierende
Patterns. Erst nach ein paar Takten werden sie von den
Violinen aufgegriffen, die sie schließlich energisch umher-
schleudern.

Die langsame Einleitung scheint in erster Linie den
Zweck verfolgt zu haben, dass man beim Allegro mit einem
Schlag hellwach ist. Ein permanenter Vorwärtsdrang treibt
das Orchester an, der sich aus einem schlichten Motiv
speist, dessen Knappheit für Beethovens Schaffen charakteristisch bleibt. Dieses Motiv besteht aus der bloßen Dreiklangbrechung D-Fis-A, mit schwungvollen Sechzehnteln
als Übergangssprintern:

Man kennt solche Akkordbrechungen schon aus der ersten
Sinfonie, aber auch aus der Klaviersonate Nr. 1 in f-moll,
op. 2, Nr. 1:

Oder aus der Klaviersonate Nr. 5 in c-moll, op. 10, 1:

Ebenso aus der *Appassionata*, op. 57, zu dessen Thema
Glenn Gould bemerkt, es sei in seiner Geistlosigkeit eines
Beethoven unwürdig:

Auch in seiner nächsten Sinfonie, der *Eroica*, kürt Beethoven eine Dreiklangbrechung zum Hauptthema, das – wie
in der zweiten – nicht von den Melodieinstrumenten vorgestellt wird, sondern von den Celli:

Schließlich begegnet man im Kopfsatz der Neunten einer
noch ausgedünnteren Akkordbrechung, die lediglich aus
leeren Quinten und Quarten besteht:

Wie wenig Beethoven bei solchen Motiven auf Melodik
Wert legt und sie vor allem als Rhythmusgeber benutzt,
zeigt wie kein anderes Werk der Anfang der *Waldstein-So-*

nate, von deren ersten Takten Adorno sagt, er habe in jungen Jahren gedacht, es handle sich um eine bloße Begleitung, zu der später die Melodie hinzutritt:

Nachdem im Kopfsatz der zweiten Sinfonie das erste Thema in wilden Wirbeln durchgepeitscht wird, leiten die Violinen in furienhaften Staccato-Läufen zum zweiten über, das von den Hörnern und Trompeten angestimmt wird und aus einer fröhlichen Fanfare besteht:

In einem regem Hin und Her der Bläser wird es mehrfach wiederholt und variiert und mit Paukenschlägen in jauchzende Höhen getrieben, wozu die Violinen ein munteres Gezwitscher beisteuern, als wollten sie einfach mitfrohlocken. Gelegentlich drückt Beethoven kurz auf die Bremse, damit der Wirbel von neuem entfesselt werden kann. Ständig befeuern Synkopen das euphorische Toben, die einzelnen Stimmen überschlagen sich, bis die Stimmung für kurze Zeit ins leicht Komplizierte umkippt, bevor erneut das Marschmotiv auftaucht, das dann auf skurrile Weise zerstückelt wird. Nach einigen Abstechern ins Ungewisse mit etlichen Dur-Moll-Schwankungen, bei denen allerlei Themensplitter durcheinanderpurzeln, eilt das Ganze einer knalligen Kadenz entgegen.

2. Satz
Larghetto

»In manchem musikalischen Kind hat dieser Satz zum
ersten Mal den Sinn für die Schönheit von Musik erwachen lassen«, schreibt der Musikwissenschaftler Donald
Tovey. Tatsächlich gehört dieser Gesang ohne Worte zum
Berührendsten, was Beethoven geschrieben hat. Wie schon
im langsamen Satz der Ersten entfalten auch hier die Geigen ein sangliches Thema, das allerdings noch viel inniger
klingt:

Und auch hier unterlegt Beethoven der Melodie einen leise
pulsierenden Rhythmus, der – wie stets bei ihm – verhindert, dass die getragene Stimmung zur Schläfrigkeit tendiert.

Auch diesmal setzt ein seliger Wechselgesang zwischen
Streichern und Bläsern ein, oder es umspielen die Streicher mit teils synkopierten, teils wellenförmigen Figuren
die Kantilenen der Bläser. Mal nehmen die Streicher die
Motive auf, mal die Bläser, die durch gegenseitige Nachah-
mung Echoräume öffnen. Der zweite Themenzusammen-
hang mutet in seiner tänzelnden Heiterkeit und seinem
deutlicher betonten ⅜-Takt fast ländlich an, wogegen sich
im Mittelteil ein Helldunkelspiel entwickelt, das zuweilen
taktweise von Dur nach Moll wechselt, mit einfachsten
Mitteln, ohne komplizierte Modulationen oder chromatische Verrenkungen:

Berlioz bemerkt zu diesem Andante: »Es malt das berückende Bild eines unschuldigen Glücks, das durch rare melancholische Akzente nur eine winzige Trübung erfährt.« Auch ein Satz von Ernst Bloch lässt an dieses Larghetto denken: »Die langsamen Wunder der Musik sind hinsichtlich ihres Gegenstands auch die tiefsten; sie ziehen und zielen über die Zeit, folglich auch übers Vergehen hinaus.« Nur fragt man sich: Was ist eigentlich ihr Gegenstand? Er ist die namenlose Unendlichkeit selbst, nicht in ihrer abgründigen Erscheinung, sondern in ihrer sanften Endlosigkeit.

3. Satz
Scherzo. Allegro – Trio

Bis hierher hat alles der klassischen Sonatenform entsprochen, der dritte Satz jedoch überrascht mit einer ungewöhnlichen Bezeichnung. Es steht dort nicht Menuett, sondern Scherzo. Beethoven ist zwar nicht dessen Erfinder, schließlich hat schon Haydn Scherzi geschrieben, doch ab jetzt ist Schluss mit gemütlichen dritten Sätzen, und zwar grundsätzlich. Das Menuett verschwindet aus Beethovens Sinfonien und taucht als Bezeichnung nur noch einmal in der Achten auf, was als Ironie zu verbuchen ist. Ins Gesellschaftskritische gewendet, könnte man sagen: Das zopfige Menuett hat endgültig ausgedient und mit ihm die adlige Welt. An seine Stelle tritt die bärbeißige, ruppige, zuweilen bizarre Gattung des Scherzos.

Dass es in Sinfonien überhaupt Menuette gegeben hat,

führt Paul Bekker auf einen »Kompromiss zwischen Suiten- und Symphoniemusik« zurück, der sich der »volkstümlichen Tendenz in der Kunst der süddeutschen Symphoniker« verdankt. Dass das höfische Menuett je etwas Volkstümliches besessen hat, darf man freilich in Frage stellen. Selbst bei Mozart und Haydn wirken manche Menuette so kraftlos und fad, als müsse man sie nur der Formerfüllung wegen hinter sich bringen.

Vom ersten Ton macht Beethovens Scherzo klar, dass die Zeiten pomadiger Hofmusik vorbei sind. Sogleich trumpft das Orchester mächtig auf und besitzt etwas Bockiges, das nicht nachlassen will:

Ohne die harschen, taktweisen Forte-Piano-Kontraste, ohne die Staccato-Schärfe und ohne die abrupten Oktavsprünge, bei denen sich Violinen und Hörner ständig die Stimmen aus der Hand reißen, würde diese simple Melodie in Langeweile ersticken und sähe so aus:

Doch Beethoven repetiert dieses kümmerliche Motiv mit störrischer Penetranz und jagt es durch allerlei Tonarten. Ein stampfendes Rumpelstilzchen kommt einem in den Sinn, das sich im Trio ein wenig zu beruhigen scheint, seinen inneren Aufruhr jedoch letztlich nicht stillstellen kann. Ums Rumgucken ist aber auch schon alles vorbei und das Finale beginnt.

4. Satz
Allegro molto

Und wie es beginnt! Aufs Rumpelstilzchen folgt ein tan-
zender Irrwisch, mit einem der kuriosesten Satzanfänge,
die sich denken lassen: einem Rülpser folgt ein kichern-
der Triller, mehrmals hintereinander. Danach stürmen alle
los, ungestüm wie eh und je, als sei alles vergessen: der
unendliche Frieden des langsamen Satzes, die wuchtige
Einleitung des ersten und auch das knorrige Rumpelstilzchen. Durchs überdrehte Gewirr gleitet noch geschwind
ein weiches Thema, mit seligen Bläsersexten und Bläser-
terzen, das dem Endspurt nichts von seinem Drive nimmt.
Kurz vor dem Schluss wird das Perpetuum mobile mit zwei
langen Fermaten gestoppt, was nicht wie ein Durchatmen
wirkt, sondern wie ein Anflug von Ratlosigkeit. Allerdings
schnaubt das ganze Orchester gleich wieder los und rennt
stürmisch ins Ziel.

Weder von der ersten noch von der zweiten Sinfonie lässt
sich behaupten, dass sie in völlig neue Bereiche vorrücken
und Hörgewohnheiten radikal auf den Prüfstand stellen.
Der dramatische Gestus tritt jedoch bei der zweiten noch
deutlicher hervor, und das Farbenspiel zwischen Streichern und Bläsern intensiviert sich. Obwohl die Zweite
bei der Uraufführung gut ankommt, ja Begeisterung aus-
löst, macht dem Publikum ihre Länge zu schaffen. Die
Besprechung in der *Allgemeinen musikalischen Zeitung* setzt
mit der Bemerkung ein: »Das Konzert begann mit Beethovens großer Sinfonie in D-Dur, einem Werke voll neuer,
origineller Ideen, von großer Kraft, effektvoller Instrumen-
tierung und gelehrter Ausführung, das aber ohne Zweifel
durch Abkürzung einiger Stellen sowie durch Aufopferung

so mancher denn doch gar zu seltsamer Modulationen gewinnen würde.« Nach der Leipziger Erstaufführung heißt
es in der gleichen Zeitung: »Auch wir finden, wie man von
Berlin und Wien aus bemerkt hat, das Ganze zu lang und
Einiges überkünstlich; … und das Finale halten wir … für
allzu bizarr, wild und grell.« Abermals wird die Klage laut
über zu viel Bläsereinsatz, auch wenn der »gewaltige Feuer-
geist«, der »Reichtum an neuen Ideen und die fast durchaus
originelle Behandlung derselben« begeistern.

Paul Bekker spricht in seinem 1911 erschienenen Beethoven-Buch vom »novellistischen Wechsel der musikalischen
Bilder«, was angesichts des dramatischen Überschwangs allenfalls auf den langsamen Satz zutrifft. In ihrem Ausmaß
übersteigt diese Sinfonie die überschaubare Form einer
Novelle, und es spielen zu viele Themen und Motive mit.
    Was das Hochgefühl dieser Sinfonie angeht, fragt man
sich ohnehin, wie sie zu einer Zeit entstanden sein kann,
in der Beethoven niedergeschlagen ist wie nie zuvor. Weil
seit Jahren seine Taubheit zunimmt, zieht er sich aufs Land
zurück, wo er einen Brief an seinen Bruder Carl schreibt,
der als *Heiligenstädter Testament* berühmt wird und in dem
es heißt:

»O ihr Menschen, die ihr mich für feindselig, störrisch oder
misanthropisch haltet oder erkläret, wie unrecht tut ihr mir,
ihr wisst nicht die geheime Ursache von dem, was euch so
scheinet … mit einem feurigen lebhaften Temperamente gebo-
ren, selbst empfänglich für die Zerstreuungen der Gesellschaft,
musste ich früh mich absondern, einsam mein Leben zubrin-
gen … o wie hart wurde ich durch die verdoppelte traurige Er-
fahrung meines schlechten Gehörs dann zurückgestoßen, und
doch war's mir noch nicht möglich den Menschen zu sagen:

sprecht lauter, schreit, denn ich bin taub ... für mich darf
Erholung in menschlicher Gesellschaft, feinere Unterredungen,
wechselseitige Ergießungen nicht statthaben, ganz allein fast
nur so viel als es die höchste Notwendigkeit fordert, darf ich
mich in Gesellschaft einlassen, wie ein Verbannter muss ich
leben, nahe ich mich einer Gesellschaft, so überfällt mich eine
heiße Ängstlichkeit, indem ich befürchte in Gefahr gesetzt zu
werden, meinen Zustand merken zu lassen ... obschon vom
Triebe zur Gesellschaft manchmal hingerissen, ich mich dazu
verleiten ließ, aber welche Demütigung, wenn jemand neben
mir stund und von weitem eine Flöte hörte und ich nichts
hörte, oder jemand den Hirten singen hörte ... solche Ereig-
nisse brachten mich nahe an Verzweiflung, es fehlte wenig, und
ich endigte selbst mein Leben – nur sie, die Kunst, sie hielt
mich zurück, ach es dünkte mir unmöglich, die Welt eher zu
verlassen, bis ich das alles hervorgebracht, wozu ich mich auf-
gelegt fühlte ...«

Beides bekommt man schwer zusammen: diese ungemein
vitale Sinfonie und das Dokument eines Verzweifelten.

Musikalische Scherze

Alt ist die Frage, ob es Witz gibt in der Musik. Viele beantworten sie mit Ja, andere sind vorsichtiger. Meist fällt
sofort der Name Haydn, aber auch Beethoven gilt als be-
vorzugter Kandidat. Haydn bescheinigt man Humor, Beethoven bärbeißigen Witz. Bei Haydn verweist man auf seine
Sinfonie mit dem Paukenschlag, bei Beethoven auf seine
Scherzi. Schon der Name scheint alles zu sagen. Heutig
gesprochen handelt es sich um einen *joke*. Etymologisch
steckt im Scherzo, Scherz und Joke der joviale Gott Jupiter
mit seinem olympischen Gelächter, der die Sterblichen mit
ihren absurden Streitereien und Sorgen nicht ernst nehmen kann.

Zuweilen weisen bereits Stücktitel darauf hin, dass es sich
um einen Witz handeln soll. Zwar stammen die Titel häufig
nicht vom Komponisten selbst, scheinen aber den Charakter der Musik zu treffen, wie beispielsweise bei Beethovens
berühmtem Klavier-Rondo, das aller Wahrscheinlichkeit
nach von seinem langjährigen Sekretär und ersten Biogra-
phen Anton Schindler *Die Wut über den verlorenen Groschen*
getauft worden ist. Tatsächlich meint man seinem Gehämmer einen gewissen Zorn anzumerken, wobei einem sofort
andere Assoziationen kommen, wenn man sich dessen ursprünglichen Titel vergegenwärtigt: *Alla Ingharese quasi un
Capriccio* – »Auf ungarische Art ein Capriccio«, sprich ein
launischer Einfall. Wahrscheinlich ergeht es nicht jedem
Hörer wie Schumann, der über dieses Stück sagt: »Etwas

Lustigeres gibt es schwerlich als diese Schnurre. Hab' ich doch in einem Zug lachen müssen, als ich's neulich zum ersten Mal spielte.«

Mozart hat ein Stück mit dem Titel *Ein musikalischer Spaß* geschrieben, auch als *Dorfmusikanten-Sextett* bekannt. Er erlaubt sich dort lauter Fehler, die man bei drittklassigen Komponisten findet. Hildesheimer behauptet, er habe es direkt nach Erhalt der Nachricht komponiert, dass sein Vater gestorben ist. Es würde sich also um einen Befreiungsschlag handeln. Endlich durfte er alle erdenklichen Fehler machen.

Beethoven hat man zu Lebzeiten häufig mit Jean Paul verglichen, als liefere seine Musik das Pendant zu dessen skurrilen Erzählungen und Romanen. Allzu schlüssig wirkt dieser Vergleich allerdings nicht, zumindest nicht auf den ersten Blick. Schließlich arbeitet Beethoven sichtbarlich an der Form seiner Werke, was sich Jean Paul schlecht nachsagen lässt, mit dem ständig die Phantasie durchgeht, so sehr, dass seine tausendfältigen Einfälle sich selten zu einem Ganzen fügen, das inwendige Spannung besitzt. Denkt man freilich an die notorischen Klagen über den Wirrwarr und die erschreckende Länge von Beethovens Sinfonien, liegt der Vergleich mit Jean Paul nahe. Nur beweist das noch nicht, dass in Beethovens Musik Humor steckt.

Vergleiche zwischen Musik und Literatur bleiben meist vage. Die Wörtersprache hat mit der musikalischen wenig gemein. Wenn Freud behauptet, der Witz sei die Waffe der Wehrlosen, kann man durchaus an Jean Paul denken, dessen Figuren sich in ihrem tristen Dasein mit bizarren Geistesgewittern über Wasser halten und mit einem Witz, bei dem die hehren Träume vom Schönen und Wahren immerzu an der schäbigen Wirklichkeit zerschellen. Doch was soll einem dazu bei Beethoven in den Sinn kommen? Wo prallen hier solche Welten aufeinander? Wie würde das bei Musik aussehen?

Gewiss kann man einzelne musikalische Figuren kurios finden, etwa den Auftakt zum 4. Satz der zweiten Sinfonie mit ihren Rülpsern und Trillern, oder die Bässe mit ihren absurden Trillern im Scherzo der Dritten, die wie Stolperer wirken. Überhaupt können Einwürfe von Instrumenten komisch wirken, etwa jenes näselnde Fagott, das im letzten Satz von Beethovens Vierter die irren Läufe der Geigen nachahmt, wobei man das Gefühl hat, dass es zu früh kommt oder zu spät und dass es für solche Läufe nicht gemacht ist. Doch man lacht nicht laut auf, allenfalls schmunzelt man, falls überhaupt.

Witz lebt nicht selten vom Augenblick und vom Situativen. Es ist ein Unterschied, ob man bei einer Beerdigung zu kichern anfängt oder in einer Komödie. Auch die Wirkung von Musik verdankt sich ihrem Wo und Wann. Nicht jede Musik passt in jeden Zusammenhang, manchmal kommt sie einem selbst deplatziert vor an Orten, für die sie gedacht ist. Haydn und Mozart hat man vorgeworfen, ihre Messen klängen so fröhlich, dass man auf sie tanzen könne, wie nicht nur Wilhelm Heinrich Riehl bemerkt. Felix Mendelssohn Bartholdy schreibt nach einem Kirchenkonzert an seine Schwester: »Die Messe von Haydn war skandalös lustig.« Beethoven dagegen will bei Mozarts *Don Giovanni* und *Figaro* keinen Spaß verstehen. Sie sind ihm zu frivol. Ginge es nach ihm, hätten solche Werke nicht einmal in der Oper etwas zu suchen.

Musik kann Grabesstimmung erzeugen, aber auch Heiterkeit. Sie kann mit einem plötzlichen Forte Krach schlagen, mit einem schnarrenden Fagott grotesk wirken, mit Trugschlüssen die erwartete Auflösung hintertreiben, mit harschen Wechseln zwischen laut und leise das Gefühl ver-

mitteln, als führten zwei gänzlich ungleiche Gruppen von
Leuten hektische Gespräche, die einen mit Mäuschen-, die
andern mit Stentorstimme, wie man es etwa im Scherzo
der zweiten Sinfonie empfinden kann. Musik kann mit un-
erwarteten Kadenzen überraschen, wie am Ende des 1. Satzes der Achten, wo im jubilatorischen Fortissimo-Rausch,
mit dem man auf den Schlussakkord zurennt, abrupt eine
Pause entsteht, worauf die Geigen den gestoppten Tumult
mit läppischen Pizzicati nachäffen. Als sei nichts gewesen,
endet der furiose Satz im Pianissimo. Manchmal möchte
man bei Beethoven auch fast lachen, wenn die Instrumente
sich in Tobsucht befinden, als wohne man einem wilden
Haufen bei, dessen Euphorie in Wahnsinn umkippt. Aus
dem zweiten Satz der Achten wiederum kann man heraushören, dass Beethoven Rossini parodiert und mit ihm alles
Getriller und Geträller der italienischen Oper. Doch reicht
das, um von Witz in der Musik zu reden? Oder ist er so
subtil, dass man Nachhilfe braucht, um ihn zu verstehen?

Vielleicht geht es bei Musik auch nur nebenbei um solche
Art von Witz. Vielleicht muss man ihn woanders suchen,
ohne diese Beispiele rundum beiseitezuschieben. Vielleicht
gibt es tatsächlich Zusammenhänge, die auf Jean Paul verweisen und auf das, was damit gemeint sein könnte.

   Nicht nur hat Beethoven Shakespeare wie keinen andern Dramatiker verehrt, man hat ihn selbst immer wieder mit Shakespeare verglichen. Dessen Stücke zeichnen
sich dadurch aus, dass sie die antike Trennung zwischen
Tragödie und Komödie aufheben. Selbst im blutrünstigen
Macbeth lacht man über den betrunkenen Pförtner, während in Shakespeares Komödien das Happy End nicht
selten säuerlich schmeckt. Alles purzelt in seinen Stücken
durcheinander, das Obere und Untere, Hohe und Niedrige,

Hochmögende und Ohnmächtige. Der junge Schubert will diese Vermischung auch in Beethovens Musik entdecken. In einem Brief an seinen Lehrer Salieri macht er Beethoven für die um sich greifende Unsitte verantwortlich, alles in eine Bizarrerie zu wenden, bei der sich »das Tragische mit dem Komischen, das Angenehme mit dem Widrigen, das Heroische mit Heulerei, das Heiligste mit dem Harlekin vereint«.

Es mag sein, dass Schubert mit diesem Brief seinem Lehrer Salieri nach dem Mund reden will, was aber nichts an der Richtigkeit seiner Bemerkungen ändert, Shakespeare betreffend. Doch ist Beethovens Musik tatsächlich komisch, heulerisch, harlekinhaft? In der *Allgemeinen musikalischen Zeitung* wirft man Beethoven immer wieder Maßlosigkeit vor und mangelnden Sinn für Proportionen. Auch der Begriff »bizarr« fällt dort häufig. Bizarre Dinge sind nicht schön, sie tendieren zur Fratze, mit allem Hässlichen und Gespenstischen. Im Bizarren treten Dinge zusammen, die man gewöhnlich nicht zusammenhaben möchte: Mensch und Tier, Vertrautes und Abartiges. Oft weiß man nicht, ob man lachen oder entsetzt sein soll.

Friedrich Schlegels Bruder August Wilhelm hält 1808 in Wien seine *Vorlesungen über dramatische Kunst und Literatur*. Ob Beethoven sie gehört hat, weiß man nicht, fest steht jedoch, dass Graf Lobkowitz, Beethovens wichtigster Förderer, Joseph Sonnleithner, der das Libretto zu *Fidelio* geschrieben hat, und Georg August Griesinger, der erste Schubert-Biograph, sich für sie eingeschrieben haben. Im Zentrum von Schlegels Vorlesungen steht Shakespeare, der im deutschsprachigen Raum erst wenige Jahrzehnte zuvor entdeckt worden ist und noch von Goethe gegen den Vorwurf verteidigt werden muss, bloß formloses Zeugs geschrieben zu haben, dem jede Struktur fehlt und jedes Maß.

Schlegel hebt hervor, dass Shakespeare in seinen Stücken unterschiedlichste Gestalten aufeinandertreffen lässt, was Herkunft, Denken, Bildung, Besitz, Schicht und sonst noch alles betrifft. Deren Zusammenwirken ergibt ein Knäuel an Unübersichtlichkeit, das weniger den Sinn besitzt, den Zuschauer zu verwirren, als ihm vorzuführen, wie verwickelt jede Figur ins Ganze ist und sich dadurch selbst undurchsichtig wird. Auch darf man bei Shakespeare keiner einzigen Figur einfach glauben, behauptet Schlegel, und zwar nicht, weil sie lügt, sondern weil jede im Spiegel der anderen agiert und der Boden, auf dem alle stehen, keinerlei festen Grund besitzt. Kurzum, wir sehen uns mit einer Welt konfrontiert, die aus Schwanken und Wanken besteht. Und just daraus ergibt sich für Schlegel eine Ironie, die nichts mit schlichter Lustigkeit zu tun hat, sondern die sich aus den Verwicklungen der Figuren ergibt, die sich dieser Verwicklungen oft gar nicht bewusst sind. Diese Figuren selbst müssen keineswegs witzig sein, und es muss auch kein Gelächter wie in Molière'schen Komödien entstehen. »Ironie bezieht sich bei Shakespeare nicht bloß auf den einzelnen Charakter«, erklärt Schlegel, »sondern häufig auf das Ganze der Handlung.« Sie offenbart sich auch darin, dass Shakespeare für keine seiner Figuren Partei ergreift, jedoch jederzeit »den schönen, unwiderstehlich anziehenden Schein, den er selbst hervorgezaubert, wenn er anders wollte, unerbittlich vernichten könnte«.

Das Umkippen des Tragischen ins Komische, des Romantischen ins Groteske, des Schönen ins Schaurige, Gruseligen ins Aberwitzige und Lustigen ins Verhängnisvolle sorgt für Kontraste, wie man sie auch von Beethovens Musik kennt. Nur lassen sie sich dort nicht so eindeutig benennen. Doch man hört, vernimmt, empfindet sie, im Ganzen einer Sinfonie wie in ihren Teilen. Etwa im Trio des Menu-

etts der ersten Sinfonie, wo in die getragene Bläsermusik
die Streicher mit Läufen hineinpfuschen, bei denen einem
Hexenbesen in den Sinn kommen oder Wespenschwärme.
Auch dass Beethovens Musik zum Monumentalen neigt,
ist bekannt, doch dieses Monumentale wird immer wieder
konterkariert, und sei es durch die Scherzi. Ist in Bezug
auf Beethoven von Witz die Rede, kann damit kaum gemeint sein, dass man laut auflacht. Selbst bei Shakespeare
ist das nur hin und wieder der Fall. Bei beiden verdankt
sich der Witz – oder wie immer man es nennen will – dem
Ineinanderspiel von Dingen, die klassischerweise nicht zusammengehören.

Am deutlichsten tritt dieses Spiel mit Disparatem in Beethovens *Bagatellen* zutage. Sie bestehen meist aus mehr
oder weniger konventionell klingenden Versatzstücken, die
übergangslos aneinandergefügt sind. Klingt der erste Teil
melodiös, erwartet einen wenige Takte später das reinste
Gehämmer; ist der Anfang leise, folgt abrupt ein barba-
risches Forte; fliegt eine angerissene Melodie in silbrigen
Höhen dahin, poltert sofort ein Zornigel im Keller herum.
Zwischen Idyll und schierem Krieg steht meist bloß ein
einziger Taktstrich, zwischen stiefelschwerem Bauerntanz
und sanfter Kantilene, virtuosem Furioso und kindlicher
Weise, grazilem Gesang und grobem Gedonner lediglich
ein abrupter Wechsel von Dur zu Moll oder von Tonart zu
Tonart, ohne jede modulatorische Brücke.

Beethoven spielt mit Partikeln, die man aus dem Repertoire kennt, und klebt sie zu bizarren Collagen zusammen.
Läppisches und Fanfarisches, Dramatisches und Idylli-
sches, Pathétique und Pastorale stehen in kurioser Nachbarschaft nebeneinander. Kaum beginnt man sich in eine
Stimmung einzufinden, bricht alles ab und es geht ganz

anders weiter. Ständig stößt Beethoven einen vor den Kopf, als habe er keine Lust, die diversen Partikel zu einem Ganzen zu fügen, als wolle er sie nur noch ausstellen, in ihrer schieren Unvereinbarkeit und Trivialität. Man darf nicht fragen, welche Funktion diese heterogenen Teile besitzen, es gibt sie einfach, ohne Zusammenhang. Ihre Funktion besteht in ihrer Gegensätzlichkeit.

Manchmal spielt Beethoven Themen auch nur an und repetiert sie wie ein Berserker, der aufs Klavier einhaut, um im nächsten Moment in ein komplett anderes Register zu wechseln. Die einzelnen Teile stehen derart losgelöst nebeneinander, dass man rätselt, ob er sich lustig über sie macht, sie wie Vergangenes bloß noch einmal kurz Revue passieren lässt oder sie in leichtem Zorn von sich werfen will. Man bekommt keine Zeit, beim Einzelnen zu verweilen, es handelt sich um scheinbare Lappalien. Tatsächlich zitiert Beethoven jedoch eine hundertjährige Musikgeschichte herbei, von barocken Harmoniemustern über ariose Rokoko-Anklänge bis zu vollgriffigen Lyrismen mit reichlich vorgeschriebenem Pedalgebrauch, aus denen man sogar Schubert heraushört. Mit dem Hammerklavier gewinnen diese Gegensätze nochmals eine ganz andere Drastik als mit dem Konzertflügel: Das Dumpfe klingt dort dumpfer, das Hämmerige hämmeriger, das Zarte zerbrechlicher. Man bekommt mehr vom Witz dieser Bagatellen mit, auch wenn es kein Witz zum Schenkelklopfen ist. Als Gesamteindruck bleibt ein Gefühl liebevollen Ingrimms, robuster Anmut, theatralischer Zerrissenheit.

In Cosimas Tagebüchern geht es immer wieder um die Frage, ob Wagner, der in jungen Jahren eine Sinfonie im Stil Beethovens geschrieben hat, sich nach dem *Parsifal* nochmals an eine Sinfonie machen will, wie er lange Jahre ankündigt. In diesem Zusammenhang heißt es einmal: »Er erzählt, dass er auf dem Spaziergang einem Thema für ein Scherzo nachgegangen wäre, bis ihm das Ganze absurd vorgekommen wäre, denn die Gattung wäre überlebt, abgeschlossen.«

Wer es gern weihevoll hat, dem ist Gelächter suspekt. Wagner ist nicht fürs Gekicher gemacht, seine nordischen Mythen kennen wenig Komik. Napoleons Satz übers Erhabene, das leicht ins Lächerliche umkippt, durfte in seiner Welt nicht gültig sein.

DIE DRITTE

Sinfonie in Es-Dur, op. 55

*Erste öffentliche Aufführung am 7. April 1805 im
Theater an der Wien. Zuvor finden im Januar zwei oder
drei private Aufführungen im Palais des Fürsten Lobkowitz und bei dem Bankier Joseph Würth statt.*

In José Saramagos posthum veröffentlichtem Roman *Claraboia oder Wo das Licht einfällt* heißt es: »Heute Abend haben wir die 3. Sinfonie von Beethoven gehört. Mama sagte,
die Musik sei hübsch, ich sagte, sie sei schön, und Tante
Amélia stimmte mir zu.«

Hübsch ist diese Musik gewiss nicht, und als schön haben sie Beethovens erste Hörer auch nicht empfunden. Im
Vergleich mit den Sinfonien Mozarts und Haydns klingen
bereits Beethovens erste beiden reichlich mächtig. Mit
jeder weiteren werden die Kontraste zwischen den Streichern und Bläsern größer, allerdings nicht im Sinne von
Gegensätzen, sondern in ihrer deutlicheren Konturierung
und ihrem reicheren Farbenspiel, was zu wechselseitiger
Aufwertung führt. Sie steigern sich gegenseitig, treiben
sich an, verhaken sich, umlauern sich, suchen Orte fürs
Eigene, grüßen sich aus der Ferne, nähern sich wieder und
rauschen in großem Gewoge gemeinsam dahin. Weil bei
allem Euphorischen, Hitzigen, Überbordenden der Ton
rauer wird, empfindet man in den langsamen Sätzen das
stille Glühen als umso wohltuender.

Dass Beethoven seine Dritte zuerst ein paarmal in privatem Rahmen aufführt, liegt nicht nur an der Abhängigkeit von Fürst Lobkowitz, es verdankt sich auch der Absicht, das neue Werk vor auserwähltem Publikum auszuprobieren. Beethoven ist sich bewusst, dass er diesmal einen Sprung wagt, mit dem sich die musikalische Welt überfordert fühlen könnte. Was dann tatsächlich der Fall ist. Die Dritte markiert eine Wende, fast könnte man sagen einen Neubeginn in der Musikgeschichte.

Bei der ersten öffentlichen Aufführung am Palmsonntag 1805 sind die Zuhörer verstört, was nicht nur mit der immensen Länge des Werks zu tun hat. Man kann sich noch weniger zurücklehnen als schon bei den vorigen Sinfonien. Wer es gern unterhaltsam hat, ist hier endgültig fehl am Platz. Die Musik donnert auf die Zuhörer ein, zum Teil unablässig, zumindest im ersten Satz. Darauf folgt ein Trauermarsch, der für sich allein einen so großen Raum einnimmt wie manche ganze Haydn-Sinfonie. Das Blech ist aufgestockt, statt zwei Hörnern kommen drei zum Einsatz. Das Ganze wirkt kolossal und kommt über weite Strecken dröhnend daher. Das allein wäre noch zu verkraften, würde man sich nicht wie erschlagen fühlen und könnte man klarer die Themen heraushören und sie in ihren Verzweigungen mitverfolgen. In der *Allgemeinen musikalischen Zeitung* klagt der Rezensent: »Wenn nun auch bei öfterem Anhören der Zusammenhang selbst der angestrengten Aufmerksamkeit entgeht, so muss dies jedem uneingenommenen Musikkenner sonderbar auffallen.« Man kann sich an nichts festhalten, fast alles hört sich massig an und macht den Eindruck unentwegten Durcheinanders. Beim Trauermarsch kann man froh sein, dass wenigstens das langsame Thema Orientierung bietet. Doch sonst?

Seit Schönberg weiß man, welche Aversionen Musik hervorrufen kann und wie sich gegen manche Werke regelrecht
körperlicher Widerstand regt. Natürlich lässt Schönbergs
Musik sich nicht mit der von Beethoven gleichsetzen, zumal er bei aller Wildheit nie das gewohnte Harmoniegerüst
verlassen hat. Bei Beethoven schuldet sich die Verwirrung
dem Gefühl, dass man in einem Meer aus Klanggewalten
versinkt. »Des Grellen und Bizarren ist zu viel, wodurch die
Übersicht erschwert wird und die Einheit beinahe ganz verloren geht«, heißt es in der *Allgemeinen musikalischen Zeitung*,
und es folgt der Nachsatz: »Die Eberlsche Symphonie gefiel
wieder außerordentlich.« Den Namen Eberl kennt heute so
gut wie niemand mehr, während damals mancher Zuhörer
Beethovens Dritter keine große Zukunft vorausgesagt hätte.

Die einen empfinden sie als reinstes Chaos, andere dagegen nehmen hinter dem Durcheinander durchaus eine
Struktur wahr. Einige Kritiker schwanken zwischen Begeisterung und Ratlosigkeit, erkennen aber, dass hier etwas
Neues alles bisherige sinfonische Schaffen in den Schatten
stellt. Manche Rezensenten überschlagen sich geradezu.
Von einem »ganz andern Stil« ist die Rede, von Erhaben-
heit und ungeheurem Reichtum der Phantasie. Dennoch
warnt ein begeisterter Kritiker in der *Allgemeinen musikalischen Zeitung* davor, »einem gemischten Publikum der-
gleichen Musik immerfort vorzuführen«. Der belgische
Musikgelehrte François-Joseph Fétis erklärt noch ein Vierteljahrhundert nach der Uraufführung in der Pariser *Revue
Musicale*: »Leute, die in einer so vollkommen durchdachten
Sinfonie Opernmelodien erwarten, muss dieses Werk kalt-
lassen.« Während man die Sturm-und-Drang-Zeit in der
Dichtung bereits hinter sich hat, bricht sie in der Musik
mit der *Eroica* erst an – und erreicht mit ihr zugleich ihren
Höhepunkt.

In Schopenhauers *Die Welt als Wille und Vorstellung* heißt
es: »Werfen wir jetzt einen Blick auf die bloße Instrumentalmusik, so zeigt uns eine Beethovensche Symphonie die
größte Verwirrung, welcher doch die vollkommenste Ordnung zum Grunde liegt, den heftigsten Kampf, der sich
im nächsten Augenblick zur schönsten Eintracht gestaltet:
es ist *rerum concordia discors*, ein treues und vollkommenes
Abbild des Wesens der Welt, welche dahin rollt, im unüber-
sehbaren Gewirre zahlloser Gestalten und durch stete Zerstörung sich selbst erhält.« Und Schopenhauer fügt hinzu:
»Zugleich nun aber sprechen aus dieser Symphonie alle
menschlichen Leidenschaften und Affekte: die Freude, die
Trauer, die Liebe, der Hass, der Schrecken, die Hoffnung
u.s.w. in zahllosen Nuancen, jedoch alle gleichsam nur in
abstracto und ohne alle Besonderung: es ist ihre bloße Form,
ohne den Stoff, wie eine bloße Geisterwelt, ohne Materie.«

Zur *Eroica* gehört wie zu keinem anderen Werk ihre Wid-
mungsgeschichte. Die Legende erzählt, dass Beethoven auf
das Titelblatt bereits den Namen Bonaparte gesetzt hat.
Als er während der Arbeit erfährt, dass Napoleon sich zum
Kaiser krönen lässt, zerreißt er das Blatt und schreibt als
zweiten Satz einen Trauermarsch. Was immer daran stimmen mag, auf der Vorderseite der handschriftlichen Partitur kann man sehen, dass unter dem Titel *Sinfonia grande*
mit der Feder ein Wort ausgekratzt worden ist, und zwar
ziemlich energisch.

Widmungen sind nichts Unübliches. Doch Napoleon? Er
ist kein Gönner wie Fürst Lobkowitz, der Werke in Auftrag
gibt und Aufführungen ermöglicht. Bei Napoleon handelt
es sich um ungleich Größeres, schier Allmächtiges. Als Napoleon mit seinen Truppen 1806 durch Jena zieht, schreibt
Hegel in einem Brief, er habe die Weltseele zu Pferde zur

Stadt hinausreiten sehen – woraus später ein Weltgeist zu
Pferde wird. Eckermann wiederum hält von Goethe den
Satz fest: »Sein Leben war das Schreiten eines Halbgottes
von Schlacht zu Schlacht und von Sieg zu Sieg.« Aus dem
Freiheitsbringer, der die deutsche Kleinstaaterei mit ih-
ren tausend Fürstentümern abgeschafft hat, ist jedoch ein
Tyrann geworden, zumindest in Beethovens Augen.

1. Satz
Allegro con brio

Nach zwei kräftigen Staccato-Schlägen, die den Schluss
eines Werks anzeigen könnten, stellen wie schon in der
2. Sinfonie die Celli das Thema vor und nicht die Violinen.
Ein weiteres Mal handelt es sich um eine reine Akkordbrechung, die allerdings sofort auf einen Abwärtston zu-
führt, der überhaupt nicht zur Es-Dur-Skala und zu ihren
Harmonien gehört:

Man kann dieses Thema zwar nachsingen, doch als Melodie hört es sich seltsam banal und nicht sehr sanglich an,
was heißt, dass es vor allem wieder rhythmische Funktion
besitzt. Erneut setzt Beethoven statt auf eine Kantilene
auf ein schlichtes Kernelement, mit dem er im Laufe des
Satzes tausendfältig spielt. Kaum ist das Motiv vorgestellt,
sorgen knallige Synkopen für rhythmischen Aufruhr.

Doch wo, fragt man sich, beginnt eigentlich das zweite
Thema? Man sucht es vergeblich, was nicht heißt, dass es
keines gibt. Es besteht lediglich aus drei Tönen, die zwi-

schen Flöte, Oboe, Klarinette und den Violinen hin und
her gereicht werden, jeweils mit kleinen Intervall-Abwand-
lungen:

Man könnte diese Einstreusel für bloße Übergangswen-
dungen halten, für eine Art lyrische Brücke, die zum nächsten rhythmischen Ausbruch führt. Schließlich handelt es
sich um keine Melodie, sondern um Melodiefetzen, deren
variierte Wiederholungen ein Spiel mit Septakkorden treiben, die ihrer Natur gemäß nach Auflösung drängen, nur
dass keine kommen will. Sie deutet sich erst beim nächsten Tutti-Einsatz an, freilich bloß für einen Augenblick,
denn alles treibt sogleich weiter und verstrickt sich in neue
Dissonanzen. Auch rhythmisch ergibt dieses punktierte
Drei-Ton-Motiv keinen melodischen Bogen, es wirkt wie
gehechelt, als käme es immerzu ein bisschen zu früh oder
zu spät. Weder fungiert es als Auftakt, noch setzt es je auf
der Eins ein.

Im keinem bisherigen Werk lässt sich so deutlich sehen,
wie Beethoven ganze Sätze aus minimalen Bausteinen auf-
baut und damit auf schnellstem Weg einen orchestralen
Furor entfacht, dessen synkopisches Ungestüm etwas fast
Grobes besitzt, bei dem man nicht weiß, was überwiegt:
das Bockige oder die Euphorie. Passagen von strahlender
Eleganz wechseln ab mit wütend wirkenden Schlägen, zugleich wirkt alles wie gehetzt, vorausgesetzt der Dirigent
hält sich an Beethovens Metronom-Angaben, was nicht
immer der Fall ist.

Im Durchführungsteil bremst sich der Elan anfangs ab,
man gewinnt sogar den Eindruck, es entstünden Löcher

und die vereinzelten Suchbewegungen führten zu nichts,
bis es mit erneuter Kraft unentwegt auf und ab geht, ohne
dass die Dissonanzen sich auflösen. Dass die ersten Hörer
diese ruckartigen, ruppigen Klangballungen als kakophon
empfunden haben, kann man sich leicht vorstellen. Wer
die Bläser bereits in den ersten beiden Sinfonien als zu
massiv empfunden hat, dem muss diesmal zum Reißaus-
nehmen sein bei ihren vielen spitzen, scharfen Zwischenrufen. Lange will nichts richtig vorangehen, alles tritt auf
der Stelle, das Ganze bekommt etwas Verquältes.

Doch plötzlich passiert nie Dagewesenes: In einer ganz
neuen Tonart, die bis dahin nicht die geringste Rolle gespielt hat und mit Es-Dur nur auf enharmonischem Weg
verwandt ist, entfalten die Klarinetten ein völlig neues
Thema, obwohl man eigentlich schon erwartet hat, dass
das Orchester bald die Kurve für den Endspurt nimmt:

Dieses Thema verändert sogleich die Atmosphäre: Es
klingt ein wenig wehmütig und lässt entfernt an das Kla-
rinettenmotiv zu Beginn von Schuberts – knapp zwanzig
Jahre später entstandener – Unvollendeter denken. Mit
dem bisherigen Charakter der Sinfonie steht es in keinerlei
Zusammenhang; die klassische Sonatenhauptsatzform besitzt für solche Eigentümlichkeiten keinen Raum. Beethoven macht, was er will. Unsere heutigen Ohren verbuchen
das nicht mehr als Regelbruch, was nichts daran ändert,
dass es einer ist.

Nachdem das Orchester eine Weile um das neue Thema
gekreist ist, fällt es mit Karacho in die alte Euphorie zurück,
die nach dem bewölkten Zwischenspiel noch ekstatischer

gerät als zuvor. Immer wieder wechselt Jubel mit kurzem Innehalten, zwischendrin meint man sogar schon ein paar Vögel und sanftes Rauschen wie später in der *Pastorale* zu hören. Es taucht auch nochmals das elegische Klarinetten-Thema auf, bis vorwärtstreibende Staccato-Läufe den resoluten Rhythmus wiederaufnehmen und mit einer Rückblende zum Anfang das Ende eingeläutet wird. Schreiende Fortissimo-Fanfaren, Rausch, Seligkeit, Bum, Schluss.

2. Satz

Marcia funebre. Adagio assai

So gehetzt der erste Satz klingt, so unendlich viel Zeit lässt sich der Trauermarsch. Dass an dieser Stelle überhaupt ein Trauermarsch kommt, ist bemerkenswert genug. Zwar begegnen wir bereits in Beethovens Klaviersonate As-Dur, op. 26, einem Trauermarsch, doch in aller früheren Sonaten- und Sinfonie-Literatur lässt sich Ähnliches schwerlich finden.

Über den dunklen Streicherklängen schwebt bereits nach wenigen Takten in lichten Höhen eine Oboe, die das Thema von den Geigen übernimmt. Sofort verliert der Marsch sein Düsteres. Schon zuvor vernimmt man in den Bässen ein so dumpfes wie besenartiges Geräusch, das sich den auftaktigen Schleifern verdankt, mit denen sie von unten her immer wieder auf den Grundton zufahren. Dieses Besenartige verleiht dem Marsch einen leicht makabren Schwung, der für einen Hauch von Komik sorgt. Auch die folgenden Basstriolen wirken wie ein verhaltenes Scharren, das ins Komische kippen könnte, würde man das Metrum übertrieben betonen. Zugleich scheinen die Bässe einen Trommelwirbel nachzuahmen, wie man ihn heutzutage mit

der Snare erzeugt. Obwohl die Pauke keineswegs durchgehend zum Einsatz kommt, schwingt bei den Instrumenten ständig etwas Perkussives mit, das aufgrund der hurtig
scharrenden Triolen, Nachschläge und Synkopen zum Ver-
zwickten tendiert und nicht das rhythmische Gleichmaß
üblicher Trauermärsche bedient.

Unversehens setzt ein lichtdurchfluteter Mittelteil in Dur
ein, der mit dem denkbar banalsten Auftakt im Bass beginnt, als handle es sich um Volksmusik:

Vc. u. Kb.

Im Diskant entfalten über beschwingten triolischen Gei-
genbewegungen die Hölzbläser in sonnigen Höhen ein
Gespräch, dem der Rest des Orchesters mit fanfarischem
Beifall antwortet. So ländlich heiter, wie das alles klingt,
scheint es die Szene am Bach aus der *Pastorale* vorweg-
zunehmen, ja es kommt beinahe Schunkelstimmung auf.
Und immer wieder Tutti-Fanfaren in strahlendem Dur.

Mit der Rückkehr zum Trauermarsch-Thema zerfasern die
Stimmen, es geht durch allerlei Zerklüftetes. Nach einer
beschwerlich anmutenden Wegstrecke meint man plötzlich
ein paar bruchstückhafte Schlenker aus Ländlern zu hören.
Dieses Hin und Her völlig konträrer Stimmungen lässt an
die Brass-Bands in New Orleans denken, die auf dem Weg
zur Beerdigung traurige Weisen anstimmen und auf dem
Rückweg mit wilder Jubelmusik das Leben feiern.
    Doch am Ende dünnt Beethoven den Trauermarsch
auf fast elendige Weise aus und fällt in reines Moll zurück.
Einzig die gedämpften Geigen setzen ein letztes Mal zum

Thema an, stocken aber nach wenigen Tönen, als wüssten
sie nicht weiter oder als sei etwas passiert. Es klingt nach
unfreiwilligem Abbruch, nach Unfall, nach schierem Zu-
sammenbruch. Für einen Moment tritt irritierende Stille
ein. Daraufhin schließen die Geigen das melodische Motiv
doch noch verzagt ab, an falscher Stelle allerdings, nämlich
nicht zum Ende des vorhin angefangenen Taktes, sondern
zu Beginn des neuen, wo es – wie man leicht hören kann –
nicht hingehört. Man gewinnt den Eindruck, als brächt-
en sie es nur zum Abschluss, um ihrer Pflicht Genüge zu
tun. Wie mit gebückter Haltung fügen sie noch ein paar
letzte, unverbunden wirkende Striche hinzu, um halbwegs
ordentlich zu enden, was aber nicht richtig glücken will,
weshalb das restliche Orchester dem Ganzen – wie leicht
entnervt – ein Ende setzt.

Paul Bekker nimmt bei diesem Trauermarsch ein räum-
liches Näherkommen und nachfolgendes Wegrücken wahr.
»Jener as-moll-Satz ist ein richtiger Marsch«, lesen wir bei
ihm, »das Abbild eines in düster majestätischer Bewegung
schreitenden Trauerzuges, mit schaurigen Trommelwir-
beln und hallenden Fanfaren. Beethoven gibt die Empfindungen eines Zuschauenden, der den aus der Ferne kom-
menden Zug vorüberziehen lässt, bis dieser den Blicken
wieder entschwindet. Leise kündet sich sein Nahen an. Ein
ergreifend schlichtes Marschthema, in feierlich schleppende Rhythmen gekleidet, wird von einer tröstenden
Es-Dur-Melodie unterbrochen, um dann mit eherner Un-
erbittlichkeit weiterzuschreiten. In der Erinnerung steigt
das Bild des Dahingeschiedenen auf: ein Thema, aus
den emporschreitenden Intervallen des C-Dur-Dreiklan-
ges gebildet, erschimmert zuerst in der zarten Farbe des
Oboentones, um allmählich bis zum Glanz überirdischer

Verklärung aufzuleuchten. Die Wolken teilen sich – doch geblendet sinken die Blicke wieder zur Erde. Mahnend rufen die Trauerrhythmen zurück in die Wirklichkeit.«

Hanslick hätte längst abgewinkt. Fraglich ist, ob man bei diesem Trauermarsch überhaupt an eine Beerdigung denken muss. Seine Komplexität würde jedes Blasorchester überfordern mit den vielen subtilen rhythmischen Verschiebungen und harmonischen Verschachtelungen, die zuletzt noch in eine Fuge übergehen, die – wie so oft bei Beethoven – mit einer ganzen Menge Triller aufwartet. Dieser Satz durchläuft zu unterschiedliche Stimmungen, als dass man ihn wie Händels äußerst schlicht gehaltenen Trauermarsch aus dem Oratorium *Saul* bei Staatsbegräbnissen spielen könnte. Für eine Blaskapelle, die zum Friedhof marschiert, ist Beethovens Trauermarsch nicht nur zu kunstvoll, sein lichter Mittelteil entspricht auch keiner Beisetzungsatmosphäre. Und deshalb drängt sich der Gedanke auf, dass hier überhaupt niemand zu Grabe getragen wird. Wer sollte es denn sein? Etwa Napoleon? Warum eine so große musikalische Ehre für einen Mann, dessen Name auf dem Titelblatt ausgekratzt worden ist? Vielleicht tritt dieser Trauermarsch ja schlichtweg als Genre auf, als musikalische Gattung schlechthin, als Inbegriff des Trauermarsches an sich.

3. Satz

Scherzo. Allegro vivace – Trio

Als müsste man sich nach diesem Trauermarsch austoben, prescht nun alles los. Im Scherzo lodert vom ersten Ton an eine nervöse Energie, die zum Ausbruch drängt, rücksichtshalber noch im Pianissimo, wenn auch staccato. Eine Weile scheint das Orchester dieses Pianissimo sogar zu ge-

nießen, als steigere sich in solcher Verhaltenheit umso ko-
boldhafter die Kraft. Doch der Explosionsdrang lässt sich
nicht stoppen und entlädt sich in krachendem Fortissimo.
Das Spiel aus Piano, Crescendo und Forte wird gleich
mehrmals wiederholt, durchweg staccato, mit unbändiger
Lust. Gelegentlich bremsen die Bässe mit einem grotesken
Triller die andern kurz aus, als seien sie zu Schabernack
aufgelegt.

Dann auf einmal Hörnerklang. Wie um eigens darauf
hinzuweisen, dass erstmals in einer Sinfonie nicht nur ein
einzelner Hornist sitzt und auch nicht nur zwei, sondern
gleich drei, bekommen sie einen solistischen Auftritt, in deren Jagdmotive hinein der Rest des Orchesters rhythmisch
zu klatschen scheint.

Es geht zurück zum A-Teil, alles ist wie gehabt, der nervöse Rausch beginnt von vorn. Doch vor dem Endspurt
baut Beethoven einen Stolperer ein, und zwar mit vollem
Karacho: Der ¾-Takt wechselt mit Bläsergeschrei von jetzt
auf gleich ins *Alla breve*, was nach sekundenschnellen vier
Takten wieder rückgängig gemacht wird. Fortissimo rast
man aufs Ziel zu.

4. Satz
Finale. Allegro molto – Poco Andante – Presto

Lewis Lockwood stellt die These auf, dass Beethoven diese
Sinfonie vom letzten Satz her konzipiert hat. Er verweist
auf die *Eroica-Variationen* für Klavier, op. 35, die vor der
dritten Sinfonie entstanden sind und ihr ihren nachträg-
lichen Namen verdanken. Deren Thema hat Beethoven
bereits in der Ballettmusik *Die Geschöpfe des Prometheus*
verwendet, und er übernimmt es auch hier:

In Lockwoods Augen handelt es sich allerdings nicht um eine schlichte Übernahme, sondern um ein Motiv, das die gesamte Sinfonie trägt und prägt, schließlich korrespondiert die nackte Es-Dur-Akkord-Brechung des letzten Satzes mit dem Hauptthema des ersten.

Bevor jedoch das *Eroica*-Thema vorgestellt wird, rast das Orchester mit so furienhaften Läufen los, als habe das Scherzo lediglich dem Warmlaufen gedient. Dann aber ein plötzlicher Stopp. Kurzes Innehalten. Ein Neuanfang in größerer Ruhe. Das Thema wird eingeführt, doch nicht mit schweren Pfundnoten wie in der Klavierfassung, sondern leise und pizzicato. Man lässt sich Zeit, nimmt sich Raum, will nicht gleich wieder Krach machen, auch wenn es die Bläser mit Zwischenrufen versuchen. Die Stimmung bleibt kammermusikalisch, als sei dieses Thema nicht für ein großes Orchester gedacht, sondern für ein Streichquartett. Wie bei einer barocken Passacaglia kehrt es immer wieder, nur verharrt es nicht wie dort im Bass, sondern wird hin und her gereicht, von immer anderen Instrumenten übernommen und umspielt. Schließlich treten die Bläser hinzu, diesmal ohne allen Druck und Rampendrang. Es taucht ein weiteres Thema auf, das sich mit dem ersten verbindet, als hätten die beiden schon immer zusammengehört:

Ganz anders, als man angesichts des überstürzten Auftakts erwarten könnte, entfaltet sich ein seliger Reigen. Um aber nicht endlos zu schwelgen, wird das Thema nach einer Weile in fugierter Weise durchgearbeitet, was sich bei Beethoven gelegentlich nach trockenem Handwerk anhört, als wollte er vor allem zeigen, dass er die barocke Verschachtelungstechnik beherrscht. Als diese Aufgabe erledigt ist, jagt er das Thema durch allerlei Tonarten. Die Wucht nimmt wieder zu, aus der vormals wohligen Stimmung wird ein gehetztes Treiben. Noch eine Art drittes Thema tritt hinzu, dessen marschmäßiges Grundelement an Schlichtheit kaum zu unterbieten ist – wieder handelt es sich um einen Rhythmus-Impuls:

Wie das zweite verknüpft es sich mit dem ostinaten Grundthema und entwickelt sich geschwind zu einem robust auftrumpfenden Militärstück, das anarchische Züge annimmt und Janitscharenmusik anklingen lässt, nur ohne Glöckchen, Schellen und Zimbeln. Als die fast tobsüchtige Munterkeit kaum noch zu stoppen ist, bremst ein Hörnerton den vorwärtsstürmenden Trupp.

Man holt Atem, blickt zurück, das wohlige Reigenthema darf noch einmal Revue passieren, kippt jedoch nach wenigen Takten ins Moll um und dient erneut als Fugenmotiv, nur dass das barocke Verflechtungsexerzitium diesmal vitaler ausfällt. Immer mehr purzeln die Themen durcheinander; was noch Fuge ist und was pures Ungestüm, lässt sich bald nicht mehr sagen. Alles steigert sich zu einem mächtigen Gescharre, das die Trompeten und Hörner im Fortissimo zu übertönen suchen. Weil auch diese krawallige Euphorie bald kaum noch zu steigern ist, muss erneut eine Notbremse her. Nicht die Hörner rufen dieses Mal zur Räson, Beethoven baut in Gestalt einer Fermate ein gewaltiges Stoppschild ein, das nach dem kochenden *Allegro molto* unversehens zu einem *Poco Andante* zwingt.

Die Bläser setzen mit weniger als halbem Tempo zum zweiten Reigenthema an, als wollten sie zeigen, dass erst in solcher Stille dessen Schönheit zum Tragen kommt. Schließlich ziehen die Geigen mit, als fänden auch sie an der plötzlichen Beruhigung Gefallen. Als die Oboe das Thema übernimmt und ihm die Klarinette triolisch schnarrende Entengeräusche unterlegt, meint man wieder den glucksenden Bach aus der *Pastorale* zu hören. Erneut wogt alles über, in gemütlich schaukelnder Bewegung und reinster Wohligkeit. Man erlebt dörfliche Sommerfreuden mit einem Anklang von Blasmusik.

Doch die Musik gerät erneut ins Stocken. Die Stimmung droht ins Düstere umzukippen. Es folgen unschlüssige Suchbewegungen, als fände man aus der unverhofften Trübnis nicht wieder hinaus. Weil es keinen Ausweg gibt, bricht die Musik einfach ab, besinnt sich eines andern und greift auf den irren Anfangslauf des Satzbeginns zurück, mit dem die alte Energie wiederkehrt. Mit einem knalligen Presto stürmt das Orchester aufs Ende zu.

Vom klassischen Sonatenschema bleibt in diesem Finale nicht viel übrig. Was es zusammenhält, ist unbändige Kraft. Natürlich besitzt dieser Schlusssatz durchaus Struktur, doch sie folgt keiner bewährten Form. Beethoven nimmt sich Freiheiten, die seine ersten Hörer verstört zurücklassen. Sie sind perplex.

Man kann froh sein, dass die *Eroica* nicht Napoleon gewidmet ist und *Bonaparte*-Sinfonie heißt. Acht Jahre nach deren Uraufführung schreibt Beethoven ein militärisch beschwingtes Orchesterstück mit dem Titel *Wellingtons Sieg bei Vittoria*, das lange als *Schlachtensinfonie* bezeichnet worden ist. Es bezieht sich auf eine Schlacht im baskischen Vitoria-Gasteiz, an der Napoleon selbst nicht beteiligt gewesen ist, bei der jedoch sein Bruder Joseph Bonaparte den Engländern unterliegt, was zum baldigen Sturz Napoleons beiträgt und zu seiner Verbannung auf die Insel Elba. Das Stück beginnt mit *Rule, Britannia!* und endet mit *God Save the King*.

Wäre die *Eroica* Napoleon gewidmet geblieben, würde man sich bis heute fragen, welche Stellen worauf in dessen Leben anspielen, mit welchem Fortissimo-Geschmetter welche Schlacht gemeint ist und worin die Botschaft des Ganzen besteht. Dass auf den jubilierenden Anfang ein Trauermarsch folgt, der einen fast heiteren Mittelteil besitzt, auf den ein geradezu barbarisch freudiges, aber auch überkandidelt nervöses Scherzo folgt, dem sich ein an Schlagkraft, Seligkeit und Geschmetter nicht zu überbietendes Finale anschließt, gibt Rätsel genug auf. Das Schöne ist, dass man sie nicht lösen muss. Statt sich den Kopf über Beethovens unerforschliche Gedanken zu zerbrechen, kann man auch auf Morton Feldman verweisen, der über seine Musik gesagt haben soll: »Spannend an ihr ist weniger, wie er das alles hinbekommt, als wie er aus alldem wieder herauskommt.«

Lust an Trauermusik

In Alejo Carpentiers Roman *Finale auf Kuba* gerät ein Mann auf der Flucht in ein Theater, wo die *Eroica* gespielt wird. Er kennt diese Musik nicht, alles Klassische ist ihm fremd, doch beim zweiten Satz hat er das Gefühl, dass ihm das Stück bekannt vorkommt. Er kennt die Melodie und fragt sich, woher. Wohl von einer Beerdigung, sagt er sich und staunt, dass festlich gekleidete, mit Schmuck behängte Leute sich ins Theater begeben, um Trauermärsche zu hören.

Gewöhnlich zerbricht man sich darüber nicht den Kopf und nimmt die langsamen Sätze einfach hin, notfalls auch einen Trauermarsch. Will man sich aber tatsächlich einer tristen Stimmung hingeben? In Erinnerungen an Verstorbene schwelgen? Eine Schwermut aus sich herauskitzeln, die man auf seltsame Weise genießt? Den Flüchtigen in Carpentiers Roman erstaunt jedenfalls, dass man andächtig einer Musik lauscht, die sich »wie der Schatten eines bösen Omens« ausnimmt, schließlich haben die Zuhörer gerade noch im Foyer getrunken, gelacht und über nackte Frauenschultern hinweg Scherze gemacht. Während er über diese Paradoxie nachsinnt, beschäftigen einen andern Mann, der hinter der Theaterkasse sitzt, ganz gegenteilige Gedanken. Denn er hat sich eben erst bemüßigt gefühlt, seiner Umgebung zu erklären, dass er ein Instrument erlernt und deshalb üben muss, obwohl in der Nachbarschaft jemand im Sterben liegt. Immerhin, rechtfertigt er sich, handelt es sich um klassische Musik, die vereinbar ist mit dem gefühlten Schmerz.

Die Frage, warum wir uns bereitwillig Stimmungen aus-
liefern, die nicht nur schön sind, sondern auch zum Trübsinn tendieren, ist so alt wie die Kunst selbst. Sie stellt
sich nicht nur bei Musik, sondern auch beim Theater, bei
Dichtung, bei Malerei. Augustinus ergeht sich in Selbst-
anklagen, weil er als junger Mann bei seiner Vergil-Lektüre
Didos Schicksal beweint hat, statt sich um sein eigenes
Seelenheil zu kümmern und sein lästerliches Leben zu
ändern. Ebenso bedauert er, dass er sich wie ein Süchti-
ger Musik hingegeben und dabei Freude, Lust und Trauer
empfunden hat, statt zu erkennen, wie künstlich diese Gefühle sind und wie wenig sie mit dem wirklichen Leben zusammenhängen. »Wie kommt es«, fragt Augustinus, »dass
der Mensch im Theater schmerzlich fühlen will, wenn er
Trauriges und Tragisches sich ansieht? Er möchte es gewiss nicht an sich selbst erleiden, und gleichwohl, als Zuschauer will er Schmerz dabei empfinden, und gerade der
Schmerz ist sein Genuss.« Nicht anders verhält es sich mit
den »Lüsten des Ohrs«: Sie reizen auf, ohne echten Anlass, und lassen einen in Stimmungen hineingleiten, die ein
Eigenleben führen.

Warum hassen wir bei Filmen die Bösen und zittern mit
den Guten? Schließlich handelt es sich nur um ein Spiel,
um Kulissen, um Schauspieler. »Sie genießen ihre Beklem-
mung und sind glücklich, wenn sie mit Schluchzern, Seufzern und Tränen ihr Mitgefühl bekunden können«, schreibt
David Hume über Theatergänger. Warum strömen wir in
Konzerte, wo nicht nur mitreißende Lieder gesungen werden, sondern auch trübsinnige? In der Oper laufen einem
bei manchen Arien Schauer über den Rücken, manchmal
kämpft man mit den Tränen. Auch in Konzerten kommt
das vor.

Woher diese Lust an der Unlust? Die älteste, von Aristoteles gegebene Antwort lautet: Wir sehnen uns nach Furcht

und Schrecken, um uns in Gefühlen zu suhlen, aus denen wir wie erleichtert hervorgehen. Voraussetzung ist, dass es in geschütztem Rahmen geschieht, ohne Gefahr für Leib und Leben, durch bloßes Zuschauen, bloßes Zuhören. Was dabei geschieht, nennt sich Katharsis. Man lässt sich die Seele kitzeln, im Schönsten wie im Schlimmsten, und verlässt das Theater oder den Konzertsaal mit dem so erlösenden wie erbaulichen Gefühl, durch Himmel und Hölle gegangen zu sein.

Von Beethovens Fünfter heißt es, sie führe vom Dunkeln ins Helle, aus der Düsternis ans Licht. Damit das Licht umso heller strahlt, bedarf es größtmöglicher Finsternis. Auf die *Eroica* übertragen, ließe sich sagen, dass der Trauermarsch die Vorfreude auf die erhoffte Lichtmusik nur umso größer macht: *per aspera ad astra* – durchs Raue zu den Sternen. Auch könnte man sagen, dass Abwechslung besser ist als nur Jubel und Jauchzen; dass das Triste ebenso zum Leben gehört wie das Schöne; dass man sich am Sonnenaufgang umso mehr freut, je stürmischer die Nacht gewesen ist. Lauter gute Gründe für bedrückende Zwischenmusiken.

Ohnehin verdankt Musik ihre Anziehungskraft dem unentwegten Spiel zwischen Spannung und Auflösung, Dissonanz und Harmonie. Anders als im wirklichen Leben muss man dabei nicht fürchten, dass die Spannungen andauern und kein Weg aus der Zerrissenheit führt. Bei Sinfonien ist alles durchgeplant und auf ein Ende hin konzipiert, wie bei Dramen und Romanen. Dass die düstere Stimmung mit dem Ende des Trauermarsches vorbeigeht, steht fest. Außerdem hört man ihn nicht auf einer Beerdigung, sondern sitzt im Parkett. Danach geht man ins Restaurant oder gönnt sich einen Absacker an der Bar.

Mancher Komponist bestreitet sogar, dass Musik Gefühle
hervorruft, wie etwa Hindemith. Andere wollen überhaupt
keine hervorrufen, wie beispielsweise Strawinsky beteu-
ert. In deren Augen würden wir es schwer ertragen, wenn
Musik tiefste Gefühle zum Wallen brächte. Würde Musik
tatsächlich unser Innerstes aufwühlen, dann müsste ein
Pianist im Allegro auf dem Stuhl hin und her rutschen,
im Adagio schwermütig zusammensacken, im Scherzo
aufspringen und im Presto jauchzen. Doch er muss sich
aufs Spiel konzentrieren und weiß, dass es sich – soll man
sagen: nur? – um Musik handelt. Kunst stellt nicht den
Ernstfall dar, sie bewegt sich im Als-ob. Schließlich kann
man auch ein trauriges Gesicht machen, ohne traurig zu
sein. Das ist nicht nur im Theater so. Ebenso wenig ist ein
Schauspieler, der Hamlet spielt, tatsächlich Hamlet, ganz
abgesehen davon, dass die Hamlet-Figur lediglich auf der
Bühne existiert und auf Papier. Sie besteht aus Imagina-
tion, die im Theater durch Schauspieler leibhaftige Gestalt
gewinnt, stets auf andere Weise. Wir verbringen mit ihr ein
paar Stunden im selben Raum, anschließend werden die
Lichter gelöscht und der Schauspieler schminkt sich ab.

Auch Musik ist ein Spiel, im wahrsten Sinne des Wortes.
Sie wird gespielt und sie spielt mit Gefühlen. Doch selbst
wenn sie die Augen wässrig werden lässt, handelt es sich
um kein reales Drama, allenfalls weckt sie Erinnerungen,
die traurig stimmen. So rasch, wie Musik dahinfließt, so
geschwind, wie ihre Stimmungen wechseln, so ungreifbar,
wie ihr luftiges Wesen ist, bleibt wenig Zeit für wirklich tiefe
Gefühle. Im Übrigen kann man Musik entfliehen, ganz anders als Gefühlen, denen man ausgeliefert ist und die sich
nicht wie das Radio oder der Fernseher ausschalten lassen.

Allerdings hängt die Wirkung von Musik nicht von ihr
allein ab. Es ist ein Unterschied, ob ein Trauermarsch auf

dem Friedhof erklingt oder in der Royal Albert Hall. Was nicht ausschließt, dass Musik im Konzertsaal traurige Gedanken aufkommen lässt, und sei es, weil man jemanden verloren hat. Auch kann ein längst vertrautes Stück plötzlich etwas zum Schwingen bringen, das wie neu an ihm ist. Man hat es hundert Mal gehört, doch unerwartet läuft es in einer Kneipe und wird mit Gefühlen aufgeladen, die es bisher nie hervorgerufen hat. Legt man es am nächsten Tag zu Hause auf, kehrt die erlebte Intensität häufig nicht zurück; es wirkt wie ermattet oder gleitet wie in größerer Ferne vorüber, obwohl es sich um die gleiche Musik handelt. Es fehlt die Umgebung, das Ambiente, das Unverhoffte des Augenblicks.

Wenn Freud vom Melancholiker behauptet, er schwelge in Verlorenheitsstimmungen, ohne einen Verlust erlitten zu haben, grenzt er ihn gegenüber dem Trauernden ab, der tatsächlich einen Abschied oder eine Trennung verschmerzen muss. Bei Musik verhält es sich ähnlich: Wir geben uns ihr hin, um in Stimmungen zu geraten, die wir um bloßer Stimmung willen empfinden wollen. Zwar korrespondieren Stimmungen mit Gefühlen, bei Musik wechseln sie jedoch meist so schnell, dass man selten in bedenkliche Schwermut verfällt oder sich dionysischen Exzessen hingibt. Songs dauern meist nur ein paar Minuten, Sinfonie-Sätze selten länger als eine Viertelstunde.

Schopenhauer sagt in *Die Welt als Wille und Vorstellung* über Musik: »Sie drückt nicht diese oder jene einzelne und bestimmte Freude, diese oder jene Betrübnis, oder Schmerz, oder Entsetzen, oder Jubel, oder Lustigkeit, oder Gemütsruhe aus; sondern *die* Freude, *die* Betrübnis, *den* Schmerz, *das* Entsetzen, *den* Jubel, *die* Lustigkeit, *die* Gemütsruhe selbst, gewissermaßen *in abstracto*, das Wesentliche derselben, ohne alles Beiwerk, also auch ohne die

Motive dazu.« Sie erregt die Erregung als solche, um ihrer
selbst willen. Sie wirbelt körperlos umher. Sie ruft, wenn
sie erklingt, Gefühle hervor, die anders sind als Gefühle,
die sich den Verwicklungen des Lebens verdanken.

Wenn E.T.A. Hoffmann über Beethovens Sinfonik sagt, sie
führe ins »Reich des Ungeheueren und Unermesslichen«,
wäre das nicht denkbar mit Klängen, die in erster Linie
heiter stimmen. Bei Haydn kommen uns selten Abgründe
in den Sinn. Wenn er zu Beginn seiner *Schöpfung* in c-moll
das Tohuwabohu vor der Entstehung der Welt evoziert, lassen seine chromatischen Windungen nicht ins Horrende
blicken. Beethoven dagegen greift zu ganz anderen Mitteln,
wie nicht nur die Schreckensfanfare zu Beginn des letzten
Satzes der Neunten zeigt.

   Aber warum will man überhaupt in Abgründe schauen?
Aus Lust am Schauder? Um sich daran zu gewöhnen? Um
eine Macht zu spüren, die uns vernichtet, deren Allgewalt
wir aber immerhin erleben dürfen? Und sei es, weil diese
Macht uns ins Unendliche blicken lässt, auch wenn es sich
nicht um den Himmel handelt? Oder weil der Himmel
ohne diese Abgründe nicht zu haben ist?

   Rätsel über Rätsel. Aber auch das Rätselhafte möchte
man nicht missen. Ohne Rätsel nichts Geheimnisvolles.
Womit man wieder bei reiner Instrumentalmusik anlangt,
die ihre Geheimnisse nicht preisgibt. Vorausgesetzt, sie besitzt überhaupt welche. Auch das weiß man nicht. Was die
Rätsel keineswegs kleiner macht. Und schon ist man bei
der Frage: Wo kommen wir her, wo gehen wir hin? Keine
einzige Metaphysik und keine einzige Religion haben sie
je beantworten können, obwohl es seit jeher haufenweise
Antworten gibt, von Philosophen, von Kirchenleuten, von
weltanschaulichen Marktschreiern. Die Musik dagegen

versucht sich erst gar nicht mit Antworten, sie führt uns schlichtweg in jenes Ungeheure und Unermessliche, das E.T.A. Hoffmann sich mit einem vielsagend verschachtelten Satz, der am Ende zerfranst, folgendermaßen ausmalt: »Glühende Strahlen schießen durch dieses Reiches tiefe Nacht, und wir werden Riesenschatten gewahr, die auf und ab wogen, enger und enger uns einschließen und alles in uns vernichten, nur nicht den Schmerz der unendlichen Sehnsucht, in welcher jede Lust, die, schnell in jauchzenden Tönen emporgestiegen, hinsinkt und untergeht, und nur in diesem Schmerz, der, Liebe, Hoffnung, Freude in sich verzehrend, aber nicht zerstörend, unsre Brust mit einem vollstimmigen Zusammenklange aller Leidenschaften zersprengen will, leben wir fort und sind entzückte Geisterseher.«

Will man Freud glauben, ist uns das Unheimliche seit Anfang des Lebens das Allervertrauteste. Es ist der dunkle Mutterschoß, aus dem wir kommen und in dem wir in symbiotischer Einheit gelebt haben, ohne jeden Mangel und ohne noch irgendeine Art von Trennung durchlitten haben zu müssen. Dort, in diesem Dunkel, hat das Leben begonnen, und in dieses Dunkel zieht es uns zurück, selbst wenn wir es nicht so empfinden. Das Unheimliche besteht für Freud darin, dass wir von diesem Heimdrang nichts wissen und er sich nur auf verschleierte Weise offenbart: in dem Verlangen nach Räuschen, in denen sich alles auflöst. Wie etwa in einer Musik, die ozeanische Gefühle hervorruft.

Diesseits solcher philosophischer und psychologischer Spekulationen lassen sich allerdings auch ganz andere, viel einfachere Gründe für den Trauermarsch in der *Eroica* finden. Denn er verweist weniger aufs christliche Memento

mori als auf die Französische Revolution. Beethovens
Vorliebe für Märsche verdankt sich auch keiner Begeisterung für Volksmusik, sondern den großen jakobinischen
Totenfeiern, bei denen die Gebeine Voltaires oder Rousseaus nach tagelangen Umzügen ins Pantheon umgebettet
worden sind. Anders als religiöse Trauermusik klingt die
revolutionäre heroisch und glorios. Mit Voltaire und Rousseau feiert man Helden, die weiterleben, und zwar nicht
im Jenseits, sondern in der neu angebrochenen Zeit. Der
arkadische Mittelteil von Beethovens Trauermarsch kündet
von einem Frieden, der ohne Kampf und Zerstörung nicht
zu haben wäre.

Uns Heutigen ist die Begeisterung fürs Heldenhafte
fremd, Kriege und Schlachten hat man mehr als genug
erlebt. Doch das entspricht nicht dem Blick eines Jakobi-
ners. Die *Marseillaise* ist ein Revolutionsmarsch mit blut-
rünstigem Text; sie reißt bis heute jeden Franzosen mit,
nicht bloß vor Fußballspielen. Nach der Revolution sind
Dutzende solcher Marschlieder entstanden. Beethoven
ist nicht der Einzige, der auf sie zurückgreift, auch Schumann macht es in seinem *Faschingsschwank aus Wien*, wo
die unschwer herauszuhörende *Marseillaise* den Flügel fast
bersten lässt. Zeitlebens schreibt Beethoven Märsche, die
zuweilen reichlich lustvoll klingen und etwas Juchzendes
und Jauchzendes besitzen: in *Egmont*, in *Die Geschöpfe des
Prometheus*, in *Wellingtons Sieg*, in der Klaviersonate As-
Dur, op. 26, in der *Eroica*, in der Neunten. Er schreibt
auch einzelne Märsche wie den *Yorkschen Marsch* und die
Klavier-Variationen op. 76 über einen türkischen Marsch,
dessen stampfige Munterkeit heiter stimmt. Ignaz Xaver
von Seyfried berichtet, Beethoven habe den italienischen
Begriff Pianoforte nicht mehr auf Hammerklaviere ange-
wandt wissen wollen. Ihn begeistert deren Perkussives, die

Schlagkraft, das Donnernde. Louis Spohr berichtet über Beethovens Klavierspiel: »Im Forte schlug der arme Taube so drauf, dass die Saiten klirrten.« Mit ihren musikalischen Verzierungen – den Vorschlägen, Schleifern und Trillern – klingen seine Märsche immer ein bisschen verspielt, selbst der Trauermarsch in der *Eroica*. Und sie alle gleiten durch ganz unterschiedliche Stimmungen. Ausschließlich düster ist keiner.

1892 erscheint in der *Revue des Deux Mondes* von dem Musikkritiker Camille Bellaigue ein Artikel mit dem Titel *L'héroïsme dans la musique* – Heroik in der Musik. Es heißt dort: »Dem Kampf ist die Musik wesensmäßiger als die Religion und die Liebe. … Die Musik ist die einzige Kunst, in der Bewegung sich mit Kraft verknüpft.« Keine andere, erklärt Bellaigue, stachle so sehr zum Heldentum an wie sie, was ihrem Rhythmus zu verdanken sei und nicht ihren Melodien. Dass Beethoven im Zentrum dieses Artikels steht, wundert nicht: »Was für eine Originalität in diesen Trauermarsch-Arabesken, welch eine Phantasie in der Improvisation, die sich in letzten Adieux verliert!« Diese Adieux winken allerdings nichts Verlorenem nach, sie feiern das Leben. Bellaigue rühmt die *Eroica* als Beethovens größtes Werk, und über Beethoven hinaus reicht für ihn ohnehin nichts. Die *Eroica* besteht für ihn aus einer einzigen Apotheose: Sie weist den Weg »vom Leiden zum Glück, vom Kampf zum Sieg, vom Leben und Tod zur Unsterblichkeit«.

Auch wenn wir mit solchen Worten inzwischen vorsichtiger geworden sind, begreift man, wie Bellaigue auf solche Gedanken kommt. In den Jahren nach der Revolution haben Märsche anders geklungen als in unseren heutigen Ohren. Sie haben andere Botschaften vermittelt, Botschaften mit weltgeschichtlicher Aufbruchsstimmung. Bei Beet-

hoven findet sich jedoch noch anderes. Der Flüchtende in
Carpentiers Roman vernimmt in der *Eroica* »gebrochene
Walzer, die nie zu Walzern werden«. In den Variationen
und Modulationen nimmt Beethoven seine Märsche immer auch auseinander. Er spielt mit ihnen, unter anderem
dadurch, dass er sie zerbricht.

DIE VIERTE

Sinfonie Nr. 4 in B-Dur, op. 60

*Uraufführung im März 1807 bei einem Privatkonzert
im Palais des Fürsten Lobkowitz; erste öffentliche
Aufführung am 15. November 1807 im k. k. Hoftheater
nächst der Burg, dem heutigen Burgtheater*

Dass diese Sinfonie selten Konzertprogramme schmückt, kann nur daran liegen, dass sie von der dritten, fünften, siebten, neunten und sechsten erdrückt wird. Doch dafür kann diese Sinfonie nichts. Für sich genommen ist sie ein großartiges Werk, da sie aber zwischen der *Eroica* und der sogenannten Schicksalssinfonie eingeklemmt ist, hat man das Gefühl, ihr fehle etwas. Dabei fehlt überhaupt nichts. Außer man wünscht sich mehr Exzentrik. An Frische und Rhythmik lässt sie jedenfalls nichts zu wünschen übrig. Wir begegnen hier wie in kaum einem anderen Werk dem Synkopiker Beethoven. Die Musikwissenschaftlerin Susan McClary bedauert, dass die *Eroica* derart nachhaltig das Bild des titanischen Beethoven geprägt hat, dass Sinfonien wie diese in den Hintergrund rücken. Schumann erblickt in der Vierten »eine griechisch schlanke Maid zwischen zwei Nordlandriesen«.

1. Satz

Adagio – Allegro vivace

Wieder beginnt der erste Satz mit einer langsamen Einleitung, die allerdings mehr Rätsel aufgibt als die früheren.
Man weiß nämlich nach einem gleichermaßen gewichti-
gen wie leisen, lange liegen bleibenden, leeren Oktavklang,
in den hinein sich die Geigen in schweren Abwärtsbewe-
gungen ergehen, eine ganze Weile nicht, wohin die immer
neuen, immer anderen Sept- und Nonenakkorde führen.
Ständig baut sich neue Spannung auf, die sich nicht auflöst. Wohin der Weg führen könnte, lässt sich nicht einmal
andeutungsweise erahnen. Alles kommt ein wenig bedeu-
tungsschwer daher, erregend ist es jedoch nicht allzu sehr.
Man fühlt sich erlöst, als die Geigen nach dem ersten bom-
bastischen Fortissimo-Tutti munter Anlauf nehmen, und
zwar mehrmals hintereinander, um mit einem rauschhaf-
ten Allegro loszulegen, das in seiner jubilatorischen Frische nicht das Geringste mit dem beschwerlichen Anfang
zu tun hat. Offenbar will Beethoven den Hörer mit seiner
langsamen Einleitung vor allem auf die Folter spannen.

Und dann diese Wucht! Allerdings keine brachiale, sondern eine höchst ausgelassene. Wie man dabei an eine
»griechisch schlanke Maid« denken kann, bleibt freilich
Schumanns Geheimnis. Es sei denn, er stellt sich diese
Maid mit so viel innerer Hitze vor, dass sie keinen Augenblick zur Ruhe kommt. Allzu schlank wirkt diese Musik
auch nicht, sie kommt nur ohne alles Gravitätische aus,
klingt aber keineswegs sanft. Sie läuft auf Hochtouren,
ohne Atem zu holen, sieht man von einem kurzen Teil
zu Beginn des letzten Drittels ab, in dem zwar nicht der
Rhythmus stillsteht, die Instrumente jedoch in ein Piano
zurückkriechen, das anfangs eine kleine Ratlosigkeit zu of-

fenbaren scheint, in Wirklichkeit jedoch dem finalen Jubel
als Startrampe dient.

2. Satz
Adagio

Dieses Adagio gehört zum Berührendsten, was Beethoven geschrieben hat. Bei allem Sanglichen besitzt es aber
auch etwas Mächtiges, allein durch die häufigen Tutti-Ein-
sätze mit ihren vielen Fortissimo-Stellen. Sein langer, ruhiger Fluss lebt paradoxerweise von einem Rhythmus, der
selbst überhaupt nichts Ruhiges besitzt. Das Ineinander
aus kantilenen Bögen und regloser Bewegung gibt diesem
Stück sein unverwechselbares Gepräge. Während sich im
Diskant eine sehnsuchtsvoll-schöne Melodielinie entfaltet,
wogt in den Mittellagen unablässig ein jambischer Rhythmus mit Staccato-Akzenten und punktierten Sechzehnteln.
Das bloße Notenbild zeigt zur Genüge, wie das Legato der
Melodie und das Regsame der anderen Stimmen unter-
schiedlicher nicht ausfallen könnten:

Berlioz findet die unwiderstehliche Zartheit dieser Melodie engelhaft. Sie vermittelt ihm das Bild unendlicher
Weite, ohne dass ein Gefühl von Zeitstillstand aufkommt.
Die pulsierende Dauerbewegung und Dauererregung verhindert nicht nur jedes Zur-Ruhe-Kommen, ihr Gehüpfe
und Gespringe vermitteln etwas Nimmermüdes. Was das
Neben- und Ineinander aus Frieden und Rastlosigkeit anbelangt, könnte man von lyrischer Unruhe sprechen. Erst
als eine der Klarinetten mit schmerzhaft angehauchtem
Ton in die Höhe entschwebt und zu Seufzern anhebt, wie
man sie von Mozart kennt, zerfasert auch das orchestrale
Gewebe und der Rhythmus gerät ins Stocken. Am Ende
des Satzes lenkt das Thema auf den Anfang zurück.

3. Satz

Allegro molto e vivace – Trio. Un poco meno allegro

Die Satzbezeichnung *Allegro vivace* sagt zur Genüge, dass
von den einstigen Menuetten nur mehr der ¾-Takt geblieben ist. Zwar ist nicht ausdrücklich von einem *Scherzo* die
Rede, doch der zackige Auftakt macht mit einem Schlag

klar, dass es hier nicht gemütlich zugeht. Wer in den ersten beiden Sätzen den raubauzigen Beethoven vermisst hat, kommt hier auf seine Kosten: knallige Tutti, bockige Rhythmen, volle Energieentladung. Bei allem Krawalligen klingt reinster Übermut mit, ganz und gar ungebremst.

Im Großen und Ganzen folgt diese Sinfonie dem klassischen Schema, doch Beethoven überrascht plötzlich mit zwei Trio-Mittelteilen. Im ersten bremsen die Holzbläser abrupt das Tempo ab, um sich in bukolischer Harmoniemusik zu ergehen, umrahmt von den Hörnern mit lange gehaltenen Oktavtönen, während die Violinen geckenhafte Jauchzer einstreuen. Nach einer Weile fängt die ganze Schar der Streicher an, von unten leise zu scharren, um schließlich immer lauter ins ländliche Gejauchze einzustimmen. Schließlich wird der ruppige Anfangsteil wiederholt, der erneut zum Trio führt, das man ein zweites Mal spielt. Nochmals geht es da capo zum Anfang zurück, der ein drittes Mal erklingt. Leicht komisch wirkt dann das Ende, wo man denkt, der Schlussakkord sei bereits ertönt, nur dass die Hörner weitertuten, als hätten sie es nicht gemerkt. Doch nach wenigen Tönen, die sie sich noch erlauben, schlägt das Orchester im Fortissimo die Tür zu.

4. Satz

Allegro ma non tropo

Wie von der Tarantel gestochen zischt das Finale los, in einem Stil, der an Mozart und Haydn denken lässt, doch so, als seien die beiden von einer Raserei heimgesucht, die kein Bremsen mehr kennt und kein Halten. Die Geigen stürzen derart entfesselt los, dass einem Hören und Sehen vergehen. Ein Wirbelwind ist nichts dagegen, man vernimmt keine einzelnen Töne mehr, alles stiebt davon, alles überschlägt sich.

Fast ist man froh, dass die Bläser nach einiger Zeit Licht ins dampfende Durcheinander bringen und eine Melodie anstimmen, an die man sich halten kann, allerdings nur kurz, da die Streicher ihre Raserei nur für einen Augenblick zügeln. Auch die Bässe machen sofort wieder Druck, ihre Einwürfe hören sich wie Pochen, Klopfen, Stampfen an, als habe man keine Zeit für eine Bläserserenade, als müsse der Wahnsinn strikt weitergehen. Und er geht auch weiter, so gnadenlos, dass man sich fragt, wie die Streicher das überhaupt durchhalten, rein technisch, rein physisch.

Man möchte mittoben bei diesem Exzess, es hält einen kaum auf den Sitzen, ein Konzertsaal ist dafür nicht mehr der richtige Ort. Wenn das näselnde Fagott die rasenden Läufe der Geigen nachspielt, kippt die furienhafte Fröhlichkeit für einen Moment ins Komische um. Es war einen Versuch wert, scheint das Fagott sich zu sagen, ganz ernst nehmen kann man es nicht. Die Raserei geht weiter, nur hin und wieder durch ein paar kantilene Beigaben der Bläser abgemildert, bis eine Fermate – wie so oft bei Beethoven – das Ganze mitten im Fortissimo abbremst und zu einem plötzlichen Piano zwingt. Die Frage, wie es weitergeht, erübrigt sich: Aus den Bässen kommt sogleich neuer Antrieb. Die Bläser spielen nochmals ihre Melodien an, die Geigen verfallen wieder in ihre Läufe, aus dem Piano wird geschwind ein Forte, mit Gedonner fällt der Vorhang.

Von der Kirche in den Konzertsaal

Im Titel eines 1997 erschienenen Artikels fragt der Historiker William Weber: *Did people listen in the 18th century?* –
Hörten die Leute im 18. Jahrhundert zu? Gemeint ist das
Zuhören bei Konzerten. Wobei bereits der Begriff Konzert
Fragen aufwirft, schließlich verbinden wir damit Musikauf-
führungen, bei denen Ruhe herrscht. Weber verweist auf
einen Stich des Malers Michel-Barthélemy Ollivier, der
eine Szene in einem Pariser Palast zeigt: Am Klavier sitzt
das Wunderkind Mozart, ihm zur Seite ein paar Musiker,
die ihn begleiten. Von den adligen Damen und Herren
schaut niemand zu ihnen hin. Man plaudert, bei Kaffee
und Gebäck. Nichts scheint unwichtiger als dieses Kind
und die Musik.

Weber verwahrt sich gegen jedes Kopfschütteln. Für ihn
sind diese Zuhörer, die nicht zuhören, keine Banausen und
schon gar keine Barbaren. Er will mit diesem Bild zeigen,
wie sich in der Zeit zwischen Mozart und Beethoven ein
anderes Verhältnis zur Musik herausbildet. Selbst Beethoven kann noch nicht davon ausgehen, dass das Publikum
mucksmäuschenstill lauscht. Fraglich ist sogar, ob man damals überhaupt schon von einem Publikum sprechen kann
oder ob es sich schlichtweg um Leute handelt, die sich in
Räumen versammeln, wo auch Musik gespielt wird. Der
Anspruch, sich ganz und gar auf Musik zu konzentrieren,
existiert nicht. Genauso fern liegt der Gedanke, dass Musik alle Aufmerksamkeit für sich beanspruchen darf. Kein

Mensch harrt damals in der Oper von Anfang bis Ende stumm aus; man trifft sich in den Logen und tauscht sich aus, auch im Parkett geht es munter zu. Tritt die Primadonna an die Rampe, ist man ganz Ohr, bei Rezitativen lohnt das Zuhören kaum.

Es ist noch nicht allzu lange her, dass Menschen anfangen, in Konzerte zu gehen, um sich in andächtiger Stille Musik hinzugeben. Sie gehen auch noch nicht lange in Museen, um kontemplativ Bilder zu betrachten. Und sie versenken sich auch noch nicht lange so zahlreich in dichterische Werke, die ihnen mehr bedeuten als die Bibel und Gebetbücher. Gerade eben ist es noch Usus, sich beim Spiel des kleinen Mozart zu unterhalten, wenige Jahre später schlägt Beethoven den Klavierdeckel zu, wenn ein Flüstern zu vernehmen ist.

Der vielgereiste Musiker und Schriftsteller Charles Burney wundert sich im Jahr 1784 über eine noch nie erlebte Versunkenheit der Zuhörer. In seinem *Bericht über die musikalischen Aufführungen in Westminster Abbey und im Pantheon am 26., 27., 29. Mai und 3. und 5. Juni 1784 zum Gedenken an Händel* schreibt er:

>*Nie befand man sich zur Mitternachtsstunde in einer vollkommeneren Stille, als sie von diesen Kompositionen hinterlassen worden war. Seit langem mache ich mir Gedanken über die Wirkung guter Musik auf unser menschliches Empfindungsvermögen, kann mich aber nicht entsinnen, an irgendeinem Ort in Europa bei musikalischen Festen und Feiern, sei es in der Kirche, im Theater oder am Hof, einer derart erregten Spannung, unendlichen Hingabe und glühenden Erfülltheit in den Gesichtern begegnet zu sein wie bei diesem Ereignis. Die Wirkung war in der Tat bei manchen so stark, wie man es in unseren modernen Zeiten nie gesehen hat. Die Macht der*

Chöre und der harmonischen Wendungen rief Tränen hervor
und ließ manche in Ohnmacht fallen, während andere dahin-
schmolzen und hingerissen waren von der unübertrefflichen
Anmut einzelner Klänge. Ich hatte wenig Neigung, die Ge-
sichter um mich herum zu betrachten, schweifte aber mein
Blick von den Musikern zu ihnen, sah ich nichts als Tränen
der Begeisterung und staunende, entzückte Blicke.«

Als Charles Burney diese Sätze schreibt, ist er nicht mehr
der Jüngste. Vierzig Jahre zuvor hat er als Geiger in Händels Orchestern gespielt, für Theater Musik geschrieben
und als Organist gearbeitet. Er ist durch halb Europa ge-
reist und hat über seine zahllosen Musikerlebnisse Bücher
geschrieben. Er kennt die Opernhäuser zwischen Neapel,
Paris und London besser als jeder andere und weiß ebenso,
was sich musikalisch zwischen Gent, Mannheim, München, Linz und Wien abspielt. Er blickt auf mehr als ein
halbes Jahrhundert zurück, hat jedoch noch nie erlebt, was
ihm 1784 in Westminster Abbey widerfährt. Er staunt nicht
nur über das Staunen der andern, er staunt vor allem über
dieses erstmalige Erlebnis. In seiner Bemerkung, so etwas
habe man in unseren modernen Zeiten noch nie gesehen,
klingt der Gedanke an, es könnte vielleicht früher einmal
eine solche Inbrunst gegeben haben, in religiöseren Zeiten.
In seinem Jahrhundert dagegen, wo Barock und Aufklärung sich überlappen, hat es eine derartig andachtsvolle
Verzückung bei musikalischen Aufführungen nie gegeben.
Nun, wo dieses Jahrhundert sich seinem Ende zuneigt, tritt
mit einem Mal etwas Neues zutage.

In Wackenroders und Tiecks *Herzensergießungen eines*
kunstliebenden Klosterbruders und in ihren *Phantasien über*
die Kunst – beide erscheinen um 1800 – kreisen die Gedanken unentwegt um die göttliche Kraft der Musik, mit der

verglichen alle Vernunft nichtig ist. Von Vernunft können
Menschen nicht leben, sie ist seelenlos. Was sie zu sagen
hat, reicht nicht dorthin, wo es ums Ganze geht. »Wenn
andre sich mit unruhiger Geschäftigkeit betäuben, und
von verwirrten Gedanken, wie von einem Heer fremder
Nachtvögel und böser Insekten umschwirrt, endlich ohn-
mächtig zu Boden fallen; – oh, so tauch' ich mein Haupt
in dem heiligen, kühlenden Quell der Töne unter, und die
heilende Göttin flößt mir die Unschuld der Kindheit wieder ein, dass ich die Welt mit frischen Augen erblicke und
in allgemeine, freudige Versöhnung zerfließe«, heißt es bei
ihnen.

Seelenvoll geht es nur im Reich der Töne zu. Doch die
Seele braucht auch einen Ort, an dem sie sich aufrichten
kann, einen Ort, wo man sich wie zum Gottesdienst ver-
sammelt, nur dass keine Heilige Messe gelesen wird. Wackenroder und Tieck vergleichen die neu aufkommenden
Konzertsäle mit majestätischen Domen. Sie erzählen von
einem Komponisten, der in seiner Jugend den Weg zur
Kunst gefunden hat und von dem es heißt: »Wenn Joseph
in einem großen Konzerte war, so setzte er sich, ohne auf
die glänzende Versammlung der Zuhörer zu blicken, in
einen Winkel und hörte mit eben der Andacht zu, als wenn
er in der Kirche wäre.« Und in einem Kapitel mit dem Titel *Symphonien* heißt es von der Tonkunst, sie sei »das letzte Geheimnis des Glaubens, die Mystik, die durchaus ge-
offenbarte Religion«.

Wenn Beethoven in seinem *Heiligenstädter Testament* be-
teuert, allein die Kunst habe ihn vor Selbstmord gerettet,
begegnen wir dem gleichen Gedanken, bloß dass hier ein
vollkommen Verzweifelter spricht und es sich nicht um
Dichtung handelt. »Nur sie, die Kunst, hielt mich zurück«,
schreibt Beethoven. Weder die Stimme Gottes noch sein

Gewissen und auch nicht die Angst vor ewiger Strafe bewahren ihn vor dem letzten Schritt, es ist allein die Kraft der Musik.

Die neue Kunstfrömmigkeit geht einher mit dem Nachlassen der religiösen. Man schaut sich nunmehr Kirchen an wie antike Tempel, mit einem rein ästhetischen, historisch interessierten Blick. »Mögen wir die griechischen Götterbilder noch so vortrefflich finden und Gottvater, Christus, Maria noch so würdig und vollendet dargestellt sehen – es hilft nichts, unser Knie beugen wir doch nicht mehr«, heißt es in Hegels *Vorlesungen zur Ästhetik*. Bachs *Matthäus-Passion* erleben wir nicht mehr als Sünder, für die Jesus gestorben ist, sondern als Konzertgänger; Händels *Hallelujah* versetzt uns in freudige Erregung, doch wir glauben deshalb nicht an die Auferstehung. Mozart und Haydn komponieren Messen, die so heiter klingen, dass nicht nur von kirchlicher Seite der Vorwurf kommt, sie gehörten eigentlich in die Oper oder gar in den Tanzsaal. Schon Bach hat man in Leipzig vorgeworfen, dass seine Passionsmusiken sich in musikalischen Girlanden ergehen, die für Zerstreuung sorgen statt für Andacht.

Man geht nun in den Konzertsaal wie vormals in die Kirche. Man betet dort nicht zu Gott, sondern huldigt der Kunst. Nachdem die *Matthäus-Passion* hundert Jahre lang nicht mehr gespielt worden ist, bringt Mendelssohn Bartholdy sie in der Berliner Singakademie, dem heutigen Gorki-Theater, zu einer Art zweiten Uraufführung. Doch es bedarf nicht einmal religiöser Musik, um in den neuen Konzerttempeln eine religiöse Atmosphäre aufkommen zu lassen. Adorno behauptet, Beethovens langsame Sätze seien »weltliche Gebete der Bürgerklasse«. Was bei Adorno einen marxistischen Anhauch mit sich führt, lässt sich auch allgemeiner fassen. Schließlich findet sich ein Verlangen nach Transzendenz nicht nur in einer Bürgerklasse, die religionsabstinent geworden ist.

Der Konzertsaal wird aber nicht nur zur Kirche, die Kirche wird auch zum Konzertsaal. 1834 spielen Franz Liszt und der Geiger Chrétien Urhan Beethovens *Kreutzersonate* – die Tolstoi für des Teufels hält – in der Pariser Kirche Saint-Vincent-de-Paul. Damals grenzt ein solches Konzert noch an Blasphemie, heute ist man froh, wenn sich die Leute wenigstens mit Musik in die Kirche locken lassen. An Liszt lässt sich zudem beobachten, wie der Künstler selbst zum Hohepriester wird und sich auch als solcher geriert. Man verehrt ihn als ein Wesen mit göttlichen Gaben, die andere nicht besitzen. Auf Josef Danhausers berühmtem Gemälde *Liszt am Flügel* schaut der Meister beim Spiel mit entrücktem Blick auf eine Beethoven-Büste, hinter der im Fenster ein dräuender Abendhimmel ins Unendliche weist, Liszt zu Füßen eine in Trance niedergesunkene Dame, den Kopf an den Flügel gelehnt, zur andern Seite in einem mächtigen Sessel die nicht weniger traumverlorene George Sand, nebst ein paar Herren – unter ihnen Rossini –, denen das Staunen im Gesicht steht. Man wohnt einem Gottesdienst bei mit Gestalten, die in überirdische Sphären entrückt sind.

Anton Schindler, Beethovens zeitweiliger Sekretär und erster Biograph, berichtet von einem Erlebnis im Pariser Conservatoire, wo François-Antoine Habeneck zum ersten Mal in Frankreich Beethovens Sinfonien zur Aufführung bringt, was bis heute als bleibendes Ereignis gilt, aus dem auch Berlioz' *Étude critique des symphonies de Beethoven* hervorgegangen ist. Schindler reist zu einer dieser Aufführungen und nimmt auf Habenecks Bitte ein Ölporträt von Beethoven mit, damit man es für einen Tag im Conserva-

toire ausstellen kann. Nach der Probe der 7. Sinfonie führt
Habeneck die Musiker in einen Nebensaal, wo es hängt.
Schindler berichtet:

> »*Von der Musik schon aufs höchste begeistert, hatte diese An-*
> *zeige die Wirkung eines elektrischen Schlages auf alle. ... Und*
> *welche Szene war nun dort zu schauen! – Ein Teil der Menge*
> *fiel auf die Knie vor dem Bilde, ein anderer stellt sich auf*
> *Tische und Stühle, und als von vielen der Ruf sich hören ließ:*
> *›Chapeaux bas!‹, folgte eine lange Pause der lautlosesten Be-*
> *trachtung. ... Nach einer Viertelstunde ungefähr und nach-*
> *dem einige Professoren des Conservatoir noch einige Fragen*
> *in halblautem Ton gemacht, wie man etwa in einer Kirche zu*
> *sprechen pflegt, entfernte sich die Versammlung in aller Stille,*
> *sichtbar tief bewegt von dem Anblick ihres Ideals. Als wenige*
> *Tage nachher die Gazette musicale von dieser Szene Nach-*
> *richt gab, fing das Wallfahrten zu dem Bilde Beethovens in*
> *ganzen Prozessionen an.*«

Die neue Kunstreligion verfügt wie die kirchliche auch über
Rituale, und sei es, dass man vor Beginn eines Konzerts
den Raum abdunkelt, damit eine weihevolle Atmosphäre
entsteht und alle Konzentration sich aufs Allerheiligste der
Musik richten kann. Mit seinem Satz »Der Name Beethoven ist heilig in der Kunst« bezeugt Liszt, dass es auch
Heiligsprechungen gibt. Der Dirigent und Pianist Hans
von Bülow, Liszts Schwiegersohn, signiert ein Albumblatt
mit den Worten: »Ich glaube an Bach, den Vater, Beethoven, den Sohn, und Brahms, den Heiligen Geist.« Ebenfalls
wird von Hans von Bülow der Satz überliefert, Bachs *Wohl-*
temperiertes Klavier sei das Alte Testament der Musik, Beethovens 32 Klaviersonaten seien das Neue. Sollte man hier
einen leisen Witz heraushören, belehren die Schriften und

Reden dieser Musiker und Komponisten einen meist eines
andern. Man verehrt sich gegenseitig nicht nur Lorbeer-
kränze, es geht stets ums Ganze: die über allem stehende
Wahrheit der Kunst. Wagner baut sich in Bayreuth seinen
eigenen Kunsttempel und gibt seinem Sommertheater den
Namen Weihefestspiele. Bayreuth wird zum Mekka all der
Dürstenden, die wenigstens ein einziges Mal im Leben in
jene mythischen Welten eintauchen wollen, die den Namen
Gesamtkunstwerk tragen. Bayreuth wird zum Lourdes der
glaubenslosen Gläubigen.

Bei Mozart wären solche Mystifikationen noch undenkbar
gewesen. Zwar erregt er als Wunderkind Aufsehen, doch
nur weil er ein Wunderkind ist. Als Halbgott verehrt man
Mozart deshalb noch lange nicht. Zeitlebens ist er auf der
Suche nach einer festen Anstellung, die ihn von seinen fi-
nanziellen Sorgen erlösen könnte. Jeder kennt die Anekdote vom Salzburger Bischof, der ihn mit einem Arschtritt
entlassen hat. Haydn hat es da besser. Er ist dreißig Jahre
bei Fürst Esterházy angestellt, was freilich bedeutet, dass
er auf dessen Schloss in der Pampa leben muss, im Nir-
gendwo zwischen Wien und Budapest. Jedes der zahllosen
Werke, die er für den Hof geschrieben hat, darf nur mit
Erlaubnis des Fürsten andernorts aufgeführt werden. Mit
seinen Opern schafft Haydn es nie in größere Häuser, da
ihm die Möglichkeit verwehrt geblieben ist, sich in der Welt
umzuschauen, wodurch er – zumindest in dieser Sparte –
den Anschluss verpasst hat. Öffentlich gefeiert wird er erst
in seinen alten Tagen, als die Orchester in Paris und London Sinfonien bei ihm in Auftrag geben.

   Auch Beethoven ist noch auf adlige Gönner angewiesen,
wenngleich er bei keinem angestellt ist. Es fällt ihm zwar
schwer, sich als dankbar zu erweisen, doch auf dem freien

Markt könnte er nicht überleben, zumal es in Wien noch keinen freien musikalischen Markt gibt wie in London. Wien besitzt nicht einmal ein festes Orchester und noch weniger einen Konzertsaal. Man muss auf spielfreie Tage an den Theatern hoffen oder ist auf Fürst Lobkowitz angewiesen, in dessen Palais Beethovens Dritte und Vierte aufgeführt werden. Im Theater kann es passieren, dass der Impresario die Uraufführung wenige Stunden zuvor absagt, weil er sich von einem unverhofften Gastspielangebot mehr Einnahmen verspricht.

Für halbprivate Aufführungen bei Fürst Lobkowitz oder beim Bankier Würth sind kolossale Orchesterwerke jedoch nicht gemacht. Dass Beethoven in dem Moment, wo er Sinfonien zu schreiben beginnt, nach Paris zu ziehen gedenkt, nimmt nicht wunder. Wie man aus der Korrespondenz seines Sekretärs Ferdinand Ries herauslesen kann, scheint er bei der *Eroica* den Hintergedanken gehabt zu haben, sich damit ein Billett für Frankreich zu verschaffen. Über Jahre trägt Beethoven sich mit dem Plan, nach Paris zu gehen, doch es wird nichts daraus. Von Haydn weiß man, dass in London und Paris weit bessere Bedingungen herrschen und bereits ein öffentliches Konzertwesen existiert. In Wien muss das Orchester jedes Mal neu zusammengewürfelt werden, nicht selten kommt ein Gemisch aus Berufsmusikern und Laien heraus. Dabei werden die Werke immer anspruchsvoller. Wenn nach der Aufführung von Beethovens Sinfonien fast jedes Mal die Klage laut wird, sie seien chaotisch, liegt das nicht nur an ihrer Komplexität und Länge – es sagt auch einiges über die Orchester.

Allerdings werden damals selbst Werke, für die es nur eines einzigen oder weniger Musiker bedarf, selten in öffentlichen Konzerten gespielt. Von Beethovens 32 Klaviersonaten gelangen in Wien zu seinen Lebzeiten nur zwei zur

öffentlichen Aufführung. Gewöhnlich schreibt er sie für
den Hausgebrauch adliger Damen oder widmet sie gräflichen Gönnern. Dass die meisten Sonaten für Laien zu
schwer sind, kümmert Beethoven nicht. Auch wenn der ex-
zellente Geiger Ignaz Schuppanzigh gegenüber Beethoven
Bedenken wegen schier unspielbarer Stellen oder merk-
würdiger Passagen anmeldet, bekommt er zur Antwort: Ich
komponiere nicht fürs Heute! Es geht nicht um Spielbar-
keit, es geht um Höheres. Man opfert nicht eine Eingebung
um bloßer Grifftechnik willen. Weht einen der göttliche
Odem an, denkt man nicht, es könnte auch eine Nummer
kleiner sein, damit alle mitkommen. Zwanzig Jahre nach
Beethovens Tod bedauert der Kulturhistoriker Wilhelm
Heinrich Riehl, dass seit Beethoven nur noch Virtuosen
solche Musik spielen können, was bedeutet, dass die gute
alte Hausmusik auf der Strecke bleibt. Zur aufkommenden
Auratisierung der Kunst gehört die Aufspaltung in eine andächtig lauschende Gemeinde und ihre priesterlichen Zele-
branten, wie in der Kirche.

Mit Beethoven wandelt sich das Bild des Komponisten. Er
tritt nun selbst in den Mittelpunkt, man verehrt ihn als Aus-
nahmemenschen, der Begriff des Genies macht die Runde.
Bei Bach wäre niemand auf die Idee gekommen, ihn als
Genie zu verehren. Es gibt schon lange den *poeta laureatus*,
von Dante bis Petrarca, und es gibt hochbewunderte Bau-
meister, Maler und Erfinder wie Leonardo da Vinci und
Michelangelo. Doch die Komponisten? Bis Bach spielen
sie im Kosmos der Künste keine herausragende Rolle, auch
wenn man ihre Kunst nicht missen möchte. Bach gehört
zur Zunft der Tonsetzer und arbeitet für die Kirche. Sein
Geschäft besteht im Komponieren von Kantaten für den
sonntäglichen Gebrauch, Woche für Woche, Jahr für Jahr.

Bleibt ihm übrige Zeit, fallen auch Stücke für den weltlichen Gebrauch ab. Doch keiner seiner Zeitgenossen würde Bachs Leben durchforsten und eine Biographie über ihn schreiben. Die erste Komponisten-Biographie erscheint 1760, über Georg Friedrich Händel, ein Jahr nach dessen Tod. Händel hat ein reges Leben hinter sich, er ist herumgekommen, Bach kennt man fast nur in Thüringen und Sachsen. Was sollte man über jemanden erzählen, der mal Kantor in Arnstadt gewesen ist, mal in Mühlhausen, mal in Leipzig?

Selbst die Begegnung von Goethe mit Beethoven darf nicht als alltäglich gelten. Dichter treffen Dichter, Dichter treffen Staatsmänner, Dichter treffen Philosophen, aber keine Musiker und Komponisten. Worüber sollten gelehrte Leute mit Musikern reden? Über D-Dur und Mollterzen? Die einen schweben in geistigen Sphären, die andern sind Handwerker, zwar keine mit Hammer und Feile, aber welche, die Orgel spielen, Chöre leiten und Noten zu Papier bringen. Noch Hegel bemerkt in seinen *Vorlesungen über die Ästhetik*, bei Musikern existiere nicht selten eine merkliche Kluft zwischen virtuosem Können und einem dürftigen Geist und Charakter. Wozu mit ihnen verkehren? Es genügt, wenn sie gute Musik machen, darüber hinaus haben sie meist nicht viel zu sagen. Wenn Goethe einen regen Briefwechsel mit Zelter führt, liegt das weniger daran, dass dieser seine Gedichte ordentlich vertont, als daran, dass er eine öffentliche Instanz ist, die in Berlin nicht nur das musikalische Leben mitprägt. Doch hört man heute noch von Zelter? Erst mit Beethoven wandelt sich das Bild des Komponisten. Mit ihm beginnt laut E.T.A. Hoffmann die Romantik. Und mit der Romantik setzt der Geniekult ein.

Damals kommt auch erstmals der Begriff Interpretation auf. Der Theologe und Platon-Übersetzer Schleiermacher behauptet, dass Texte eine vielfache Bedeutung besitzen, die sich nur in einem unendlichen Prozess erschließen lässt. Natürlich hat man Texte seit jeher unterschiedlich ausgelegt, doch plötzlich rückt die Deutungsfrage in den Mittelpunkt. Man will sich beim Aufschlagen der Bibel nicht mehr die Naivität erlauben, einfach zu sagen: Hier steht es, das ist die Wahrheit! Alles hängt nun von der Übersetzung ab, vom Zugriff, vom Horizont, in dem man sich bewegt. Und es stellen sich dadurch eine Menge Fragen: Was haben die Wörter früher bedeutet, wie hat sich ihre Bedeutung gewandelt, in welchen geschichtlichen Kontext muss man eine Schrift einbetten? Alles gerät zu einer Frage der Exegese, der Lesart, der Vermittlung.

In der Musik ist uns Heutigen der Begriff Interpretation so geläufig wie sonst nirgends. Doch noch zu Mozarts Zeit hat niemand von Interpretation gesprochen. Man hat Mozarts Werke aufgeführt, mal besser, mal schlechter, je nach Umständen und spielerischem Vermögen. Ob eine Aufführung dem Geist der *Jupiter*-Sinfonie entsprochen oder ob sie ihn verfehlt hat, fragt damals niemand, zumindest nicht in dieser Grundsätzlichkeit. Auch sucht man nach keinem Gesamtzusammenhang im Schaffen eines Komponisten und denkt nicht darüber nach, wie die einzelnen Werke miteinander zusammenhängen oder ob ihnen eine gemeinsame Idee oder weltanschauliche Überzeugung zugrunde liegt. Es ist auch noch nicht üblich, dass Komponisten ihre Werke mit Opus-Zahlen versehen. Früher hat man einfach Stücke geschrieben, aus diesem und jenem Anlass, je nach Auftragslage und Auftraggeber. Opus-Zahlen dagegen lassen an ein Ganzes denken, das nach und nach ins Werk gesetzt wird. Wie bei Gott, der gewusst hat, worauf sein

Tun hinausläuft, als er am ersten Tag das Licht von der Finsternis zu scheiden beginnt. Beim Komponieren handelt es sich ebenfalls um eine *creatio*, auch wenn sie nicht *ex nihilo* kommt. Hier wie dort ist göttlicher Odem im Spiel.

Adorno spricht vom Rätselcharakter großer Werke. Auch Gott und seine Schöpfung geben Rätsel auf. Der Mensch ist angehalten, sich mit ihnen zu befassen, selbst wenn sie ihre Geheimnisse nie preisgeben. Die Inbrunst, mit der man sich ihnen widmet, kann eine Form des Gebets sein. Während die einen sich ein Leben lang mit Gottesfragen auseinandersetzen, setzen andere sich ein Leben lang mit Beethovens Klaviersonaten auseinander und mit seinen Sinfonien, in immer neuen Anläufen, in Hunderten von Aufführungen und mehrfachen Einspielungen. In den immer gleichen Noten entdecken sie immer neue Facetten, in den immer gleichen Partituren schlagen sie immer neue Seiten auf. Zwar sind sie nicht unerforschlich wie Gottes Ratschlüsse, unerschöpflich aber sind sie durchaus.

Auch die Musikkritik richtet ihr Hauptaugenmerk längst auf Interpretationsfragen. Dass Musikkritik sich als eigenes Genre etabliert und Musikwissenschaft sich als eigenes Fach, ist dem 19. Jahrhundert zu verdanken. 1798 wird die *Allgemeine musikalische Zeitung* gegründet, zwei Jahre vor der Uraufführung von Beethovens erster Sinfonie. Man macht sich nun Gedanken über reine Instrumentalmusik, über ihren inwendigen Zusammenhang, über ihre möglichen Aussagen, über die Art und Weise, wie sie gespielt wird. Wie fremd das manchen Zeitgenossen anmutet, lässt sich an Kierkegaard sehen. Wenn er sich über Dutzende von Seiten über Mozarts *Don Giovanni* auslässt, erfährt man viel über Erotik, Verführung und Leidenschaft, aber wenig über die Musik. Natürlich lässt Kierkegaard sich von ihr mitreißen, doch seine gedanklichen Windungen und Wen-

dungen gelten nicht ihr, sondern der Handlung und den
Figuren. Zwar würde er am liebsten eine Sekte gründen,
»die nicht bloß Mozart am höchsten verehrt, sondern überhaupt nur ihn«, doch im Grunde redet er übers Libretto.
Geht es um Musik, begegnen wir schalen Superlativen, am
häufigsten dem Epitheton »unsterblich«. Mit Musik ohne
Text kann Kierkegaard ohnehin nichts anfangen. Sie gibt
ihm nichts zu beißen, ist wie leere Luft für ihn. Was man
mit einem Geklinge, das keinen Inhalt hat, anfangen soll,
weiß er nicht. Dass Musik anderes auszudrücken vermag
als Sprache oder sogar mehr, hält er für »eins von jenen
schmachtenden Missverständnissen, die nur in hohlen
Köpfen aufkommen«.

Dass man einer einzelnen Sinfonie von Mozart
eine zwanzigseitige Besprechung gewidmet hätte wie
E.T.A. Hoffmann Beethovens Fünfter, wäre unvorstell-
bar gewesen. Was sollte es darüber so viel zu sagen geben?
Wozu in kleinste Details gehen, einzelne Takte untersu-
chen, Akkordfolgen analysieren und auch noch in philosophische Grundsatzüberlegungen abdriften? Wozu Musik
mit Metaphysik vermischen und sie zum Organon einer
Wahrheit küren, die in ihrem Unbegreiflichen so abgründig
ist wie göttlich? Erst mit E.T.A. Hoffmann beginnen die
Deutungen zu wuchern. Die einen hören aus Beethovens
Sinfonien den Kampf zwischen Gut und Böse heraus, anderen kommen allerlei Gestalten aus der Weltliteratur in
den Sinn, wieder anderen entfalten sich vor dem inneren
Auge napoleonische Feldzüge und Siegesfeiern. In wenigen Jahren häufen sich so viele Deutungen, dass Hanslick
aus dem Kopfschütteln gar nicht mehr herauskommt und
Tabula rasa machen will. Ginge es nach ihm, müssten sich
Musikwissenschaft und Musikkritik auf trockene Struk-
turuntersuchungen konzentrieren und sich ausschweigen

über Gefühle und Gedanken, die man nicht mit Taktzahlen belegen kann. Würde man Hanslicks Postulate befolgen, dürften nur noch Experten über Musik reden. Es ginge dann einzig um Zwischendominanten und chromatische Modulationen. Eine kleine Schar von Kundigen würde sich in formale Analysen vertiefen, alle andern müssten schweigen.

Womit aber würde man dann die Verzückung erklären und die Seligkeit, in die Musik versetzt? Womit die Andacht in Konzerten? In Stifters *Feldblumen* lesen wir, Beethovens Musik lasse »einen Sturmwind über die Schöpfung gehen, dass sich unter ihm die Wälder Gottes beugen«. Bettina von Arnim schreibt an die Günderrode: »Ja gesteh! – Ist's nicht das Meer, die Musik? – Und er, der *Beethoven*, ist er es nicht, der ihm gebietet? – Und fühlst nicht auch hier: das Göttliche, was den Geist des Erschaffens gibt, sei die ungebändigte Leidenschaft? – Was ist Leidenschaft, als erhöhtes Leben durchs Gefühl, das Göttliche sei Dir nah, Du könntest es erreichen, Du könntest zusammenströmen mit ihm?«

Was hier stattfindet, charakterisiert William Weber in seinem Aufsatz *Did people listen in the 18th century?* als Sakralisierung des Säkularen. Sie stellt ein neues geschichtliches Phänomen dar und macht mit ihrer »Ideologie der Stille« der Religion den Platz streitig. Weil die Kirche in aufgeklärter Zeit als höchste Sinnstifterin entthront ist, sucht man sich andere Orte, um das Bedürfnis nach Transzendenz zu befriedigen. Wer in den Dogmen der Religion keinen Sinn mehr zu entdecken vermag, seine Seele aber trotzdem weiten will, sucht Erhebung in den sprachlos machenden Räuschen der Musik. Freigeister beugen nicht mehr das Knie vor Gott, sie verneigen ihre Häupter vor der Kunst.

Wenn Adorno davon spricht, dass Musik »entmythologi-
siertes Gebet« ist, denkt er in erster Linie an Beethoven. In
seinen Klangwelten entdeckt er mehr Religion als in sämt-
lichen Kantaten Bachs. Denn anders als bei Beethoven
entlädt sich in dessen Werk kein subjektiver Entgrenzungs-
drang. Bach schreibt seine Werke *ad maiorem Dei gloriam*
und wird dafür von der Kirche entlohnt. Beethoven lebt
und webt in keinem solchen Rahmen mehr, weder geistig
noch geschäftlich. Er muss das Absolute aus einer Musik
entwickeln, die keine spirituellen Vorgaben kennt und ohne
tragende Gewissheiten auskommen muss.

Der Historiker William Weber schaut mit nüchternem
Blick auf diese Entwicklungen. Weil Gesellschaften sich
wandeln und die Geschichte nicht stillsteht, wird vermutlich auch die Sakralisierung der Kunst wieder ein Ende finden. Die medialen Neuerungen des 20. und 21. Jahrhunderts haben längst zu einem Musikkonsum geführt, dem
das Auratische klassischer Konzerte abgeht, der jedoch andere Intensitäten mit sich bringt. Die politischen Diskussionen um die Finanzierung bürgerlicher Kulturtempel und
großer Orchester werden seit Jahren lauter. Tolstois Kopfschütteln über eine Kunst, die das Volk zu bezahlen hat,
die aber nur von einer Elite goutiert wird, können inzwischen selbst Zeitgenossen nachvollziehen, die nicht gleich
Tabula rasa machen wollen. Jacob Burckhardt schreibt in
seinen *Weltgeschichtlichen Betrachtungen*: »Mozart und Beethoven können einer künftigen Menschheit so unverständ-
lich werden, als uns jetzt die griechische, von den Zeitgenossen so hoch gepriesene Musik sein würde.« Denkt man
in Burckhardts historischen Dimensionen, dürfte es noch
eine Weile dauern, bis es so weit ist.

Die Kunstreligion des 19. Jahrhunderts weist mit der kirchlichen noch weitere Gemeinsamkeiten auf. Denn hier wie dort stellt man sich Gott als Mann vor, ebenso alle Apostel und Heiligen, Würdenträger und Messdiener: die Dirigenten, die Musiker, die Musikkritiker. Und wie in der Kirche gibt es steile Hierarchien, zuweilen fühlt man sich auch ans Militär erinnert. Als der Komponist Gaspare Spontini 1819 Leiter des Berliner Opernhauses wird, führt er den Titel des Generalmusikdirektors ein. Man lebt in napoleonischen Zeiten.

Noch 1982 kommt es bei den Berliner Philharmonikern zum Aufstand gegen Karajan, weil er die Klarinettistin Sabine Meyer ins Orchester aufnehmen will. Kompakter männlicher Widerstand regt sich. Die Wiener Philharmoniker nehmen erstmals 1997 eine Frau auf, nachdem die USA mit Auftrittsboykott gedroht haben, solange deren Satzung festlegt, dass nur Männer dem Orchester angehören dürfen. Im 19. Jahrhundert sieht man weit und breit fast nur Männer im Musikbetrieb, zumindest in der Instrumentalmusik, wo es keiner Sängerinnen bedarf. Clara Schumann-Wieck bildet die große Ausnahme. Mendelssohns Schwester Fanny werden von der Familie öffentliche Auftritte verboten, obwohl sie eine virtuose Pianistin ist. Auch ihre Kompositionen müssen in der Schublade bleiben. Als zu Beethovens Zeit die ersten Musikgesellschaften gegründet werden, hält man allein den Gedanken für absurd, Frauen könnten Mitglieder werden. Schließlich sind Frauen auch nicht bei der Armee.

Um 1820 kommt der Taktstock auf, ein eleganter Stab aus Elfenbein, in dem auch eine Peitsche steckt. Wer ihn eingeführt hat, weiß man nicht genau. Der Generalmusikdirektor Spontini gehört zu den Ersten, die mit ihm herumfuchteln. Er weiß, dass Orchester einen Feldherrn

brauchen. Der Pult-Tyrann ist geboren; das Publikum
bewundert ihn, verehrt ihn, huldigt ihm. Stefan Zweig
schreibt über Toscanini:

> *»Mit einem Ruck strafft sich seine Gestalt, plötzlich fährt
> etwas Militärisches, Martialisches in seinen Schultern hoch,
> er wird Kommandant, Befehlshaber, Diktator. Wachsam und
> feurig blitzen die sonst samtig dunklen Augen unter den bu-
> schigen Brauen vor, um den Mund spannt sich streng die
> Falte des Willens, an der Hand jeder Nerv, alle Organe sind
> sofort in einem Zustande höchster Wachheit, in angriffsmä-
> ßiger Bereitschaft, sobald er an das Pult tritt und mit einem
> napoleonischen Blick seine Gegner misst – denn die wartende
> Masse der Musiker, sie fühlt er in diesem Augenblick als eine
> noch unbezwungene Rotte, die er zu meistern hat, als ein ge-
> genwilliges, ein widerstrebendes Wesen, dem es nun Zucht und
> Gesetz aufzuzwingen gilt.«*

Seit die Originalklangbewegung den Klassikbetrieb auf-
lockert, sieht man auch wieder weniger Taktstöcke. Inzwischen lassen ihn selbst Dirigenten zu Hause, die nicht dieser
Bewegung angehören. Nicht bloß die Musik als solche besitzt diverse Stile, sondern auch die Art, wie man sie macht.
Die zahllosen Aufnahmen und Aufführungen zeigen zur
Genüge, dass ein und dasselbe Stück ganz unterschiedlich
klingen, in ganz unterschiedlichem Rahmen aufgeführt,
ganz unterschiedlich wirken kann. Man kann Beethovens
Sinfonien in teutonischer Schwere versacken lassen oder
Licht in sie bringen. Der Beethoven-Forscher Adolf Bernhard Marx, einer der maßgeblichen Musiktheoretiker des
19. Jahrhunderts, hört im Kopfsatz der *Eroica* eine »freudig
jauchzende Feldmusik«, bei der ihm ist, »als wenn man vom
Hügel das weite Blachfeld überschaute, blinkend im Strahl

der Morgensonne, die in den blanken Waffen widerblitzt«,
wo »Mann an Mann und Schar an Schar ... wie ein Körper
von machtvollem Mute beseelt« sind.

Wilhelm Heinrich Riehl betont in seiner 1853 erschienenen Schrift *Musikalische Charakterköpfe*, dass Musik
eigentlich nichts mit Politik zu tun hat. Dabei zeichnet er
Spontini als napoleonischen Feldherrn, von dem er sagt,
dass ihn während seiner Zeit in Paris jene »dem Römer-
tum nachgebildete Imperatorengröße« überwältigt hat, deren Geist seine Opern beseelt. An der *Missa solemnis* wiederum erstaunt Riehl, dass Beethoven glaubt, man könne
Gott mit Pauken und Trompeten um seinen Frieden an-
flehen. Wider seine eigene Absicht, Musik nicht mit Politik
zu vermischen, schwebt Riehl jedoch eine »musikalische
Geschichtsschreibung« vor, die sie aus ihrer »Vereinsa-
mung« reißt und ins historische Gesamtgeschehen einbet-
tet. Beethoven würde bei ihm allerdings keinen der ersten
Plätze einnehmen. Denn so kunstvoll seine Musik auch
sein mag, so weit hat sie sich in Riehls Augen von einer
Sprache wegbewegt, die jeder versteht. Er schätzt Beethoven, findet aber, dass seine Musik zum Maßlosen tendiert.
Für E.T.A. Hoffmann offenbart sich darin ihre Größe, für
Riehl bedeutet es, dass sie seither in E und U auseinander-
driftet, auch wenn es diese Begriffe damals noch nicht gibt.

DIE FÜNFTE

Sinfonie Nr. 5 in c-moll, op. 67

Uraufführung am 22. Dezember 1808
im Theater an der Wien

Im Mai 1830 hält Felix Mendelssohn Bartholdy sich ein paar Tage beim hochbetagten Goethe in Weimar auf, dem er jeden Morgen am Klavier Stücke verschiedener Komponisten vorspielt. »Dazu sitzt er«, schreibt Mendelssohn, »in einer dunklen Ecke wie ein Jupiter tonans und blitzt mit den alten Augen. An den Beethoven wollte er gar nicht heran. – Ich sagte ihm aber, ich könne ihm nicht helfen, und spielte ihm nun das erste Stück der c-moll-Sinfonie vor. Das berührte ihn ganz seltsam. Er sagte erst: ›Das bewegt aber gar nichts; das macht nur Staunen, das ist grandios‹, und dann brummte er so weiter und fing nach langer Zeit wieder an: ›Das ist sehr groß, ganz toll, man möchte sich fürchten, das Haus fiele ein; und wenn das nun alle die Menschen zusammenspielen!‹«

Goethe weiß vermutlich nicht, dass Beethoven das Orchester für die Fünfte aufgestockt hat wie noch nie, zum ersten Mal mit Posaunen, nicht mit einer oder zwei, sondern gleich mit drei. Als Überraschungseffekt setzt er sie erst im letzten Satz ein, dort aber so mächtig, dass einem tatsächlich die einstürzenden Mauern von Jericho in den Sinn kommen können. Zum Fagott fügt er erstmals noch ein Kontrafagott hinzu, das tiefer in die Bässe hinabnäselt. Ebenso splittet er die Cello- und Kontrabass-Stim-

men zum ersten Mal an manchen Stellen auf, wodurch ein
noch dichterer Klang entsteht. Hätte Goethe die Gelegenheit gehabt, die Fünfte in einem Konzert zu hören, wäre
es ihm vermutlich wie den Damen und Herren ergangen,
die in E.M. Forsters *Howards End* beim Konzert den Eindruck gewinnen, »dass Beethovens Fünfte Symphonie den
erhabensten Lärm darstellt, der je ins menschliche Ohr gedrungen ist«.

Wer bereits bei der Uraufführung der Dritten über die
Länge des Werks geklagt hat, muss diesmal verzweifeln. Die
Fünfte selbst dauert zwar nicht länger als die Dritte, das
Uraufführungskonzert zieht sich aber über vier Stunden
hin, da zugleich die Sechste, Beethovens 4. Klavierkonzert
und seine Chorfantasie in c-moll aus der Taufe gehoben
werden, wozu ein paar Gesänge aus der C-Dur-Messe
kommen und zwei Klavier-Improvisationen des Meisters,
deren letztere laut Programmzettel in die finale Chorfantasie mündet. Die Geduld der Zuhörer wird an diesem De-
zemberabend kurz vor Weihnachten zusätzlich strapaziert,
weil das Theater an der Wien nicht geheizt ist. Dass das
gesamte Programm aus Werken von Beethoven besteht, ist
für sich allein ungewöhnlich, zumal Konzerte damals meist
mit Potpourris aufwarten, bei denen auf eine Arie ein Orchesterstück folgt und darauf ein Chor, ein Bläsersextett,
wieder eine Arie und ein weiteres Orchesterstück und noch
eine Klaviersonate, von immer anderen Komponisten.

1. Satz

Allegro con brio

So gut wie jedes Kind kennt den Anfang der Fünften:

Kein zweites musikalisches Motiv dürfte so bekannt sein wie diese Fortissimo-Terz. Sie ist an Schlichtheit nicht zu überbieten und fügt sich aus bloß zwei Tönen und vier Noten zusammen, deren erste drei dem ganzen Satz als rhythmischer Motor dienen. Schwerlich lässt sich dieses Motiv als Thema bezeichnen, es besteht aus schierem Nichts. Es ergibt sich aus ihm auch keine Melodie, kein Bogen, keine musikalische Linie. Es handelt sich um ein bloßes Intervall, um einen musikalischen Grundbaustein. Dafür, dass es sich um ein schieres Nichts handelt, trumpft diese Terz allerdings mächtig auf. Sie wird zum vielleicht berühmtesten Motiv unserer Musikgeschichte und steht wie nichts anderes für den Namen Beethoven. Auch hat es einen eigenen Namen bekommen, der sich bis heute hält: das Schicksalsmotiv. Er geht zurück auf einen angeblichen Ausspruch Beethovens, der gesagt haben soll: »So klopft das Schicksal an die Tür.« Überliefert hat ihn Anton Schindler, dem selten zu trauen ist.

Auch diese Anekdote zeugt von dem anhaltenden Bedürfnis, Instrumentalmusik mit einem Inhalt zu unterlegen und mehr als nur Musik aus ihr herauszuhören. Wie sehr dieses 4-tönige Motiv selbst dort nachhallt, wo von ihm gar nicht explizit die Rede ist, kann man in Camus' *Der Fremde* sehen, wo erzählt wird, wie der Büroangestellte Meursault mehr oder weniger zufällig einen Algerier erschießt. »Der Hahn«, heißt es dort, »löste sich, ich berührte den Kolben,

und mit hartem, betäubendem Krachen nahm alles seinen
Anfang. Ich schüttelte Schweiß und Sonne ab. Ich begriff,
dass ich das Gleichgewicht des Tages, das ungewöhnliche
Schweigen eines Strandes zerstört hatte, an dem ich glücklich gewesen war. Dann schoss ich noch viermal auf einen
leblosen Körper, in den die Kugeln eindrangen, ohne dass
man es sah. Und es waren gleichsam vier kurze Schläge an
das Tor des Unheils.« Die BBC hat das Motiv während des
Zweiten Weltkriegs als Jingle für die Nachrichten benutzt,
wo es – ein wenig unheimlich und wie ausgehöhlt – nur mit
einer Pauke ertönt ist.

Zu Beethovens Lebzeiten ist nicht jeder von diesem
Motiv angetan. Der Komponist Louis Spohr moniert, es
fehle ihm die Würde, die der Anfang eines ersten Satzes haben müsse. Er erkennt zwar an, dass Beethoven damit im
Laufe des Satzes genialisch spielt, doch es dürfte in seinen
Augen nicht das Hauptthema sein. Dabei führt dieses welt-
berühmte Motiv sogleich Schwierigkeiten mit sich. Denn
so gut wie jeder, der es vor sich hin pfeift, betont es falsch.
Er macht aus den drei Achteln meist eine Triole, womit
man ihm den rhythmischen Pfeffer nimmt. In Wirklichkeit beginnt es mit einer unbetonten Achtel, auf die eine
leicht betonte zweite Achtel folgt, was alles andere als leicht
umzusetzen ist, wenn es noch keinen Vorlauf gibt, bei dem
man schon ein paar richtige Schritte getan hat.

Das nächste Thema kündigt sich mit einem Hornmotiv
an, das aus leeren Quinten besteht und das Urmotiv abwandelt:

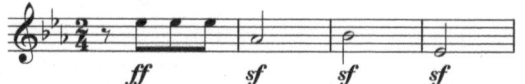

Trotz seiner Legato-Weichheit bildet aber auch das zweite
Thema keine wirkliche Melodie:

Es besteht aus einem kurzen 4-taktigen Motiv, das zweimal
identisch wiederholt und dabei von den Geigen an die Klarinette und von dort zur Flöte weitergereicht wird, bevor es
sich ein wenig abwandelt. In seiner Sanglichkeit bildet es
einen wohligen Gegensatz zum donnernden ersten. Doch
seine Stimmung hält nicht lange an. Nach wenigen Takten
steigert sich das Orchester zu erneutem Fortissimo, das mit
knallenden Schlägen zum sogenannten Schicksalsmotiv zu-
rückführt. Das zweite Thema spielt im weiteren Verlauf bloß
noch eine marginale Rolle, als würde alles Lyrische stören.

Krachend, pochend, peitschend stürzt das Orchester
nach weiß Gott wohin und verliert sich im eigenen Gewühl, scheinbar ohne Weg und ohne Ziel. Nur Fermaten
können den tobenden Koloss noch für Augenblicke zum
Innehalten zwingen. Hin und wieder schieben die Streicher und Bläser stockende Akkorde hin und her, es scheint
dann kaum weiterzugehen. Die vorläufige Lösung liegt
meist im Rückgriff auf das Vier-Ton-Motiv, das immer von
neuem durch alle Tiefen und über alle Höhen gejagt wird,
bis plötzlich eine einsame Oboe heraussticht, die den ganzen Apparat anhält und sich alle Zeit der Welt lässt, um
auf einsamer Flur ein paar Klagetöne anzustimmen, als befinde man sich in einem ganz anderen Stück. Doch auch
ihre wenigen Töne entfalten sich zu keiner Melodie. Als ihr
ansetzender Gesang recht schnell auf einer Fermate hän-
genbleibt, drängt es den Trupp so unvermittelt wie unaus-
weichlich mit seinem Da-da-da-Daah fort.

Es werden wahre orchestrale Schlachten geschlagen, man fühlt sich in ein Drama hineingezogen, ohne die Protagonisten zu kennen und etwas über ihre Verwicklungen zu wissen. Nicht nur freischweifende Geister, auch manche Musikwissenschaftler wollen in diesem Satz komplette Shakespeare-Stücke und homerische Epen wiedererkennen. Wer mit seinen Phantasien zurückhaltender umgeht, redet lediglich vom Kampf zwischen Licht und Schatten oder wie Berlioz von »delirierender Raserei«. Der Komponist Péter Eötvös sieht einen »sturen Wiederholungswahn« am Werk, der zum ersten Mal in der Musikgeschichte zeigt, dass ein Komponist nicht weiterkommt. Tatsächlich kann man die mehrmaligen Fermaten als Notbremsen empfinden, mit denen das durchdrehende Perpetuum mobile immer wieder künstlich gestoppt wird.

Was sich an rhythmischer Themenverknappung bereits im ersten Satz der 2. Sinfonie angedeutet hat und in der *Eroica* noch deutlicher hervortritt, erfährt hier eine nicht zu überbietende Steigerung, die in vollkommener Reduktion besteht; vier Töne entfalten über einen gesamten Satz hinweg eine nahezu monströse Wirkung.

Der Literatur- und Medienwissenschaftler Friedrich Kittler weist darauf hin, dass während des ausgehenden 18. Jahrhunderts immer kleinere Einheiten in den Blickpunkt des Interesses geraten, sowohl in den Wissenschaften als auch in den Künsten. Man versucht die Welt nicht mehr aus ihrem Ganzen zu erklären, sondern aus elementaren Partikeln. Kittler zitiert August Wilhelm Schlegel mit dem Satz: »Das schönste Gedicht besteht nur aus Versen; die Verse aus Wörtern; das Wort aus Silben; die Silben aus einzelnen Lauten.« Die damals aufkommenden ABC-Bücher revolutionieren die Pädagogik: Erstmals bringt man den

Kindern nicht mehr Wörter bei, sondern Buchstaben, aus denen sich alles Wissen zusammensetzt. Ebenso verweist Kittler auf Goethes Urlaute und dessen Suche nach der Urpflanze und den Urphänomenen. Hat man einst beim Höchsten angefangen, bei Gott oder den platonischen Ideen, beginnt man jetzt mit dem Kleinsten, was schließlich in der Physik des 20. Jahrhunderts zu den Atomen führt. Die metaphysischen Systembauten haben ausgedient, angesagt ist die analytische Häckselmaschine.

Kittler verweist auch auf Beethovens Fünfte, über die er sagt: »Im Eingangsmotiv der *c-moll-Symphonie* macht Beethoven, dessen Skizzenbücher eine wahre Besessenheit von kleinsten Motiven demonstrieren, unübertroffen klar, wie aus einem Minimum an Notenwerten ein Optimum an Bedeutung zu holen ist.« Glenn Gould behauptet das Gleiche, nur hört es sich bei ihm salopper an, wenn er behauptet, Beethoven habe angefangen, »Mammutstrukturen aus Material zu schaffen, das in geringeren Händen kaum eine gute Intro von sechzehn Takten hergegeben hätte«. Aufschlussreich ist in diesem Zusammenhang auch ein Ausspruch von Beethoven, den Ignaz Xaver von Seyfried 1832 in seiner Studie über dessen Kompositionstechnik überliefert. Beethoven soll demnach gesagt haben: »Händel ist der unerreichte Meister aller Meister! Geht hin und lernt, mit wenigen Mitteln so große Wirkungen hervorzubringen.« Wenn für Beethoven musikalische Größe darin besteht, mit minimalen Mitteln größtmögliche Wirkung zu erzielen, redet er nicht nur über Händel, sondern vor allem über sich selbst.

Helmut Lachenmann hat in einem Gespräch mit der französischen Musikzeitschrift *Circuit* erklärt: »Beethoven arbeitet auf strukturalistische Weise, indem er seinen Gegenstand und seine Themen zerschlägt.« Was sich beispielhaft an den späten *Diabelli-Variationen* sehen lässt, die ein simples Thema endlos auseinandernehmen, zersplittern, neu zusammensetzen, von vorne zerhacken und bis zur Unkenntlichkeit umarbeiten. In der Fünften geht Beethoven den entgegengesetzten Weg und erzeugt aus winzigen Teilchen, die wenig herzugeben scheinen, einen tobenden Kosmos.

2. Satz
Andante con moto

Dieser Satz bildet den größtmöglichen Kontrast zum ersten, zumindest thematisch: Die Bratschen und Celli entfalten eine warm dahinströmende Melodie in wogendem Tripeltakt:

Beethoven kehrt im langsamen Satz – wie so oft – den Melodiker hervor, der sogar gern in Terzenseligkeiten schwelgt. Doch so kantabel die Melodie scheint, so wenig leicht ist sie zu singen. Schon nach dem ersten vollen Takt wählt Beethoven eine andere Tonart und wandert innerhalb vierer weiterer Takte über mehrere harmonische Umwege in die Tonika zurück. Auch hält es ihn nicht lange auf ruhigen Pfaden. Nachdem das Thema in wohliger Schönheit vorgestellt ist, greift das Blech mit den Pauken ein und führt vor, dass Fortissimo-Fanfaren dieser Melodie nicht abträglich sind und das Thema auch als eine Art Marsch funktioniert.

Was folgt, sind Variationen, bei denen das Orchester mal wie ausgedünnt aufspielt, mal in die Vollen greift, von Dur nach Moll, von Moll nach Dur, das eine Mal mit den Celli im Vordergrund, das andere Mal mit den Klarinetten, mal tänzelnd, mal wuchtig, mal im Stil veredelter Wirtshausmusik, mal im Gestus großer Sinfonik. Der Schlusslauf, in dem ein ländlicher Frieden aufscheint, wird von einem näselnden Fagott vorbereitet, dem eine Oboe folgt, die wie ein Frosch quakt, bevor die Streicher zu einem letzten Aufschwung ansetzen und den Holzbläsern nochmals Platz für eine Reminiszenz ans Ausgangsthema machen. Am Ende Fanfarenstöße.

3. Satz
Allegro

Als könnte Beethoven nicht oft genug vorführen, wie schlichte Akkordbrechungen endlos Stoff für rhythmische und harmonische Variationen bieten, lässt er auch dieses Scherzo nur mit einem aufgefächerten c-moll-Akkord beginnen:

Wenig später folgt ein derbes Fortissimo-Gestampfe, dessen Kernstück sich über etliche Takte auf einem einzigen Ton hält und das sich lediglich am Ende einen winzigen Schlenker gönnt:

Im Mittelteil des Satzes setzen die Bässe mit einem wilden Gescherre ein, bei dem sich Berlioz an die Blocksberg-Szene aus Goethes *Faust* erinnert fühlt. Dieser Mittelteil wird nach dem A-Teil nochmals wiederholt, wie es Beethoven bereits in der Vierten gemacht hat, wodurch das Scherzo erneut ungewöhnlich lang gerät.

Dann aber geschieht noch etwas Überraschenderes: Das Scherzo kommt zu keinem richtigen Abschluss. Nach einem längeren Pizzicato-Teil, der immer leiser wird und das Gefühl vermittelt, die Musik rücke bei dem gezupften Geplapper der Geigen immer weiter in die Ferne, wechselt auf eigenartige Weise die Stimmung. Wie von weit weg vernimmt man ein mulmendes Trommeln, das sich mit fahlen Streicherklängen anreichert und eine Weile andauert, langsam lauter werdend, näher rückend. Und mit einem Schlag: strahlend schmetternde Posaunenfanfaren!

Attacca geht es in den vierten Satz, ohne Punkt und Komma.

4. Satz
Allegro – Presto

Nun droht tatsächlich das ganze Haus zu wackeln, wie Goethe bereits beim ersten Satz fürchtet, als Mendelssohn ihn auf dem Klavier vorspielt. Es wackelt durch den Jubel des vollen Blechs, zu dem erstmals die drei Posaunen stoßen. Denjenigen, die bei Fanfaren nicht nur an Schönes denken und die alles Majestätische, Heroische und Triumphalische für bedenklich halten, mag dieser Satz Runzeln

in die Stirn treiben. Doch selbst ihnen dürfte es schwer-
fallen, sich nicht mitreißen zu lassen.

Wer nicht weiß, dass folgende Takte den Anfang des
vierten Satzes der Fünften bilden, würde vermutlich nicht
auf den Namen Beethoven kommen, denn einfacher, aber
auch effektvoller geht es kaum, wenn man auftrumpfen
will:

Was sich auch über die zweite, von den Hörnern geschmet-
terte Fanfare sagen lässt:

Die meisten Deutungen der Fünften laufen auf die Behauptung hinaus, dass sie den Weg vom Dunkel ins Licht
nimmt, aus der Verzweiflung ins Glück. Schließlich beginnt sie in sonnenlosem c-moll und endet in wolkenlosem
C-Dur: vom dräuenden Schicksalspochen zum Sieg über
alles Unheilvolle.

Freilich fragt man sich, ob tatsächlich über drei lange
Sätze hinweg fast nur Finsternis geherrscht hat. Der erste
ist voller Energie, die etwas Starrsinniges besitzt, jedoch
keinen Trübsinn aufkommen lässt; der zweite wartet mit
einem so melodiösen wie tänzerischen, zum Teil bereits
fanfarischen *Andante con moto* auf; der dritte macht Bock-
sprünge. Wo, fragt man sich, ist die Verzweiflung, die Trüb-
sal, die Niedergeschlagenheit? Nur weil das Finale aus end-

losem Jubel und Fanfaren besteht, heißt das nicht, dass es zuvor depressiv zugeht.

Ein paarmal deutet sich ein Schlussrausch an, doch nach kurzem Innehalten geht es mit dem Jubilieren von vorn los. Um nicht aufhören zu müssen, wird gegen Ende sogar noch einmal aufs Scherzo zurückgegriffen. Als seien damit alle Mittel ausgereizt, setzt das Orchester zur finalen Beschleunigung an, die derart rasant gerät, dass kein Bremsen mehr möglich scheint. Doch nein, es soll nicht sein – das Fagott näselt nochmals in eine kurze Stille hinein, um den Rausch von neuem zu befeuern. Als alle Mittel ausgereizt sind, belässt man es nicht bloß bei einer einzigen Kadenz oder zweien oder dreien, es müssen ein gutes Dutzend sein, nochmals und nochmals.

Jubel, Ekstase, göttliche Erschöpfung.

Aber auch Skepsis. Wegen zu viel Gedonners und zu wenig Kunst. Es handle sich um billiges Gelärm, das eines Beethoven nicht würdig sei, lautet die Kritik. Zum Teil bis heute. Dieser Schlusssatz streife die Grenzen bedenklicher Volkstümlichkeit, gibt Paul Bekker zu bedenken. Der Dirigent Michael Gielen erkennt in diesem Finale eine imperiale, wenn nicht gar imperialistische Geste. Ein mulmiges Gefühl kommt auf ob so viel ungebrochener Euphorie und solcher endlosen Fanfaronaden. Man wünscht sich mehr Zerrissenheit, mehr dialektisches Hin und Her, einen Stachel im Jubelfleisch. Wo bleibt, fragt man sich, das kritische Bewusstsein?

Musikwissenschaftler debattieren seit langem darüber, ob dieser Schlusssatz sich mit Blick auf die Sonatenform überhaupt noch sinnvoll analysieren lässt oder ob er nicht einem schriftlich fixierten Rausch gleichkommt. Insofern Charles Rosen feststellt, dass in Sonaten – und damit in

Sinfonien – »der dramatische Effekt gleichermaßen über-
raschend wirkt wie logisch motiviert«, bietet dieses Finale
vor allem Überraschungen ohne logische Motivation. Hermann Kretzschmar, der um 1900 berühmteste deutsche
Musik-Hermeneutiker, behauptet, diese Themen seien
»einfach bis zur Trivialität«. Auch Martin Geck erklärt noch
hundert Jahre später, Beethoven verzichte hier auf moti-
visch-thematische Einheitlichkeit und reihe stattdessen
eine Siegesgeste an die andere.

Nur Wagner hält das Finale für das Beste an der ge-
samten Sinfonie. In Cosimas Tagebüchern lesen wir unter
dem 7. April 1881, er habe Engelbert Humperdinck beim
Abendessen erklärt: »In der c-moll, kann man sagen, ist das
Finale die Hauptsache, das übrige wie eine Préface.« Den
Vorwurf, es fänden sich in diesem Finale keine originellen
Einfälle, kontert Berlioz mit der Frage: Und was ist mit den
ständigen Übergängen vom Piano ins Forte und vom Moll
ins Dur, die bei jeder Musik die Basis bilden? Alle diese
Kritiker haben recht, in ihrer ganzen Widersprüchlichkeit.
Außer vielleicht Wagner, der die ersten drei Sätze arg klein
veranschlagt und zur bloßen Präliminarie erniedrigt.

In ganz anderem Licht erscheinen die Fanfaren, wenn
man sie mit Blick auf die Französische Revolution wahr-
nimmt, wie es Peter Gülke macht, der mit akribischer De-
tailversessenheit nachweist, dass sie auf jakobinische Märsche und Lieder anspielen. Es handelt sich demnach um
kein militärisch auftrumpfendes Bumbum, sondern um
eine politische Apotheose, mit der Beethoven sich wieder
einmal als Freiheitskünder erweist. Laut Gülke kupfert
Beethoven die französischen Revolutionsgesänge nicht eins
zu eins ab, vielmehr versteckt er sie zwischen allerlei Beiwerk und zitiert sie nur bruchstückhaft, wofür es im kaiserlich-königlichen Wien gute Gründe gibt. Noch dreißig

Jahre später verfährt Robert Schumann während der Res-
taurationszeit ganz ähnlich in seinem *Faschingsschwank aus
Wien,* wo mit überschwänglichem Gedonner die Marseillaise anklingt, ohne dass man Schumann umstürzlerische
Absichten unterstellen kann. Beethoven greift auf Melodien zurück, die weniger berühmt sind, die im damaligen
Paris jedoch jeder kennt.

Welcher inhaltistischen Deutungen selbst Musikwissenschaftler fähig sind, zeigt Arnold Scherings 1934 in der
Zeitschrift für Musikwissenschaft erschienener Artikel *Zur
Sinndeutung der 4. und 5. Sinfonie von Beethoven.* Schering
hört aus dem ersten Satz »den Daseinskampf eines von
Gewalt bis zum Wahnsinn getriebenen Volkes« heraus, das
einen Führer sucht. Im zweiten sieht er das Volk im Tempel
knien, wo es »in kindlicher Demut zu Gott betet, dass er
ihm einen Retter, einen Führer aus Schmach und Elend
sende«. Das Thema unterlegt er mit dem erfundenen Ge-
betstext »Wir liegen vor dir, Allmächtiger, im Staube«, von
dem er behauptet, Beethoven habe ihn beim Komponieren
mitgedacht, und zwar für Männerstimmen:

Gegen Ende spricht das Fagott »ein unendlich begütigendes Wort«, worauf die Bratschen nochmals grollen, die versammelten Frauen jedoch schwärmerisch aufschauen, die Männer sich zu ihrer Kraft bekennen und die Szene in der Gewissheit endet, von Gott erhört worden zu sein.

Dem insistenten Thema des dritten Satzes unterlegt Schering die Verse: »Stark ist der Held, der uns erwählt! Der uns befreit, der Retter naht!«

Schering erblickt in der Fünften »die Symphonie der nationalen Erhebung«. In der Einleitung zu seinem Aufsatz beklagt er, dass viele Beethoven-Deutungen »Willkür Tür und Tor öffnen«, sich aber durch nichts im Notentext belegen lassen. Seine eigenen Visionen hält er bis ins Letzte für beweisbar. Von keines Zweifels Blässe angekränkelt, ist er überzeugt, dass alle, die ihm schwer folgen können, von Beethovens geistiger Welt keine Ahnung haben. Arnold Schering ist Herausgeber der *Neuen Zeitschrift für Musik*, Vorsitzender der Händelgesellschaft, Professor für Musikwissenschaft in Berlin und Mitglied des Großen Rats der 1933 gegründeten Reichsmusikkammer.

1848 wird Beethoven in Paris als Revolutionskomponist gefeiert, knapp hundert Jahre später dirigiert Furtwängler seine Sinfonien für Hitler und Goebbels. In dem 1991 erschienenen *Essai sur Beethoven* von André Boucourechliev heißt es: »Beethovens sinfonische Musik ist eine Kriegsmaschine«, mit dem Zusatz: »sans cesse à la conquête de l'humanité«. Was sich mehrdeutig übersetzen lässt. Es kann bedeuten: stets im Kampf um die Menschheit oder stets im Kampf gegen die Menschheit. Um sie zu gewinnen? Um sie zu erobern? Um sie zu besiegen und zu schlagen? Für oder gegen? Wer ist der Feind? Die Götter? Die Bösen? Sie selbst?

Otto Klemperer erzählt von einer Begegnung mit Richard Strauss in Sils Maria, bei der die beiden über Beethovens Fünfte reden und Strauss erklärt: »Ja, wissen S', so a Beethoven-Symphonie kann ich nicht dirigieren, wenn ich mir nichts dabei vorstelle.‹ Hab ich gesagt: ›So? Was stellen Sie sich denn vor?‹ ›Na ja, also bitte, der zweite Satz von der fünften Symphonie ist der Abschied von der Geliebten, und wenn die Trompeten kommen, ist das ›Auf zu höheren Zielen‹.« Was Klemperer später mit den Worten kommentiert: »Ist das nicht unglaublich? Ich hab ja meinen Ohren nicht getraut.«

Die verlorene Melodie

Drastiker könnten nie eine unendliche Melodie finden, sie landeten immer gleich bei ihren drastischen Akzenten, behauptet Nietzsche. Beethoven ist nicht wie Mozart oder Schubert für seine Melodien berühmt, sondern für Rhythmik und Wucht. Zwar gibt es die *Ode an die Freude*, in deren Schlichtheit man geradezu eine Parodie aufs Schlichte erkennen könnte. In langsamen Sätzen wartet Beethoven jedoch durchaus mit sanglichen Themen auf, die bei genauerem Hinschauen allerdings häufig ihre Tücken besitzen, wie etwa in der Fünften, wo man sofort durch diverse Tonarten stolpert und auch der Rhythmus die Singbarkeit erschwert:

In der Vierten ergeben die ruhigen, im Legato abwärtsgleitenden Töne ebenfalls keine sehr sangliche Melodie; sie dient vor allem dem Kontrast zur unruhigen Rhythmik:

Überkommt Beethoven ein Anflug von Melodieseligkeit, kommt oft ein rastloses Moment hinzu, wie etwa beim Scherzo der Klaviersonate Nr. 18 Es-Dur, op. 31, 3. Die Melodie klingt vielversprechend weich:

Beethoven bettet sie jedoch in dichte Akkorde ein und unterlegt ihr in den Bässen ein gehetztes Staccato-Gehämmer, das durch die ausgelassenen Sechzehntel auf der Eins reichlich ungeduldig wirkt:

Häufig durchzuckt Beethovens langsame Sätze eine nervöse Unruhe, als scheue er vor zu viel Frieden zurück. Anders als bei Haydn, der die ruhigen Sätze in aller Regel unbeschwert angeht, finden sich bei Beethoven sofort synkopische Akzente. Haydns bekanntes *Allegretto* aus der 85. Sinfonie B-Dur fängt mit einer heiteren, volkstümlichen Melodie an, die nur in der Mitte des zweiten Takts durch einen – soll man sagen: neckischen? – Vorschlag eine winzige Verzierung erfährt.

Die rhythmische Betonung liegt hier auf der Eins und auf der Drei, womit sie mit der metrischen Betonung zusammenfällt. Beethoven dagegen zerrt den Rhythmus oft von vornherein in eine andere Richtung. Die Eins und die Drei sind ihm zu ordentlich, zu konstant, zu regelmäßig, wie man nicht nur am langsamen Satz der Klaviersonate Nr. 26, Es-Dur, genannt *Les Adieux*, sehen kann:

Ein Großteil seiner Siebten besteht aus einem rhythmischen Jauchzen, zu dem ein viertaktiger Vorlauf mit nur einer einzigen, von Flöte und Oboe gespielten Note den Impuls liefert:

Ohne Punktierung würden diese vier Takte reichlich monoton klingen, doch mit ihren Akzenten liefern sie den Auf-

takt zu einem rhythmischen Exzess, wie man ihn selten
erlebt.

Wie immens die Wirkung von Akzenten sein kann, zeigt
ein Vergleich des Hauptthemas von Beethovens erster
Sinfonie mit Mozarts letzter, der *Jupiter*. Beide stehen in
C-Dur, beide weisen erstaunliche Ähnlichkeiten auf. Bei
Mozart setzt sie folgendermaßen ein:

Bei Beethoven sind die Noten in den ersten drei Takten
nahezu identisch, und wie bei Mozart befindet man sich
schnell eine Oktave weiter oben:

Mozart betont bei seinem rhythmischen Anfangsimpuls
ordentlich die Eins und die Drei, um nach kurzem Innehalten eine Oktave höher zu springen und mit ein paar
seufzend-schönen Melodieschlenkern ein Gegenmotiv zu
etablieren. Beethoven dagegen setzt mit punktierten Halben und punktierten Achteln sofort rhythmische Akzente,
die nicht der metrischen Betonung entsprechen. Von Anfang an herrscht bei ihm mehr Stress. Zwar sorgen die triolischen Schleifer auch bei Mozart für Schwung, doch bei
Beethoven sitzt man gleich aufrechter auf den Stühlen. Bei
ihm eilen die Geigen im Staccato aufwärts, Mozart gönnt
sich nach dem Auftakt eine kleine Unterbrechung, um eine
weiche Kantilene folgen zu lassen. Bei Beethoven handelt
es sich um ein straffes *Alla breve*, bei Mozart um einen
weniger gehetzten Vierer-Takt. Mozart bremst bereits im

zweiten Takt ab, Beethoven rennt los. Hier Wohligkeit, dort Ungeduld. Der eine genießt den Augenblick, der andere muss Dampf ablassen.

Auch am Auftaktthema von Haydns letzter Sinfonie lässt sich der Unterschied zu Beethoven verdeutlichen. Sieht man von einer minimalen Verrückung im zweiten Takt ab, fällt bei Haydn die rhythmische Betonung mit der metrischen zusammen:

Der Satz steht zwar wie bei Beethoven in *Alla breve*, doch man merkt es ihm weniger an, schließlich ist die heiter dahergleitende Melodie frei von punktierten Noten und von Synkopen. Beethoven bevorzugt dagegen das Asymmetrische, das Stolpern, die Erregung. Was man an seiner Musik als stur und störrisch empfindet, verdankt sich den obsessiven Gegenbetonungen zu den offiziellen Taktgewichten. Zuweilen tragen diese widerspenstigen Akzente auch zu einem satyrhaften Witz bei, wie man ihn von den Scherzi kennt. So kommt das Scherzo der 4. Sinfonie sofort bocksbeinig daher:

Gleich zu Anfang des Satzes widerstrebt der Rhythmus dem Metrum, und zwar so sehr, dass man kaum mitkriegt, um welche Taktart es sich handelt, zumal dieses *Allegro*

vivace sofort rasant losrennt. Es könnte ein Vierer sein, ist aber ein Dreier. Sofort liegt der Akzent auf der Zwei statt auf der Eins. Man ist vom ersten Ton an aus dem Takt.

Als im Menuett der ersten Sinfonie – es ist kein wirkliches Menuett, sondern ein Scherzo – der Schlussspurt einsetzt und das Orchester wie blind aufs Ziel zurennt, baut Beethoven plötzlich Synkopen-Stolperer ein, die kurz vor dem Ende mit Sforzati herausgeknallt werden:

Selbst wenn die Taktart mühelos zu erkennen ist, drängt es Beethoven zu Gegenbetonungen, sogar bei Märschen, die normalerweise überdeutlich auf der Eins und Drei betont werden. Im 2. Satz der Klaviersonate Nr. 28 A-Dur, op. 101, besteht der Marsch von Anfang an aus punktierten Noten, bis in kleinste Verästelungen.

Auch im weiteren Verlauf liegen die Sforzati nie auf der Eins und der Drei, sondern stur auf der Zwei und Vier:

Dieser Marsch ist für eine gewöhnliche Militärkapelle verloren, nicht nur wegen seines rhythmischen Hickhacks, auch wegen der ständigen Chromatik, gar nicht zu reden von der Tempoangabe *Vivace*. Er ist für Klavier geschrieben, genauer gesagt für Hammerklavier. Ihn zeichnet eine Mischung aus Gestampfe und Kompliziertheit aus. Von Louis Spohr wissen wir, dass Beethoven beim Forte-Spiel den ganzen Klavierkasten zum Beben gebracht hat, was vermutlich nicht bloß mit seiner fortschreitenden Taubheit zu erklären ist. Er liebt das Schlagkräftige, das Gedonner.

Manchmal bedarf es aber gar keiner Synkopen und rhythmischer Gegenakzente, um Unruhe zu stiften, es genügt
das unmittelbare Nebeneinander von ruhigen Momenten
und erregten, wie beispielsweise in der langsamen Einleitung der 7. Sinfonie, wo die Bläser mehrfach zwei Takte
lang – mit der Vortragsanweisung *dolce* – Liegetöne spielen,
während die Violinen mit unruhigen Staccato-Achtzehn-
teln hochwärts drängen:

Ähnliches geschieht in der 1. Sinfonie im Trio des Me-
nuetts, wo die Bläser eine choralartige Stimmung entfalten,
die Streicher aber immer wieder mit unwirschen Läufen
dazwischenfahren:

Ein anderes wiederkehrendes Mittel bilden ruckartige
Nachschläge, wie im 1. Satz der Siebten:

In deren letztem Satz lässt Beethoven die Bässe die eigentlich unbetonte Zwei im 2/4-Takt betonen, während die Violinen mit wilden Läufen loslegen:

Dass Beethoven häufig keine melodiösen Themen entfaltet, sondern mit rhythmischen Motiven arbeitet, zeigt sich
nicht nur im 1. Satz der Fünften. Das Thema des ersten
Satzes der Klaviersonate Nr. 18 Es-Dur, op. 31, 3, zeigt,
dass es sogar noch lapidarer geht:

Dieses minimale Motiv besteht aus einer leeren Quinte, die
nach einer punktierten Achtel mit einer Sechzehntel nach
unten fällt. Es handelt sich um einen rhythmischen Rülpser
über einem Quintsextakkord, der vollkommen unerlöst in

der Luft hängt und eher auf ein Stück in Moll schließen lässt als auf eines in Dur. Von Anfang an scheint dieses Stück zu straucheln und keine klare Tonart zu kennen. Im Gewühl der Durchführung würde man sich über solche Takte nicht wundern, doch es handelt sich um das Thema. Entscheidend ist sein rhythmischer Impuls, der wenige Takte später im Diskant zu allerlei Auffächerungen führt, während im Bass ein ostinates Getrommel die treibende Kraft ausmacht:

Noch simpler ist das Thema der Klaviersonate Nr. 16 G-Dur, op. 31, 1:

Dieses schier unsägliche Nicht-Thema wäre an Monotonie, ja Debilität nicht zu unterbieten ohne seine Rhythmik. Es besteht aus sechs immer gleichen Akkorden, die lediglich ihre Lage zweimal minimal ändern:

Nicht nur melodisch ist hier nicht das Geringste geboten, auch harmonisch befindet man sich am Nullpunkt. Demonstrativ präsentiert Beethoven eine reine Simpelei, mit der er unerbittlich vorführt, dass es einzig aufs Rhythmische ankommt.

Insofern Nietzsche behauptet, aller Rhythmus spreche zu unseren Muskeln, lässt sich im Umkehrschluss sagen, dass Beethoven mit voller Muskelkraft komponiert. Fürs Melodische bleibt dabei häufig wenig Platz. Das Ariose gehört zur apollinischen Sphäre, während es Beethoven zum dionysischen Ausbruch drängt. Zuweilen entfaltet er allerdings durchaus melodische Bögen, die in ihrer Seligkeit an Schubert erinnern. Wie beispielsweise im 2. Satz der Klaviersonate Nr. 27 e-moll, op. 90:

Wie man es von Beethoven selten kennt, gleitet diese Melodie in ungebrochener Schönheit sechzehn Takte lang dahin. Und sie kehrt so oft wieder, dass man den Eindruck gewinnt, er könne sich gar nicht mehr von ihr lösen. Das kommt bei ihm selten vor, denn meist zersplittert er seine

Themen und wirbelt die Partikel bis zur Unkenntlichkeit umher. Hier jedoch schwelgt er in wohliger Bewegung, selbst im Mittelteil, der nur an wenigen Stellen eine kleine Dramatik andeutet, die dann schnell wieder weggewinkt wird. Hin und wieder muss auch der Drastiker sich von seiner Drastik erholen.

DIE SECHSTE

Sinfonie Nr. 6 in F-Dur, op. 68

*Uraufführung am 22. Dezember 1808
im Theater an der Wien*

In André Gides Erzählung *Die Pastoralsymphonie* besucht ein Pfarrer mit einem blinden Mädchen ein Konzert, in dem Beethovens Sechste gespielt wird. Auf dem Nachhauseweg fragt das Mädchen, ob die Natur wirklich so schön sei wie in Beethovens Szene am Fluss. Der Pfarrer zögert mit einer Antwort und erklärt schließlich: »Diese unaussprechlichen Harmonien malen die Welt nicht so aus, wie sie ist, sondern wie sie hätte sein können.«

Man würde nicht vermuten, dass die naturselige Sechste zusammen mit der aufwühlenden Fünften uraufgeführt worden ist: die eine ein Schlachtross, die andere das reinste Idyll. Bei der Uraufführung trägt die Fünfte noch die Nummer Sechs und die Sechste die Nummer Fünf. Tatsächlich hat Beethoven beide Sinfonien parallel geschrieben, als habe er sich mit der Sechsten vom Kampfgetümmel erholen müssen und mit der Fünften von zu viel Frieden.

Abgesehen von der Ersten, Zweiten und Vierten weichen all seine Sinfonien ein Stück weit von der klassischen Sonatenform ab. Bei der Sechsten begegnet man allerdings zum ersten und einzigen Mal fünf Sätzen. Der erste besteht aus einem gemächlichen Allegro, der zweite ist wie üblich langsam, dann aber folgen zwei Allegri und noch ein Allegretto, das kein rasantes Finale bietet, sondern viel ruhiger dahinfließt als der vorletzte Satz.

Vor allem aber besitzt diese Sinfonie ein Programm. Sie führt uns, wie bereits ihr Name *Pastorale* sagt, hinaus in die Natur, wo Bäche rauschen, das Volk zum Tanz aufspielt und Kuckucke, Nachtigallen und Wachteln rufen. Wer bei Instrumentalmusik einen Inhalt vermisst, bekommt ihn hier. Noch bevor der erste Ton erklingt, wissen wir, dass es um das *Erwachen heiterer Empfindungen bei der Ankunft auf dem Lande* geht, worauf eine *Szene am Bach* folgt und man dem *Lustigen Zusammensein der Landleute* beiwohnt, bevor ein *Gewitter und Sturm* kommt, nach dessen Abklingen wir *Hirtengesänge* hören und *Frohe und dankbare Gefühle nach dem Sturm* empfinden.

So jedenfalls lauten die Satz-Überschriften, die sich wie Regieanweisungen lesen, denen man beim Hören nicht entkommt. Sie setzen Bilder frei, zu denen die Musik den Sound liefert. Von absoluter, autonomer Musik kann keine Rede mehr sein. In uns läuft zwangsläufig ein Film ab, niemand käme mehr auf die Idee, dass es sich bei dem Gewitter im vierten Satz auch um einen Tumult ganz anderer Art handeln könnte. Damit steht die *Pastorale* in einer Linie mit Vivaldis *Vier Jahreszeiten*, Telemanns *Hamburger Ebb und Flut* und jenen Clavecin-Stücken von Rameau, die Titel tragen wie *La Poule*, *Le Lardon* und *Le Tourbillon* – die Henne, der Speck, der Wirbelwind. Musikhistoriker würden zwar unverzüglich darauf hinweisen, dass Beethovens Musik sich durch gefühlsgeladene Subjektivität auszeichnet und nichts mit der barocken Affektmaschinerie zu tun hat. Dennoch lässt sich schwer leugnen, dass es sich hier wie dort um Sturmmusiken handelt und um imitiertes Vogelgezwitscher. Beethovens Satz-Überschriften lassen daran keinen Zweifel. Häufig wird behauptet, mit Beethovens *Pastorale* werde die Programmmusik geboren, mit erheblichen Folgen fürs gesamte 19. Jahrhundert. Man denke nur an Smetanas *Die Moldau*, Richard Strauss' *Eine Alpensym-phonie* oder Mussorgskys *Nacht auf dem kahlen Berge*. Wer wie Kant und Rousseau ungläubig fragt, ob Instrumen-talmusik uns auch nur das Geringste zu sagen hat, kann nun aufatmen. Die instrumentalen Werke besitzen jetzt Titel, die als Fahrplan dienen. Beethovens Sechste scheint mit ihren Satz-Überschriften keine Fragen mehr offen zu lassen.

Allerdings schreibt Beethoven an seinen Verleger Härtel, es handle sich bei seiner *Pastorale* mehr um »Ausdruck der Empfindung als Malerei«. Er will kein ländliches Leben abbilden, sondern Gefühle in Töne übersetzen. Es geht nicht um eine äußere Wirklichkeit, sondern um Stimmun-gen, nicht um Sichtbares, sondern um Unsichtbares, nicht um die Welt draußen, sondern um die Welt im Innern. Ob sich das eine vom andern glasklar trennen lässt, steht auf einem anderen Blatt. Immerhin ahmt Beethoven mit der Flöte die Nachtigall, mit der Oboe die Wachtel und mit der Klarinette den Kuckuck nach, was zeigt, dass es nicht nur um seelische Erlebnisse geht.

Von Johann Peter Lyser stammt eine Lithographie mit dem Titel *Beethoven komponiert die Pastorale*. Sie zeigt ihn beim Komponieren am Bach, an einen Findling gelehnt, unter einem Baum. Im 19. Jahrhundert soll diese Sinfo-nie sogar immer wieder in Landschaftskulissen aufgeführt worden sein, womit zur musikalischen Natur-Illustration die malerische hinzugefügt wird, auf dass die Zuhörer-schaft an nichts anderes als Wiesen und Blumen denken möge. Adolph Bernhard Marx, der renommierteste Beet-hoven-Experte des 19. Jahrhunderts, erlebt in der Pastora-len einen »reichen, seligen Tag«. Es ist ein Tag »ohne den Qualm und Staub und das Durcheinanderwüsten der gro-ßen Stadt, wo jeder jeden stört und drängt und kreuzt«.

Marx erklärt: »Hier kann man sich herstellen, hier sich selber leben, hier ist Muse nicht Diebstahl und Genuss die
einzige Pflicht. Dort in der Stadt muss man Geschäfte treiben und arbeiten; hier kann man leben und genießen, hier
lebt alles, und alles lebt im Wohlgefühl seines Daseins.«

Hundert Jahre später versucht Joachim Ritter nachzuweisen, dass der Begriff Landschaft erstmals in der Neuzeit
aufkommt, genauer gesagt im 18. Jahrhundert. Erst die fort-
schreitende Verstädterung lässt das Bedürfnis nach Natur
entstehen. Zwar gibt es seit jeher Landschaften, doch man
hat sie zuvor nicht als solche wahrgenommen. Der Bauer
schaut nicht mit ästhetischem Verzücken auf seine Äcker
und Felder, er denkt in Hektar und Ar und hofft, dass ihm
kein Unwetter die Ernte zerschlägt. Was dem Städter ein
Gefühl von Frieden und Weite vermittelt, lässt den Land-
wirt an Kartoffeln und Kühe denken und an den Preis,
den er dafür bekommt. Für ihn ist die Natur kein Ort der
Erholung, sondern unentwegter Arbeit. Auch ein Winzer
nimmt Vogelschwärme, die sich an seine Trauben machen,
anders wahr als ein Wanderer. Der Stadtmensch sucht in
der Natur das Gesunde und Heile, muss aber nicht ständig
mit der Natur leben. Erst wenn man den Elementen nicht
mehr auf Gedeih und Verderb ausgeliefert ist, kann man
von der Natur schwärmen. Wir beten sie erst in dem Moment an, wo wir sie beherrschen. Der Städter ist von den
Mühen beschwerlicher Landarbeit befreit und von dem
Zwang, sein Leben mit Leuten verbringen zu müssen, die
man sich nicht aussuchen kann. In der Stadt genießt man
eine Kultur, die dem Bauern fremd bleibt. Die *Pastorale*
wird nicht in Dorfscheunen aufgeführt, sondern in Konzertsälen. Zwar wird im dritten Satz ländliche Tanzmusik
herbeizitiert, doch Zitate können vieldeutig sein. Adorno
will in dem stampfenden Getrampel, das Beethoven insze-

niert, eine Karikatur erkennen. Womit sich die Arroganz des urbanen Kulturmenschen gegenüber dem Land sogar musikalisch offenbaren würde, schließlich sind Blasmusikanten selten in der Lage, klassische Musik zu parodieren, andersherum hat man damit keine Mühe.

In einem solchen Missverhältnis erkennt Rousseau die ganze Dekadenz der städtischen Zivilisation. Die einen erheben sich über die andern, obwohl sie von derer Hände Arbeit leben. Sie rümpfen übers Volk die Nase, wie Adorno, der behauptet, Beethoven habe in der *Pastorale* an manchen Stellen den Hausknecht und dessen Stumpfsinn mitkomponiert. Eine weitere Seite dieser Dekadenz tritt in dem Bedürfnis zutage, die Natur bloß noch als Regenerationsraum zu nutzen, um sich am Wochenende und im Urlaub wieder fit zu machen fürs städtische Treiben. Man will kein Leben wie ein Bauer führen, sich aber am Anblick von Tälern und Bergen laben und sich an pantheistischen Gedanken berauschen, die den abhandengekommenen Kirchenglauben ersetzen.

Debussy behauptet, Beethoven erweise sich mit seiner *Pastorale* als ein Kind seiner Zeit, das die Natur nur aus Büchern kennt. »Das zeigt sich im ›Gewitter‹«, schreibt er, »wo der Schrecken der Menschen und Dinge sich mit dem Faltenwurf eines romantischen Mantels drapiert, während ein Theaterdonner grollt.« Ein Gegenbild zu jenen Städtern, die es am Wochenende ins Grüne zieht, bildet Flauberts Madame Bovary. Sie hat es von der Stadt aufs Land verschlagen, wo sie ihrer Jugend nachtrauert, als sie noch Klavier gespielt und bei Konzerten – in ihren Veloursmantel gehüllt – ihre ersten Ekstasen erlebt hat.

Joachim Ritter zieht für seine These, dass Landschaft – im Unterschied zur Natur – eine Erfindung der Moderne sei, keine musikalischen Beispiele heran. Dabei zeigen allein Haydns Oratorien *Die Schöpfung* und *Die Jahreszeiten*, sein *Lerchen-* und *Sonnenaufgang*-Quartett, seine Sinfonien mit Namen *Le matin*, *Le midi*, *Le soir*, *La chasse* und *La poule*, wie hoch die Natur damals im Kurs steht. Über Haydn sagt E.T.A. Hoffmann: »Seine Symphonie führt uns in unabsehbare, grüne Haine, in ein lustiges, buntes Gewühl glücklicher Menschen. Jünglinge und Mädchen schweben in Reihentänzen vorüber; lachende Kinder hinter Bäumen, hinter Rosenbüschen lauschend, werfen sich neckend mit Blumen. Ein Leben voll Liebe, voll Seligkeit, wie vor der Sünde, in ewiger Jugend.«

Auch in der *Kindersinfonie* – die mal Leopold Mozart, mal Haydn zugeschrieben wird – drückt sich die viel beschworene Einheit von kindlicher Unschuld und Natur aus, wenn mit Ratschen, Blockflöten, Pfeifen und Schellentrommeln Wachteln, Kuckucke und Nachtigallen imitiert werden. 1785 wird eine Sinfonie des oberschwäbischen Komponisten Justin Heinrich Knecht uraufgeführt, die sich heute wieder gelegentlich auf Konzertprogrammen findet und auch eingespielt wird. Ihr Titel: *Le portrait musical de la nature, ou Grande symphonie*. Von Knecht stammt ebenso ein Orgelstück, das lautet: *Die durch ein Donnerwetter unterbrochene Hirtenwonne*. Ihr Burleskes und ihre theatralischen Stimmungswechsel wirken in einer Kirche wie Blasphemie, während die grotesk-barbarischen Blitz-und-Donner-Cluster sich wie eine Komposition des 20. Jahrhunderts ausnehmen. Man vermutet, dass Beethoven Knechts Sinfonie gekannt hat, manche behaupten sogar, er habe sich an ihr orientiert. Belege dafür gibt es nicht.

1. Satz

Angenehme, heitere Empfindungen,
welche bei der Ankunft auf dem Lande im Menschen
erwachen. Allegro ma non troppo

Dieses melodische Motiv bleibt bereits im vierten Takt auf einer Fermate liegen, die hier – anders als sonst häufig bei Beethoven – nicht als Notbremse fungiert oder als Irritationsmoment, sondern die Seligkeit des Anfangs auskostet, im Sinne von Goethes »Verweile doch, du bist so schön«.

Der zweite kleine Melodiebogen wirkt nicht wie ein eigenes Thema, sondern wie die Ergänzung des ersten. Beide Male spinnt Beethoven die angefangene Melodie nicht fort, allerdings wirkt sie auch nicht wie unterbrochen. Die sanfte Beschwingtheit des bloß angedeuteten Themas genügt, um sich sofort in Frieden zu wiegen:

Vom ersten Thema steht über weite Strecken des Satzes folgende Wendung im Zentrum:

Die Bässe bedienen fast nur die Grundtöne, auf denen
sie häufig liegen bleiben oder mit denen sie für einen sanften Wiege-Rhythmus sorgen. Entfernt mag man sich an
das Prinzip von Dudelsäcken erinnert fühlen, bei denen
wenige Grundtöne das gleichbleibende Fundament bilden,
über dem sich das melodiöse Geschwirr entfaltet. In diesem Satz evozieren jauchzende Violinen und zwitschernde,
schnatternde Klarinetten, Flöten und Oboen die reinste
Wald-und-Wiesen-Seligkeit. Nie zuvor und nie wieder danach schwelgt Beethoven so ungebrochen in Terzen und
Sexten. Auch verlässt er fast nie das harmonische Grund-
gerüst, was man von ihm ebenfalls nicht kennt. Während
er sonst meist durch allerlei Tonarten rauscht und sich in
chromatischen Verrenkungen ergeht, wiegt sich hier alles
in wohlig bewegter Ruhe. Forte-Stellen kennt dieser Satz
bloß wenige, zumeist gleitet er im Piano dahin, mit leich-
ten Crescendi, die schnell wieder zurückgenommen werden, um jeden Anflug von Dramatik zu vermeiden. Läuft
selten einmal ein Crescendo auf ein Forte zu oder gar auf
ein Fortissimo, schwillt der Klang so ohne allen Druck an,
dass nie ein Ausbruch zu befürchten ist.

Auch die sonst so beliebten Synkopen bleiben vollkommen aus. Nichts soll stören, nichts gegen den Strom
schwimmen. Alle rhythmischen Figuren ergeben sich aus
einem geradlinigen Muster, das lediglich variiert wird,
ohne alles Punktierte, ohne alle rhythmischen Widerhaken,
ohne Gegenstöße:

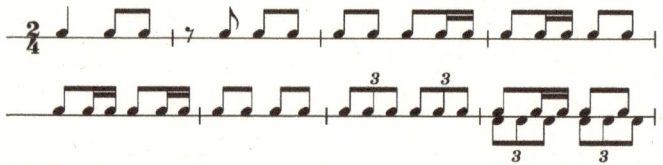

An manchen Stellen überlappen sich Triolen mit Achtel-
und Sechzehntelbewegungen, was die Erregung nur umso
freudiger macht.

So durchweg entspannt und ganz und gar lyrisch geht
es bei Beethoven sonst nie zu. Selbst der erste Satz seiner
Klaviersonate Nr. 15 D-Dur, op. 28 – ebenfalls *Pastorale*
genannt – entfaltet keine durchgehend melodiös beseelte
Atmosphäre. Im Anfangssatz der Sechsten erleben wir den
schieren Zeitstillstand.

2. Satz

Szene am Bach. Andante molto moto

Und wieder fließt es weiter, nur bewegter, ohne dass ein
richtiges Thema vorgestellt wird. Man vernimmt die Be-
wegungen des Bachs mit seinem Gurgeln, Plätschern und
Murmeln, über ihm quinkelierende Geigen und tirilie-
rende Holzbläser, die sich auf knappe musikalische Figuren beschränken:

Aus den Einwürfen der Bläser ergeben sich immer weitere melodische Zusammenhänge, die sich jedoch nie
zu einer wirklichen Kantilene erweitern. Nicht nur der
Bach wogt hin und her, auch die Melodiepartikel; sie ver-

lieren sich, tauchen wieder auf, zergliedern sich und strömen in gemeinsamem Auf und Ab dahin. Wie schon im
ersten Satz bilden die musikalischen Motive keine Kontraste, sie leben aus einer gleichbleibenden Bewegung,
deren Grundelemente aus folgenden Melodiesplittern bestehen:

Doch plötzlich hört die Bewegung auf, ohne dass die Musik ein Ende gefunden hätte. Alles schweigt für einen Augenblick. Sachte setzt die Flöte ein, ganz allein, es folgt die
Oboe, in deren Geschnarre die Klarinette hineinplatzt und
jenen Vogel nachmacht, der sich selber ruft. Es folgt ein
kleines Konzert mit Wachtel, Kuckuck, Nachtigall. Beethoven fügt ihre Namen in der Partitur ausdrücklich hinzu.
Ein bisschen Naturnachahmung muss schon sein, es geht
nicht nur um subjektive Empfindungen. Das Orchester
schleicht sich wieder herein, so vorsichtig, als möchte es
nicht stören. Allerdings kann es auch nicht verbergen, dass
es zum Schluss kommen will.

3. Satz

Lustiges Zusammensein der Landleute. Allegro

Mit seinem Staccato-Gehüpfe setzt dieser Satz zwar wie
ein charakteristisches Beethoven-Scherzo ein, doch es folgt
nichts Bizarres, sondern eine äußerst fröhliche Melodie:

Sie kehrt im Wechsel mit Staccato-Sprüngen mehrmals wieder, als wollte Beethoven die hitzigen rhythmischen Passagen von den melodiös-heiteren fein säuberlich trennen, was sich auch am jeweiligen Wechsel der Tonarten zeigt: Das eine steht in F-Dur, das andere in D. Zwischendurch erschallt Hörnergeschmetter: Postkutschen, Jagd, was auch immer.

Beim Mittelteil wechselt der ¾-Takt in einen ²⁄₄. Das Tänzerische klingt jetzt derber, bäurischer, fast ungehobelt. Adorno wittert eine Parodie. Wie in der vierten Sinfonie wird nach der Wiederkehr des A-Teils auch der B-Teil erneut wiederholt. Ein plötzliches Tremolo setzt dem Dorftanz ein Ende.

4. Satz

Donner. Sturm Allegro

Übergangslos befinden wir uns im vierten Satz. Bisher hat diese Welt fast nur aus Dur bestanden, jetzt verfällt sie ins Moll. Beethoven ist wieder in seinem Element: Nach wildem, wirrem Herumgeschwirr der Geigen, das keine feste Tonart aufzuweisen scheint, fängt das volle Blech so ohrenbetäubend an zu dröhnen wie noch in keiner Sinfonie. Zumindest kommt es einem so vor, und sei es, weil bislang alles so friedlich geklungen hat, selbst die Wirtshaustrampelei. Das Blech hört nicht auf zu brüllen, die Pauken donnern wie nie, die Bässe schrubbeln ungestüm, die Piccoloflöte schrillt in höchsten Höhen, das ganze Orchester peitscht auf einen ein, man bangt um die Instrumente. Nach einer Weile erschöpft sich das tobende Gewitter, nur die Bässe grollen nach, die Luft zittert mit den tremolierenden Geigen. Doch auch das lässt nach. Die Oboen stimmen eine gebetsartige Melodie an, über der sich eine Flöte erhebt, die das wiederkehrende Licht ankündigt.

5. Satz

Hirtengesang. Wohltätige, mit Dank an die Gottheit
verbundene Gefühle nach dem Sturm. Allegretto

Wieder befinden wir uns übergangslos in einem neuen Satz, der mit seinen liegenden Bässen und seinem ruhigen Hirtenmotiv den Bogen zum ersten Satz schlägt. Daraufhin ergehen sich die Violinen in einer seligen Melodie:

Sie erinnert entfernt an Jodler, die auch fast nur aus Akkordbrechungen bestehen.

Bei aller Ähnlichkeit mit dem ersten Satz ist dieser jedoch reger. Er lässt die Szene am Bach anklingen und auch die Wirtshausstimmung aus dem dritten, wenngleich nicht so derb. Bei allem Tänzerischen ergeben sich Momente schierer Stille, in denen sich die *dankbaren Gefühle nach dem Sturm* ausdrücken. Tröstliche Schönheit leuchtet aus diesem Ende, in dem eine Spur von Eingedenken, ja Andacht steckt, eine Andacht freilich, die nichts von der Vitalität des Scherzos zurücknimmt. Das vorletzte Wort hat das Horn, umrahmt von Holzbläsern und schwirrenden Geigen. Schließlich sagt das Orchester: Jetzt ist genug.

Berlioz kommt bei der *Pastorale* aus dem Staunen nicht heraus. Bei keiner anderen Sinfonie neigt er zu solchem Überschwang, obwohl er sich auch sonst nicht mit Begeisterung zurückhält. Alles verblasst vor ihr, sogar die gesamte bukolische Lyrik von der Antike bis in die Gegenwart. Wie sehr es Berlioz die Sprache verschlägt, lässt sich auch daran ablesen, dass er keiner kompletten Sätze mehr fähig ist und nur noch hymnisch stottert: »Welch ein Gedicht von Beethoven! ... diese langen farbenreichen Perioden! ... diese sprechenden Bilder! ... diese Düfte! ... dieses Licht! ... diese beredte Stille! ... diese weiten Horizonte! ... diese verzauberte Einkehr in die Wälder! ... diese goldene Ernte! – diese rötlichen, am Himmel ziehenden Wölkchen! ... diese unendliche, in der Mittagssonne dösende Ebene! ... die Abwesenheit des Menschen! ... die sich selbst enthüllende, sich selbst bewundernde Natur ... Und diese tiefe Ruhe in allem, was lebt! Dieses entzückende Leben in allem, was ruht!«

Ganz anders Debussy, der die *Pastorale* für eine Verirrung hält. Nach einer Aufführung unter dem Dirigenten Felix von Weingartner höhnt er: »Als erstes dirigierte er die *Pastoral-Symphonie* mit der Sorgfalt eines Gärtners, der peinlich genau jede Raupe abliest. Man hat den Eindruck einer wie mit dem Pinsel lackierten Landschaft, wo die sanft geschwungenen Hügel aus Plüsch bestehen, der Meter zu zehn Francs, und die Bäume mit der Brennschere gekräuselt sind.« Sein Fazit: »All das ist sinnlose Nachahmerei.« Er hält das Programm dieser Sinfonie für eine

verlogene Nummer. In anderen Werken habe Beethoven
weit überzeugender die Schönheit von Landschaften zum
Klingen gebracht, behauptet er, und zwar deshalb, weil sie
nicht zum Programm erhoben worden sei. »Kein Mensch«,
schreibt Debussy, »ist gehalten, nur Meisterwerke zu schreiben, und wenn man die Pastorale als solches bezeichnet, so
hat das Wort für die anderen Beethoven-Symphonien nicht
mehr genug Kraft.« Dass dieser Vorwurf ausgerechnet von
einem Komponisten kommt, dessen Orchesterstücke Titel
tragen wie *La Mer* und *Prélude à l'après-midi d'un faune*, ist
erstaunlich. Doch ihm klingt die *Pastorale* schlichtweg zu
einfach. Debussy hält Beethoven vor, sich naiver zu geben,
als er ist.

Wenn Debussy behauptet, Beethoven erweise sich mit
dieser Sinfonie als ein Kind seiner Zeit, das Natur nur aus
Büchern kennt, könnte man entgegenhalten, dass Beethoven sich zeitweise bei jeder Gelegenheit in Nussdorf und
Heiligenstadt aufgehalten hat, draußen vor Wien. »Hier
habe ich die Szene am Bach geschrieben, und die Gold-
ammern da oben, die Wachteln, Nachtigallen und Kuckucke ringsum haben mitkomponiert«, soll er seinem Sekretär
Anton Schindler bekannt haben. Schindler kann man nicht
rundum glauben, schließlich hat er Beethovens Konversationshefte gefälscht und Visitenkarten mit dem Aufdruck
verteilt: »Ami de Beethoven!« Der Musikwissenschaftler
Donald Tovey ist geneigt, die von Schindler überliefer-
ten Beethoven-Sätze für erstunken und erlogen zu halten.
Sollte der eine oder andere Satz tatsächlich von Beethoven stammen, sollte man laut Tovey mitbedenken, dass er
seinen nervigen Sekretär immer wieder mit Sprüchen ab-
gespeist hat, um Ruhe vor ihm zu haben. Mit Blick auf die
Eroica berichtet der Beethoven-Schüler Ferdinand Ries:
»Beethoven dachte bei seinen Kompositionen oft einen be-

stimmten Gegenstand, obschon er über musikalische Malereien häufig lachte und schalt. ... Hierbei mussten die *Schöpfung* und die *Jahreszeiten* von Haydn manchmal herhalten.« Leugnen lässt sich indes nicht, dass Beethoven am Ende des zweiten Satzes zu den Stimmen der Flöte, Oboe und Klarinette ausdrücklich hinzufügt: Nachtigall, Wachtel, Kuckuck.

Wenige Jahre nach Debussys Artikel erscheint Paul Bekkers umfangreiches Beethoven-Buch, in dem die *Pastorale* ebenfalls als ein Werk geschmäht wird, das dieses Komponisten unwürdig ist. Bekker entdeckt darin »anspruchslose Gleichförmigkeit«, einen »hausbacken angehauchten Pantheismus« und »die künstlerische Gestaltung genrehaften Kleinlebens«. Bekker ist regelrecht darüber empört, dass Beethoven sich nach der Dritten und Fünften noch eine solche Sinfonie erlaubt. »Sein Naturverlangen«, schreibt er, »war mehr Erholungsbedürfnis als Drang nach neuen Gestaltungsproblemen. Diese mied er fast absichtlich. Es kann kaum einem Zweifel unterliegen, dass der Schöpfer der *Eroica* und der c-moll-Sinfonie auch dem Naturleben tiefergreifende Ideen abringen und sie in packender musikalischer Darstellung hätte ausdeuten können, wenn ihm die Natur nicht nur Ablenkungsmittel, sondern Lebenselement gewesen wäre. So aber interessierten ihn nicht die in ihr verborgenen Rätsel. Er begnügte sich damit, sie als Spenderin reinster Genüsse zu preisen. Er bemühte sich nicht einmal, seiner Darstellung ein äußerlich originelles Gepräge zu geben, sondern hielt sich an vorliegende ältere Muster. Fast wörtlich kopierte er das Programm der bereits 1784 erschienenen *Pastoralsymphonie* des berühmten Stuttgarter Komponisten Justin Heinrich Knecht.«

Auch Schönberg erstaunt die harmonische Schlichtheit dieses Werks. Im ersten Satz entdeckt er so gut wie kei-

nen Moll-Akkord, kaum Umkehrungen, keine bemerkens-
werten Modulationen. »Könnte nicht Beethovens *Pastorale*
für einen Fall gelten, bei dem die Harmonien mit Ziegel-
steinen zu vergleichen sind, weil nur Harmonien einer Art
benützt werden?«, gibt Schönberg zu bedenken.

Schon vor der *Pastorale* entzünden sich Debatten über
musikalische Naturmalereien. Schelling kann sich in seinen 1802/1803 gehaltenen *Vorlesungen über die Philosophie
der Kunst* einen Seitenhieb gegen die modisch gewordene
musikalische Landschaftsmalerei nicht versagen, wenn er
mit Blick auf Haydns *Schöpfung* bemerkt, der Komponist
ergötze sich am Blöken der Schafe. In Schellings Augen beweist das, dass der Geschmack inzwischen »ganz verdorben
und gesunken« ist. Schellings Studienfreund Hegel weist
in seinen *Vorlesungen über Ästhetik* der Landschaftsmalerei
einen niederen Rang zu, mit dem Argument, sie flüchte
aus der Geschichte und scheue vor der Darstellung von
Konflikten zurück. Für Hegel neigt eine solche Kunst not-
gedrungen zur Fadheit.

Tieck und Wackenroder dagegen erklären in ihren *Phantasien über die Kunst*, Landschaftsgemälde blieben hinter
ihrem Gegenstand unendlich zurück. Sie könnten nur
die Oberfläche der Natur einfangen, nicht aber, was uns
bei ihrem Anblick beseelt. Das kann in ihren Augen fast
nur Musik, weshalb Landschaftsmaler sie um Hilfe rufen
müssten. »Die Musik«, heißt es bei ihnen, »ist der letzte
Geisterhauch, das feinste Element, aus dem die verbor-
gensten Seelenträume wie aus einem unsichtbaren Bache
ihre Nahrung ziehn; sie spielt um den Menschen, will
nichts und alles, sie ist ein Organ, feiner als die Sprache,
vielleicht zarter als seine Gedanken.«

Man kann die *Pastorale* aber auch ganz anders erleben. In George Sands 1837 erschienenen *Lettres d'un Voyageur* lesen wir: »Als ich zum ersten Mal die Pastoral-Symphonie gehört hatte, wusste ich nicht, worum es ging, und habe mir bei diesen bewunderungswürdigen Harmonien in der Phantasie ein Gedicht im Stil von Milton zusammengereimt. Ich hatte mir vorgestellt, wie der rebellierende Engel bei seinem Sturz ein letztes Mal gen Himmel schreit, genau an der Stelle, wo der Komponist die Wachtel und die Nachtigall rufen lässt. Als ich wusste, dass ich mich getäuscht hatte, entwarf ich beim zweiten Hören nochmals ein Gedicht, das auf einmal im Stil von Gessner war, ohne dass mein Geist im Geringsten von den Absichten abwich, die Beethoven damit verband.«

Ähnliches findet sich in den Tagebüchern des irischen Dichters William Allingham, der schildert, wie Alfred Tennyson eines Tages in einen Raum tritt, wo die Schriftstellerin Anne Thackeray Ritchie Beethovens *Waldstein-Sonate* spielt. Tennyson sagt: »Ich wünschte, ich könnte sie begreifen – ich könnte in ihr das Rauschen eines Gebirgsbachs hören – und blitzendes Licht sehen.« Worauf Miss Ritchie erwidert: »Ich glaube, es handelt sich ganz und gar um einen Sonnenaufgang – aber auch dein Gedicht *Out of the Deep* steckt in ihr drin.« Tennyson evoziert in *Out of the Deep* die Entstehung der Welt aus den Tiefen des Meeres, um sie mit der Geburt eines Menschen gleichzusetzen. Kurz und gut: Es passt so gut wie alles auf wortlose Musik, nichts lässt sich beweisen, nichts sich widerlegen. Das Wort *Waldstein* lässt an märchenhafte Haine denken und Eichendorff'sche Bilder erstehen, nur ist die Sonate einem Grafen gleichen Namens gewidmet, der Beethoven in dessen Bonner Zeit gefördert hat. Im Französischen und Englischen kennt man sie nicht unter dem Titel *Waldstein*, dort heißt sie *Aurore*: Morgenröte.

Orpheus gegen Prometheus

Wenige Mythenfiguren sind bis heute so gegenwärtig wie Orpheus und Prometheus. Der eine raubt den Göttern das Feuer, der andere befriedet mit seinem Gesang selbst wilde Tiere. Für Ernst Bloch ist Prometheus der höchste Säulenheilige im marxistischen Kalender. Auch Beethoven steht in Blochs Kalender weit oben: »Die Grenzüberschreiter gehören alle zu Beethovens Reich, in Beethoven wird alle Musik zur Prometheus-Ouvertüre«, heißt es in *Das Prinzip Hoffnung*. Bloch soll beim Trompetensignal, das in *Fidelio* den Befreier ankündigt, jedes Mal Tränen in den Augen gehabt haben. In Orpheus' Welt gibt es keine Trompeten. Ihr Geschmetter würde die Tiere verscheuchen. Auch Posaunen und Pauken passen nicht zu arkadischem Frieden. Um orphisch zu klingen, fehlt Beethovens Musik das Mediterrane, der Süden, das wolkenlose Licht.

Bei Musik kommt uns selten Prometheus in den Sinn, außer sein Name taucht in Titeln wie Beethovens *Die Geschöpfe des Prometheus* auf, einer Ballettmusik, die nach der Uraufführung im *Journal des Luxus und der Moden* als gewaltig, staunenerregend und feierlich charakterisiert wird, mit »dumpfen Paukenwirbeln«, die einen »heftigen Sturm« erzeugen. Könnte man sich auf diese Weise orphische Musik vorstellen? Prometheus hat weder gesungen noch Lyra gespielt, ganz anders als Orpheus. Man mag Prometheus für seine Kühnheit bewundern und für das Leiden, mit dem die Götter ihn strafen, doch Rührung kommt beim

Anblick gigantischer Prometheus-Statuen nicht auf, ganz anders als bei Musik, die zum Steinerweichen ist.

Auch Orpheus ist ein Säulenheiliger, jedoch nicht im marxistischen Kalender, sondern im Kosmos der Musik. Er steht nicht für Rebellion, Renitenz und Revolution, auch nicht für Aufklärung und Vernunft, er verkörpert Sanftmut und Harmonie. Seine entscheidende Renaissance erlebt er Ende des 17. Jahrhunderts, als man in Italien die neue Gattung der Oper erfindet, deren erste erhaltene ihn im Titel trägt: Monteverdis *L'Orfeo*. Bis in die Mitte des 18. Jahrhunderts umkreisen Dutzende weiterer Opern sein Schicksal, zu Beethovens Zeit taucht sein Name seltener auf. Ein Werk, das sich *Eroica* nennt, lässt sich schwerlich mit ihm in Verbindung bringen; man muss dazu nicht einmal wissen, dass diese Sinfonie Napoleon gewidmet werden sollte, dem größten Feldherrn seit Alexander dem Großen. Nicht nur übernimmt Beethoven für den fanfarischen Finalsatz der Dritten das schmetternde Thema aus *Die Geschöpfe des Prometheus*, generell steckt in seiner Musik mehr prometheischer als orphischer Geist. Bei der Errichtung eines Mozart- oder Haydn-Denkmals würde niemand auf die Idee gekommen, die beiden auf einen Sockel zu stellen, zu dessen Füßen ein kolossaler Prometheus sitzt, flankiert von der Siegesgöttin mit hochgerecktem Lorbeerkranz, wie es beim Wiener Beethoven-Denkmal der Fall ist. Eduard Hanslick hat bei dessen Enthüllung ein Gedicht von Lenau vorgetragen, in dem die Begriffe Gewitter, Stürme, Ozeane, Schicksal, Mut, Kampf und Glühen die Hauptrolle spielen, gefolgt von »des Todes Wonneschauer«. Clemens Brentanos Gedicht *Nachklänge Beethovenscher Musik* lebt nicht minder von den Begriffen Schlacht, Schmerz, Viktoria und Gloria.

Im Grunde führt Rousseau seinen Kampf gegen die Instrumentalmusik in Orpheus' Namen. Als er im *Émile* einem savoyischen Vikar sein eigenes pantheistische Credo in den Mund legt, lässt er dessen Schüler sagen: »Ich glaubte, den göttlichen Orpheus singen zu hören.« Im Morgenlicht blicken die beiden von den Turiner Bergen auf die fruchtbare Ebene des Po und die unermessliche Alpenkette. Mit dieser Pracht vor Augen setzt der Vikar zu einem Glaubensbekenntnis an, bei dem er nicht nur die knöchernen Dogmen der Kirche verwirft, sondern auch die Vernunftdoktrin solcher Aufklärer, die an nichts mehr glauben außer an ihren eigenen Verstand, mit dem sie der Welt jeden Zauber rauben. Da sie als Letztinstanz nur ihr cartesianisches Cogito gelten lassen, empfinden sie keinerlei Dankbarkeit mehr gegenüber der Natur, obwohl sie ihr alles schulden: das ganze Leben, das ganze Sein. Der Aufklärer Rousseau opponiert gegen eine Aufklärung, die außer sich selbst nichts mehr wertschätzt.

Aus dem Befreier Prometheus ist ein Herrscher geworden. In der Moderne tritt er unter den Namen Faust und Frankenstein auf, zweier Gestalten, die vor nichts zurückschrecken, um ihren Willen durchzusetzen. Wenn es in Goethes frühem Gedicht *Prometheus* heißt: »Hier sitz' ich, forme Menschen nach meinem Bild«, blitzt in diesem Vers der neuzeitliche Eifer auf, sich die Gesetze der Natur untertan zu machen, um über die Welt zu walten und zu schalten, wie es einem gefällt. Der Mensch schwingt sich zum Schöpfer auf, in jeder Hinsicht. Im Genius des Künstlers feiert er die eigene Schaffenskraft, die keinerlei Regeln anerkennt außer denen, die sie sich selbst gibt.

Wenn es von Beethoven heißt, er sei der erste Komponist, in dessen Musik das subjektive Element sich Bahn bricht, bedeutet das, dass er mit tradierten Formen nur noch spielt und sie nach Lust und Laune zerstört. Er bedient kein Sonatenschema mehr, wenn ihm die Ideen

durchgehen; er will nicht mehr gefallen und nicht mit
schönen Melodien aufwarten; er will seinen eigenen Ein-
gebungen gehorchen. Für E.T.A. Hoffmann ist er deshalb
der erste romantische Künstler, im Gegensatz zu Mozart
und Haydn, die noch klassische Formgesetze anerkennen.
»Früher oder später hebt das Genie die Kunst über die ihr
sorgsam gesetzten Grenzen hinaus, auf dass ihre Leuchte
den Weg der Menschheit erhelle«, heißt es bei Franz Liszt,
der den Künstler mit einer Sonne vergleicht, die ihre eigenen Kreise zieht.

Gegen diese Hypertrophie wendet sich ein anderer
Zweig der Romantik, in dem Rousseaus Klage fortlebt,
dass der moderne Geist zerstört, was uns trägt. Das vielzitierte Wort von der transzendentalen Obdachlosigkeit
taucht zwar erstmals in Georg Lukács' 1916 erschienenen
Theorie des Romans auf, es steht jedoch für einen epocha-
len Befund, der schon in großen Teilen der romantischen
Dichtung ihren aufklärungskritischen Ausdruck findet.
Plötzlich ist nicht mehr Prometheus der Held, man besinnt
sich wieder auf Orpheus. Bei Beethovens Sinfonien atmet
nur die Sechste orphischen Geist. Selbst in der Neunten
klingt wenig Orphisches an, am allerwenigsten im letzten
Satz, dessen *Ode an die Freude* mit fast brachialer Wucht
eine weltumfassende Harmonie herbeisingen und herbei-
zwingen will.

Weil Orpheus nicht für Aufbruch steht, sondern für Be-
friedung, kommt ihm während der Revolution kein promi-
nenter Platz zu und auch nicht unter Napoleon. Carlyle
erkennt im Zug der Fischweiber, die im Oktober 1789 das
Königspaar aus Versailles nach Paris verschleppen, eine
wüste Prozession räudiger Mänaden. Mit Blick auf den
gefangenen König fragt Carlyle in seinem Werk *Die Französische Revolution*: »Wenn sie das melodiereiche Haupt des

Orpheus abschlagen und in die Fluten des Peleus schleudern konnten, was werden sie da erst mit dir tun?« Als unmittelbar vor dem Sturm auf die Bastille der Invalidendom geplündert wird, in dem die Waffen der Nationalgarde lagern, vergleicht Carlyle den Aufruhr mit einer »betäubenden, ohrenzerreißenden Orchestermusik«.

Auf seinen Gemälden verleiht Jacques Louis David dieser revolutionären Dramatik ein klassisch-römisches Gepräge. Alles gerät bei ihm zur heroischen Geste. Als er seine Kunst später in den Dienst von Napoleon stellt, muss sich an seiner Ästhetik nichts ändern, im Gegenteil. Wollte man sich zu seinen Gemälden eine Musik hinzudenken, käme wohl nur die von Beethoven in Frage. Dass sein Trauermarsch aus der *Eroica* auf Revolutionsmusik verweist, zeigt sich nicht nur im Moll-Teil, sondern noch mehr im lichten Dur-Mittelstück. Als Rousseaus sterbliche Überreste in einer endlosen Prozession durch Paris geleitet werden, versammeln sich Hunderttausende, die tagelang die reinste Jahrmarktsstimmung genießen, mit Wurst-, Wein- und Bierbuden, Gauklern, Wahrsagerinnen, Tierbändigern und Blaskapellen, die mal traurige, mal muntere Märsche anstimmen. Am Pantheon wird ein Kupferstich angebracht, auf dem Rousseau aus dem Grab steigt, mit der Inschrift: »Die Auferstehung des Jean-Jacques«. Bei der Überführung von Voltaires Gebeinen ziehen acht Schimmel die Kutsche, in ihrem Gefolge revolutionäre Würdenträger in römischen Kostümen, mit Togen und Banderolen.

Schon als der hochbetagte Voltaire in vorrevolutionären Tagen ein letztes Mal sein Schloss über dem Genfer See verlässt, um sich mit einer Perücke, wie sie der Sonnenkönig getragen hat, durch Paris fahren zu lassen, ist Gott und die Welt auf den Beinen. »Das spottende Paris ist plötzlich andächtig geworden«, heißt es bei Carlyle. »Edel-

leute haben sich als Kellner verkleidet, um ihn zu Gesicht
zu bekommen. ... Sein Wagen ist der Kern eines Kome-
ten, dessen Schweif ganze Straßen deckt; man krönt ihn
im Theater unter endlosen Vivats, erstickt ihn zuletzt fast
unter Rosen.« Voltaire wird wie ein Heiliger verehrt, weil
er die alte Welt vernichten will. Das Pantheon wird zum
atheistischen Petersdom der Revolution. Als kirchlicher
Kolossalbau unter Ludwig XV. konzipiert, verwandelt er
sich nach dem Sturm auf die Bastille in ein Heiligtum, wo
man die neuen, heidnischen Helden verehrt. Rousseau und
Voltaire erwartet nicht mehr das christliche Paradies, sie
gehen ein ins Elysium. Trauermarsch und Freudenmarsch
werden eins zu dieser Zeit.

Nachdem die Revolution und Napoleon ein Werk der Zerstörung hinterlassen haben, sehnt man sich wieder nach
orphischen Gefilden, nicht nur in Frankreich. Dass Beethovens *Pastorale* im England des 19. Jahrhunderts zu den
beliebtesten Werken gehört, erstaunt nicht, wenn man
sich die Landschaftsbilder von Constable vergegenwärtigt, in deren schierem Realismus Arkadien aufleuchtet.
Menschen tauchen auf diesen Gemälden selten auf, und
wenn man welche sieht, wirken sie so nebensächlich und
klein, dass sie den Frieden der Natur nicht stören. Auch in
Eichendorffs Dichtung geht es nirgends heroisch zu, man
vernimmt dort vor allem das Rauschen von Wäldern und
Bächen. Eichendorff sehnt sich nach Zeiten zurück, als
noch keine Vernunft die Welt entzaubert und noch keine
prometheische Technik die Landschaft mit Fabrikschlo-
ten in eine rauchende Hölle verwandelt hat. Caspar David
Friedrichs Gemälde zeigen keinerlei Innenräume, keine
Porträts, keine Säulenhallen, keine Schlachten und keine
Helden zu Pferde, sie lenken den Blick einzig auf die ge-
heimnisvolle Natur.

Schumann komponiert *Waldszenen*, Smetana erzählt *Aus Böhmens Hain und Flur*, Mendelssohn Bartholdy entführt uns auf *Die Hebriden*, Liszt lässt in *Ce qu'on entend sur la montagne* auf den Bergen die Winde los. In seiner Schrift *Berlioz und seine Harold-Symphonie* erklärt Liszt, warum reine Instrumentalmusik nach Beethovens *Pastorale* ihr Ende finden muss und die Romantiker den Weg von sinfonischer Abstraktion zu anschaulicher Tondichtung einschlagen. Musik will wieder verstanden werden und darf sich nicht mehr in inhaltlicher Leere ergehen. Inzwischen ist der »malende Symphonist« angesagt, der »spezifische Symphoniker« hat ausgedient, wie Liszt formuliert. Programmmusik lässt Korrespondenzen hörbar werden, die den Zusammenhang allen Seins offenbaren. Es wächst wieder zusammen, was künstlich getrennt worden ist. Die romantische Synthese überwindet den analytischen Geist des Rationalismus. Orpheus kehrt zurück.

Aus maskuliner Sicht besitzt Orpheus allerdings seit je etwas Weibisches. Platon verhöhnt ihn als Weichling, der sich in süßlichen Gesängen ergeht. Weil er nach dem Tod seiner Eurydike zur Heulsuse wird, zerreißen ihn die Mänaden in Platons Augen zu Recht bei lebendigem Leib. Wollte man diese Zerstückelung musikalisch deuten, könnte man sagen, dass sie den melodischen Gesang zerstört haben, um dionysischer Wildheit Platz zu machen. Die Furien haben Orpheus' Kopf mitsamt seiner Lyra in einen Fluss geworfen, der sie unter Klagegesängen an die Insel Lesbos spült, wo man sie vergräbt. Seither sollen die Nachtigallen dort schöner singen als überall sonst auf der Welt. Nachtigallen hört man lediglich in Beethovens *Pastorale*, sonst nirgends in seinem Werk. Die Lyra des Orpheus lebt nicht in Sinfonien fort, sondern im Gesang solcher Barden, die

mit einer schlichten Klampfe Frieden auf Erden herbeisingen.

Aus der Lyra geht die Harfe hervor, an der man bis heute
fast ausschließlich Frauen sieht. 1796 schreibt Beethoven
an den Klavierbauer Johann Andreas Streicher: »Ich hoffe,
die Zeit wird kommen, wo die Harfe und das Klavier zwei
ganz verschiedene Instrumente sein werden.« Beethoven
wünscht sich ein Instrument, das nicht an deren zartes Getön erinnert. Er mag es donnernd, strahlend, mächtig. Er
braucht ein Instrument, auf das man einschlagen kann und
das ein Orchester ersetzt. Man muss sich an ihm austoben
können, und sei es aus Wut über den verlorenen Groschen.

DIE SIEBTE

Sinfonie Nr. 7 in A-Dur, op. 92

Uraufführung am 8. Dezember 1813
im Redoutensaal der Wiener Universität

»Ich würde gerne mal aus dem Urwald kommen und das Stück zum ersten Mal hören, als erwachsener Mensch, der sich mit Musik beschäftigt hat, aber Sinfonien nicht kennt«, gesteht Michael Gielen. Dass er eine solche Erfahrung ausgerechnet an der Siebten erproben möchte, leuchtet ein, auch wenn man nicht genau sagen kann, warum. Die Siebte überrennt einen, voller herrlichstem Überdruck, voller Exaltation. Kein zweites Orchesterwerk schwelgt so ungebrochen in Ekstase. Bei der Uraufführung ist das Publikum nicht nur hingerissen, es ist berauscht. Wie könnte man sich nicht mitgerissen fühlen von schier endlosem Jubel und rhythmischem Rausch? Nach dem ländlichen Frieden der Sechsten trumpft Beethoven wieder auf: Aufs Idyll folgt die Entfesselung. Wenn Wagner behauptet, es handle sich bei dieser Sinfonie um eine Apotheose des Tanzes, ist damit fast zu wenig gesagt. Sie stürmt regelrecht auf einen ein, sie sprüht vor nie versiegender Kraft. Spätestens hier versteht man, was Schelling meint, wenn er sagt, dass nicht das Melodische die »herrschende Potenz« der Musik ist, sondern das Rhythmische.

1. Satz

Poco sostenuto – Vivace

Zum ersten Mal wartet man bei einer langsamen Einlei-
tung nicht ungeduldig darauf, dass es bald richtig losgeht.
Es leuchtet gleich ein Licht, das man auskosten möchte.
Diesmal bahnt sich das Orchester nicht erst mühselig einen
Weg aus dem Dunkeln ins Helle. Mit einem Schlag ist al-
les da, ohne Suchbewegungen, ohne Fragezeichen. Dabei
ereignet sich gleich nach dem ersten Tutti-Klang etwas
Ungewohntes, worauf Berlioz eigens hinweist: »Das volle
Orchester schlägt einen kräftigen, kurzen Akkord an und
lässt während der folgenden Stille eine Oboen-Stimme im
Offenen liegen, die man beim Auftakt nicht hat bemerken
können und die nun ganz allein, in getragenen Tönen, die
Melodie entfaltet.« Und er fügt hinzu: »Einen einzigarti-
geren Einfall hätte man nicht haben können.« Im Grunde
handelt es sich um einen einfachen Einfall, doch man
muss auf ihn kommen. Eine einzelne Oboe bleibt liegen, in
schönster Einsamkeit, alle anderen schweigen und hallen
dennoch nach. Sie geben ihr Raum, zeigen, wie es mit jeder
Stimme sein könnte. Ein großer Morgen beginnt, die andern Bläser stimmen wieder mit ein, die Violinen bringen
mit Staccato-Aufwärtsläufen Bewegung in den anbrechen-
den Tag. Wieder handelt es sich um bloße Akkordbrechungen, anfangs nur in Quarten und Quinten:

Schließlich übernehmen die Oboen von den Violinen eine melodische Wendung, bei der Beethoven enharmonisch von A-Dur nach C-Dur wechselt:

Zwischen knallenden Akkordblöcken entwickelt sich ein ruhig-erregtes Hin und Her aus Bläsern und Streichern, das sich auf einmal zurücknimmt und einer einsamen Flöte Raum gibt, die den Rhythmus fürs Vivace vorgibt und den Anstoß liefert für einen nie gehörten orchestralen Jubelausbruch.

Das Orchester schießt los, ist nicht mehr zu bremsen, steigert sich in einen Rausch, der nicht mehr aufhören will. Bei aller Wucht bleibt die Musik federnd, bei aller Vehemenz jauchzend. Selbst wenn das Blech brüllt und die Pauken donnern – es bleibt beim Freudentaumel. Weil der ⁶⁄₈-Takt triolische Leichtigkeit besitzt, fliegt das Orchester selbst im Fortissimo und Tutti schwerelos dahin. Beethoven wartet sogar mit einem acht-taktigen Thema auf, mit einer rhythmisch beschwingten Melodie:

Als auch noch die schmetternden Hörner in die Melodie einstimmen, scheint keine Steigerung mehr möglich. Doch man täuscht sich: Der Jubel schraubt sich in immer weitere Höhen. Ist er tatsächlich nicht mehr zu steigern, nimmt das Orchester sich kurz zurück. Es kann von vorn losgehen.

2. Satz
Allegretto

Dieses *Allegretto* gehört zu den bekanntesten der Musiklite-
ratur, man hört es immer wieder als Soundtrack in Filmen
und in allerlei Bearbeitungen. Leider wird es oft viel zu
langsam, zu schwer, zu teutonisch dunkel gespielt. Dabei
handelt es sich ausdrücklich um ein Allegretto und nicht
um ein Andante und schon gar nicht um ein Adagio oder
Largo. Doch der Kampf um Beethovens Tempi hält an seit
seinem Tod. Sein Sekretär Schindler rennt in halb Europa
umher, um Dirigenten zu langsamen Tempi zu ermahnen.
Dabei gibt es von Beethoven eindeutige Metronom-Angaben, deren zuweilen horrende Schnelligkeit die Frak-
tion der Gemächlichkeitsinterpreten bis heute zu allerlei
rabulistischen Argumenten greifen lässt, um sie nicht zu
befolgen.

Der Kampf um die Tempi hat längst weltanschauliche
Dimensionen angenommen, es geht um nichts weniger als
die Wahrheit, und zwar um die ganze. Was durchaus nachvollziehbar ist, schließlich dauert eine Beethoven-Sinfonie
bei Celibidache fast doppelt so lange wie bei Solti, ähnlich
verhält es sich bei Furtwängler und Toscanini. Zuweilen
lassen sich auch unschwer Bezüge herstellen zwischen der
Gesinnung eines Dirigenten, den Zeitumständen, den politischen Verwicklungen und seinen Beethoven-Deutungen.
Schon Wagner hält Mendelssohn Bartholdy vor, er dirigiere
Beethovens Sinfonien viel zu schnell und erziehe Orchester
dazu, dass Musik bei ihnen »wie Wasser aus einem Stadt-
brunnen« fließt. Bei Wagners Urteilen spielen stets Gründe
mit, die übers Musikalische hinausreichen. Mendelssohn
fehlt in Wagners Augen der Sinn fürs Tragische der deutschen Seele, schließlich ist er Jude. So liest man es in Wag-

ners Schrift *Das Judentum in der Musik*. Mendelssohn ist es demnach nicht vergönnt, in Beethovens Abgründe zu blicken, er streift nur die Oberfläche seiner Musik.

Die Kölner Musikerin Grete Wehmeyer hat aus ganz anderen Gründen ihr Leben dem Kampf gegen den Geschwindigkeitswahn gewidmet. Für sie verkörpert er den zerstörerischen Geist des Kapitalismus, mit seinem Motto: Immer schneller, immer höher, immer weiter! Hört man ihre eigene Einspielung der *Waldstein-Sonate*, mit der sie Beethoven zur Leiche macht, empfindet man den Geist des Kapitalismus allerdings als vitalisierende Wohltat. Seit der englische Musikwissenschaftler Jonathan del Mar Ende des vergangenen Jahrhunderts alle Sinfonien mit Beethovens letzten Korrekturen und Metronom-Angaben neu ediert hat, dürfte es eigentlich keine grundsätzlichen Diskussionen um die Tempi mehr geben. Doch die Sophistik findet immer Gründe, sich ihnen zu verweigern.

Ausgerechnet dieses Allegretto verwandeln nicht wenige Dirigenten in ein bedeutungsschweres, gravitätisches Adagio. Mit welchem Recht, fragt man sich. Schließlich begegnen wir hier keinem basslastigen Beerdigungschoral, sondern einem lebhaften Stück. Bei der Uraufführung haben die Zuhörer so lange geklatscht, bis es wiederholt worden ist, was nach einem dunkel dräuenden Gewummer vermutlich nicht der Fall gewesen wäre. Da dieser Satz variationsartig verläuft und Variationsstücke dank ihres Repetitionsschemas etwas Zähes besitzen können, erhöhen schleppende Tempi beim Hörer nicht gerade die Aufmerksamkeit.

Schon Schumann will in diesem Allegretto nur ein indirektes Licht wahrnehmen, das von Weihrauch vernebelt ist. Zwar entdeckt er keine leidensvolle Andachtsstimmung, würdevoll geht es aber durchaus zu, wenn er bei dieser Mu-

sik ein Brautpaar mit dem Pfarrer in die Kirche treten sieht:
»Die Orgel fängt an, die Sonne steht hoch, einzelne lang-
schiefe Strahlen spielen mit Stäubchen in der Kirche, die
Glocken läuten sehr – Kirchgänger stellen sich nach und
nach ein – Stühle werden auf- und zugeklappt – einzelne
Bauern sehen sehr scharf ins Gesangbuch, andere an die
Emporkirchen hinauf – der Zug rückt näher – Chorkna-
ben mit brennenden Kerzen und Weihkesseln voran, dann
Freunde, die sich oft umsehen nach dem Paare ...« Man
versteht bei solchen Assoziationen, dass auch Schumann
über Mendelssohns flotte Tempi geklagt hat, wie Wagner
berichtet.

Für Arnold Schering besitzt dieses Allegretto ebenfalls
liturgischen Charakter, nur handelt es sich für ihn nicht
um eine Hochzeit, sondern um das Requiem für Mignon
aus Goethes *Wilhelm Meister*. Dass er Beethovens Rhythmus mit Schuberts *Der Tod und das Mädchen* in Verbindung
bringt, zeigt, wie sehr er Beethovens Notation ignoriert.
Bei Schubert sieht es folgendermaßen aus:

Bei Beethoven sucht man vergeblich halbe Noten, die
schwer auf der Eins liegen, vielmehr unterstreichen bei
ihm Staccati den perkussiven Charakter. Im Übrigen steht
Beethovens Allegretto im 2/4-Takt, der weniger schwer als
Schuberts 4/4-Takt daherkommt. Auch spielen im Verlauf
des Allegrettos belebende Pauken eine nicht geringe Rolle:

Beethovens Thema strömt nicht in breiter Trägheit dahin,
es haftet ihm etwas Tänzelndes an. Es versinkt auch nicht in
düsterem Moll, sondern gleitet in unentwegtem Clair-obs-
cur von Moll nach Dur und von Dur nach Moll, mit über-
raschenden harmonischen Wendungen. Rhythmisch behält
es sein perkussives 4-taktiges Grundmuster immerzu bei,
über dem sich ein Melodiebogen entfaltet, der sich auf
24 Takte erstreckt, wie es selten bei Beethoven vorkommt.

Das zweite Thema präsentiert sich in lichtem Dur. Sein
Getragenes wird von den Violinen mit Triolen belebt, während der Bass den Grundrhythmus des Hauptthemas or-
gelpunktartig auf dem A der Tonika beibehält, ohne die
Stufenwechsel der oberen Stimmen mitzumachen:

Leichtes Erstaunen erregt der Quartsextakkord am Ende.
Schließlich halten Quartsextakkorde alles in der Schwebe
und lassen eine Kadenz erwarten. Eigentlich ist das Stück
schon zu Ende, doch die Celli und nach ihnen die Bratschen und auch noch die Violinen setzen nach, als hätten
sie davon nichts bemerkt oder als wollten sie einfach wei-
termachen, wider jedes organische Empfinden. Nach ihrem
dritten Nachsetzen wird erneut ein Schluss gefunden, der
allerdings nicht nur ein wenig verwackelt wirkt, sondern
abermals zu keinem Ende findet, da die Bläser mit ihren
Tönen auf einem Quartsextakkord liegen bleiben, während
die auf dem Grundton angelangten Geigen aufhören.

3. Satz

Presto

Es folgt das längste, aber auch schnellste Scherzo, das
Beethoven je geschrieben hat. Das Orchester rennt mit ge-
hacktem Staccato Tonleitern hinab, um mit immer neuem

Schwung wieder von oben anzufangen, wie bei einer Rut-
sche, runter und rauf, runter und rauf, mit folgendem
Grundrhythmus:

Der zweimal wiederholte Mittelteil erzeugt eine vollkommen andere Atmosphäre: Die Hörner schwelgen mit den
Holzbläsern in seligen Sexten und Terzen, hin und her und
auf und ab, als sollte es nie enden:

Doch es bleibt nicht beim reinen Behagen, der Glücks-
anflug steigert sich mit vollem Blech zum Fortissimo-Ju-
bel. Sollte es eine hymnische Seligkeit geben, die nicht ins
Triumphalische umkippt, hier wäre sie zu finden.

Als bei der dritten Wiederkehr des A-Teils alles auf den
Endspurt zuläuft, wird das ganze Orchester gebremst und
bleibt auf einem langen, mächtigen Ton liegen, bei dem nur
noch jene Bläser dabei sind, die das wohlige Trio-Thema
angestimmt haben. Sie dürfen es ein letztes Mal anstimmen, doch mehr als vier Takte gibt man ihnen nicht, danach wird mit fünf endgültigen Schlägen Schluss gemacht.

4. Satz
Allegro con brio

Ein furioser Satz, vom ersten Augenblick! Schon nach zwei
Takten scheint kaum noch eine Steigerung möglich, was
man allerdings bereits beim ersten Satz gedacht hat. Es
geht nicht nur rasant zu, sondern auch laut. In der Partitur
finden sich fast so viele Sforzati-Angaben wie Taktstriche.
Als sich längst hundert Fortissimo-Stellen aneinanderge-
reiht haben, schreibt Beethoven noch weitere *sempre più
forte* vor: immer mehr, immer mehr, immer mehr, wie beim
kleinen Häwelmann. Der Endspurt verlangt ein permanen-
tes dreifaches *fff*, bei vollem Blecheinsatz. Wagner berichtet von einem Dirigenten, er habe künstliche Piano-Stellen eingebaut, um die vorgeschriebenen Crescendi noch
halbwegs hinzukriegen. Michael Gielen bekennt: »Ich
krieg's mit der Angst zu tun bei diesem Satz.« Das Publikum bebt vor Glück.

Musik als Wahrheit

»Mozarts größtes Werk bleibt die *Zauberflöte*; denn hier erst zeigte er sich als deutscher Meister. *Don Juan* hat noch ganz den italienischen Zuschnitt, und überdies sollte die heilige Kunst nie zur Folie eines so skandalösen Sujets sich entwürdigen lassen«, zitiert Ignaz Xaver von Seyfried Beethoven. Dass Mozart ein deutscher Meister ist, meint schlichtweg, dass er ein Singspiel mit deutschem Libretto geschrieben hat und damit beweist, dass Opern sogar gelingen, wenn sie nicht italienisch sind. Beethoven hat nichts gegen italienische Opern, er soll Rossini sogar geraten haben, seine Finger von tragischen Stoffen zu lassen. Nur dürfen sie nicht moralisch verwerflich sein wie Mozarts *Don Giovanni*.

Die Zauberflöte kommt nicht nur burlesk daher, sie besitzt mit ihren Hohepriestern und Prüfungen auch etwas Weihevolles. Geht es dagegen um erotische Erregung, Egoismus und Zynismus, kann Beethoven bloß den Kopf schütteln. Wahre Kunst sieht in seinen Augen anders aus. Doch worin besteht wahre Kunst? Wahrheit ist ein großes Wort, wie schon Pilatus mit leisem Spott zu bedenken gegeben hat. Im *Don Giovanni* jedenfalls vermag Beethoven keine Wahrheit zu finden. Es muss um Höheres gehen. Für E.T.A. Hoffmann offenbart sich musikalische Wahrheit dort, wo wir der Worte entraten. Musik muss in Sphären weisen, die das Hier und Jetzt übersteigen.

Zu Beethovens Zeit setzt eine philosophische Kontro-

verse ein, die nach der hierarchischen Stellung der Künste
fragt. Sie beginnt mit Kant, der Musik für die niedrigste
der Künste hält, weil sie den Nachbarn stört und den Intel-
lekt zu wenig herausfordert. Obwohl Hegel ein begeisterter
Operngänger ist, findet auch er, dass Musik in erster Linie
dem Spiel der Empfindungen dient und dem Geist nur
spärlich Stoff bietet. Dass bei ihr Form und Inhalt eins
sind, macht zwar ihre Vollkommenheit aus, doch diese
Vollkommenheit wird damit bezahlt, dass sie keinen Inhalt
besitzt, der sich auf den Begriff bringen lässt. In Kierke-
gaards Augen klingt Musik hohl und leer, wenn ihr kein
Text zugrunde liegt. Reine Instrumentalmusik ist für ihn
modischer Mumpitz. Lässt Kierkegaard sich mit behänder
Ausführlichkeit über den *Don Giovanni* aus, spricht er über
ein Theaterstück, dem man ein musikalisches Kleid über-
geworfen hat.

Schopenhauer dagegen kürt Instrumentalmusik zur
höchsten der Künste, weil sie als einzige in der Lage ist,
das Triebgewühl unseres Daseins in seiner Ungreifbarkeit
zu erfassen, was Bildern und Begriffen niemals gelingen
kann. Musik bringt etwas von dem unergründlichen Ur-
grund in uns zum Klingen, der aus reiner Getriebenheit
besteht. Nietzsche wiederum rühmt die Musik als höchste
der Künste, weil sie die dürre Sprache der Vernunft exzessiv
übersteigt und uns in dionysische Ekstasen versetzt, die das
Leben erst lebenswert machen. Was Kant an reiner Musik
ein wenig unheimlich findet, macht in Nietzsches Augen
ihre Intensität aus. Während die Sprache uns vorgaukelt,
dass die Wirklichkeit sich sprachlich festzurren lässt, feiert
Musik das unentwegte Vergehen und Verschwinden. Anders als Weltbilder, Religionen und wissenschaftliche Er-
kenntnisse nährt sie nicht die Illusion, dass es etwas Fixes
und Verbindliches gibt. Musik reißt einen mit, ohne Sinn,

ohne Ziel, um purer Erregung willen. Mehr kann man vom Leben nicht verlangen, darüber hinaus gibt es nichts.

Heidegger ist nicht für Auslassungen zur Musik bekannt, zu Beginn einer Leibniz-Vorlesung kommt er jedoch auf Mozart zu sprechen, aus Anlass von dessen 200. Geburtstag. Heidegger sagt über ihn, er sei »der Hörendsten einer unter den Hörenden« gewesen. Was Mozart gehört hat, sagt Heidegger nicht. Es lässt sich auch nicht sagen. Da dieses Hören sich jeder Kategorisierung entzieht, kommt es der Wahrheit des Seins näher als alles Seiende in seiner Einzelheit. Musik trägt uns ins Offene des Seins hinaus. Sie lässt sich nicht in metaphysische Gedankengerüste einfügen, sondern ist reines Ereignis, das allen begrifflichen Ballast hinter sich lässt, mit dem unsere Weltwahrnehmung überfrachtet ist. Wo man nur noch hört, bewegt man sich nicht mehr in den erbärmlichen Grenzen des bloßen Meinens und Behauptens. Die tönende Gegenstandslosigkeit der Musik entwindet sich allen Sprachgittern und Worthülsen. Kunst besteht für Heidegger aus einem »Ins-Werk-Setzen-der-Wahrheit«, was bedeutet, dass durch sie etwas entsteht, das einen anderen Blick auf die Welt freigibt. Indem sie, wie es bei ihm heißt, Un-geheures schafft, reißt sie uns aus dem Wohlbekannten heraus und lässt uns Raum und Zeit anders erleben, als wir es aus dem täglichen Einerlei kennen, das durch Gewohnheit nur allzu geheuer geworden ist.

Am 29. Juli 1819 schreibt Beethoven an seinen Gönner Erzherzog Rudolph: »Allein *Freiheit*, weiter *gehn* ist in der Kunstwelt wie in der ganzen großen Schöpfung Zweck.« Weil Beethoven sich als Erster diese Freiheit nimmt, beginnt für Adorno die eigentliche Musikgeschichte erst mit ihm. Bach ist in seinen Augen noch ein Auftragskomponist, der bei seinen Arbeitgebern Kantaten und Oratorien ab-

liefert, die zwar von Meisterschaft zeugen, doch nicht als
autonome Werke gelten dürfen. Über Mozart und Haydn
hat Adorno nicht viel zu sagen. Musikalisch gehören sie
für ihn zu den Ausläufern des Ancien Régime, wie nicht
bloß Mozarts Opernstoffe zeigen, sondern auch die licht-
durchflutete Eleganz und Anmut eines Stils, der wenig
Brüchiges besitzt und sich von der Loge aus genießen lässt,
ganz anders als Beethovens Musik. Mozart und Haydn stehen auf der Schwelle, der Drang zum subjektiven Selbst-
ausdruck hält sich bei ihnen noch in Grenzen. Erst Beethoven nimmt keine Rücksicht mehr auf Hörgewohnheiten
und auch nicht darauf, ob seine Werke spielbar sind oder
nicht. Auf Allgemeinverständlichkeit kommt es ihm nicht
mehr an. Seine Abkehr vom Gewohnten zeigt sich nicht
zuletzt in der Unterordnung des Melodischen unters Harmonische. In Beethovens Musik begegnen wir einer Welt,
die brüchig geworden ist, aber auch von immenser Aufbruchsstimmung zeugt. So jedenfalls sieht es Adorno, der
jede Art von Musik verachtet, die der Unterhaltung dient
und dem Bedürfnis nach Verständlichkeit entgegenkommt.
Sein Widerwille gegen Konsum-Musik richtet sich nicht
nur gegen die Popindustrie, sie richtet sich nicht minder
gegen einen Klassikbetrieb, der es dem Publikum leicht
machen will. Wer Musik als angenehme Begleiterscheinung
des Lebens empfindet, ist für Adorno verloren. Vor seinem
Gerichtshof können bloß wenige Komponisten bestehen,
neben Beethoven, Mahler und Schönberg ist nicht mehr
viel Platz.

Während für Hegel Philosophie die höchste Stufe geistiger
Selbstdurchdringung darstellt, nimmt sein einstiger Stifts-
kollege Schelling an ihr einen kapitalen Mangel wahr. Was
die Stärke der Philosophie ausmacht, offenbart für ihn zu-

gleich ihren Mangel, denn sie kann alles nur in abstrakten Begriffen erfassen. Spricht sie vom Unendlichen, bleibt es ein trockener Begriff, spricht sie von Wahrheit, bleibt es bei allgemeinen Definitionen. Um alle diese Dinge mit Leben zu füllen, bedarf es der Kunst.

In ihr blitzt auf sinnliche Weise etwas vom Unendlichen auf, durch sie erahnen wir, dass es noch eine andere Wahrheit gibt als bloß eine, die nur falsch und richtig kennt. »Die Kunst ist eben deswegen dem Philosophen das Höchste, weil sie ihm das Allerheiligste gleichsam öffnet, wo in ewiger und ursprünglicher Vereinigung gleichsam in einer Flamme brennt, was in der Natur und Geschichte gesondert ist und das im Leben und Handeln ebenso wie im Denken ewig sich fliehen muss«, heißt es im *System des transzendentalen Idealismus*, das 1800 erscheint, im Jahr der Uraufführung von Beethovens erster Sinfonie. Weil Geist und Sinnlichkeit in der Kunst nicht zu trennen sind, ist sie für Schelling »das einzige wahre und ewige Organon ... der Philosophie«. Durch Musik erfahren wird nicht nur, was Zeit ist, wir erleben vor allem, was Zeit sein kann. In Schellings Terminologie könnte man sagen, wir vernehmen in ihr die Schwingungen der Weltseele.

Bemerkenswerterweise spricht man der Kunst erst in dem Moment eine so große Wahrheit zu, als Hegel deren Ende diagnostiziert. Was Hegel mit seinem Diktum vom Ende der Kunst meint, ist aus naheliegenden Gründen häufig missverstanden worden, wie auch ein Brief von Mendelssohn Bartholdy an seine Schwester zeigt, in dem es heißt: »Aber toll ist es doch, dass ... Beethoven erst vor ein paar Jahren gestorben ist und dass Hegel behauptet, die deutsche Kunst sei mausetot.« Das genaue Gegenteil hat Hegel gemeint. Denn ihr Ende fällt für ihn in eins mit dem

Beginn ihrer Autonomie. Erst seit sie nicht mehr kirchlichen, höfischen oder sonst welchen Zwecken dienen muss,
kann sie tun und lassen, was sie will. Sie ist ihrer bisherigen
Pflichten ledig und besitzt die Freiheit, sich selbst zu dienen und sich selbst auszudrücken. Ihre Freiheit ist absolut
geworden.

Bettina von Arnim ist außer sich, nachdem sie Beethoven in Wien besucht hat. Am 28. Mai 1810 schreibt sie an
Goethe:

> »*Wie ich diesen sah, von dem ich Dir jetzt sprechen will, da
> vergaß ich der ganzen Welt, schwindet mir doch auch die Welt,
> wenn mich Erinnerung ergreift – ja sie schwindet. … Es ist
> Beethoven, von dem ich Dir jetzt sprechen will, und bei dem
> ich der Welt und Deiner vergessen habe; ich bin zwar unmün-
> dig, aber ich irre darum nicht, wenn ich ausspreche (was jetzt
> vielleicht keiner versteht und glaubt), er schreitet weit der Bil-
> dung der ganzen Menschheit voran, und ob wir ihn je einho-
> len? – Ich zweifle; … Das ganze menschliche Treiben geht wie
> ein Uhrwerk an ihm auf und nieder, er allein erzeugt frei aus
> sich das Ungeahnte, Unerschaffne, was sollte diesem auch der
> Verkehr mit der Welt … er selber sagte: ›Wenn ich die Augen
> aufschlage, so muss ich seufzen; denn was ich sehe, ist gegen
> meine Religion, und die Welt muss ich verachten, die nicht
> ahnt, dass Musik höhere Offenbarung ist als alle Weisheit und
> Philosophie, sie ist der Wein, der zu neuen Erzeugungen be-
> geistert, und ich bin der Bacchus, der für die Menschen diesen
> herrlichen Wein keltert und sie geistestrunken macht.‹*«

Der Vergleich mit dem Wein erstaunt. Unversehens meint
man, aus überirdischen Höhen zum Heurigen hinabzustei-
gen, wo Krüge klirren und die Räusche nicht nur Gött-
liches offenbaren. Allerdings ist der Weingott damals hoch

im Schwange, vor allem bei Dichtern. Hölderlin ruft in seinen Hymnen immerzu Dionysos an, der wie kein anderer Gott für symbiotische All-Einheits-Wallungen steht. Später rückt der Weingott auch bei Nietzsche ins Zentrum. Dionysos lässt in die Abgründe des Daseins blicken, freilich nicht um zu verzweifeln, sondern um überm Bodenlosen zu tanzen. Er befreit von allen Illusionen, die man sich vom Leben macht, von jedem Glauben an Sinn und Zweck, an Religion und Gott. Durch ihn rechtfertigt das Leben sich in taumelnder Verzückung, und diese Verzückung erlebt man nirgends stärker als in Musik.

Bettina von Arnim drängt es über die Grenzen der Sprache hinaus, wenn sie von Beethoven spricht. Ihre Worte überschlagen sich, sie vermögen nicht auszudrücken, was sie ausdrücken möchten. Für Musik scheint es keine angemessene Sprache zu geben, zumindest nicht für die von Beethoven. Musik reicht auch über jede Religion hinaus, zumal Religion in Glaubenssätzen verharrt und erstarrt. Musik sagt uns nicht, was wir zu denken haben und was zu tun, sie durchströmt uns in größter Freiheit. Wagners Schrift *Religion und Kunst* setzt mit der Bemerkung ein: »Man könnte sagen, dass da, wo die Religion künstlich wird, der Kunst es vorbehalten sei, den Kern der Religion zu retten.« Als doktrinäres Lehrgebäude hat Religion abgewirtschaftet, religiöse Bedürfnisse bestehen jedoch fort. »Wo das religiöse Dogma zum eitlen Spiele jesuitischer Kasuistik oder rationalistischer Rabulistik wurde«, erklärt Wagner, finde man die wahre Religion in Beethovens Sinfonien: »Das Untertauchen in das Element jener symphonischen Offenbarungen (darf) als ein weihevoll reinigender religiöser Akt selbst gelten.« Von seiner Oper *Tristan und Isolde* behauptet Wagner, es handle sich im Grunde nicht um eine Oper, sondern um eine einzige wogende Sinfonie. Er

steigert dort das ozeanische Wüten der Gefühle ins Ufer-
lose. In einem gewaltsamen Verlangen nach allumfassender
Symbiose gerät die Feier der Liebe zur Feier des Unter-
gangs, schließlich gibt es im Tod nichts Getrenntes mehr.

Roland Barthes hat 1977 bei seiner Antrittsvorlesung am
Collège de France die These aufgestellt, dass alle Sprache
faschistisch sei. Das klingt nicht nur radikal, es klingt absurd. Was Barthes meint, lässt sich allerdings ein Stück weit
nachvollziehen, wenn man Sprache mit Musik vergleicht.
Denn jedes einzelne Wort gewinnt erst an Kontur, wenn
man es gegen andere Wörter abgrenzt. Seine Bedeutung
verdankt es einer Welt von Ausschließungen, das Wesen
der Definition besteht in Abgrenzung. Zur elementaren
Struktur von Sprache gehört die Dichotomie: das Entweder-oder, das Wahr-und-falsch, das So-und-nicht-anders.
Sprache funktioniert lediglich innerhalb eines Koordina-
tensystems, das unser gesamtes Reden und Denken kon-
ditioniert. Jeder einzelne Satz erzwingt eine Positionierung,
eine Behauptung, eine Aussage. Das schließt Zweifel und
Differenzierung zwar nicht aus, doch sie bewegen sich
innerhalb der vorgegebenen sprachlichen Koordinaten.
Musik kennt solche Raster nicht, zumindest nicht in ihrer
reinen Klanglichkeit.

In einem 1977 erschienenen Essay mit dem Titel *Écoute*
unterscheidet Barthes drei Arten zu hören: eine gleichsam
animalische, von der er sagt, sie bewege sich in familiären
sinfonischen Räumen, wo man auf Geräusche achtet, die
entweder vertraut sind oder Gefahr bedeuten. Eine zweite,
bei der man kulturelle Zeichen deutet, das Geläut einer
Kirche oder das Klingeln eines Telefons; es geht dabei um
Geständnisse und Gelöbnisse, um Heimlichkeiten und Offenbarungen, um die Pflicht zuzuhören und die Pflicht, die

Ohren zu verschließen; man achtet dabei auf äußere Stimmen und auf innere, mit allem Mehrdeutigen und Ambivalenten, stets mit dem Ziel, Signale zu verstehen, Indizien für dies und jenes zu finden, Hinweise aufzuschnappen, Instruktionen entgegenzunehmen. Bei der dritten Art des Hörens geht es ums Hören als solches, ohne sofortigen Verstehensdrang und ohne Entzifferungsdruck. Durch sie verwirklicht sich für Barthes die Freiheit, nur um des Hörens willen zu hören, ohne bestimmten Zweck, ohne zielstrebige Absicht. Dieser Art des Hörens begegnen wir am ehesten bei Musik. Barthes stellt die dabei gewonnene Freiheit auf eine Ebene mit jener *liberté de parole*, die man im Deutschen nicht nur mit Meinungsfreiheit, sondern auch mit Gedankenfreiheit übersetzt. Während die Meinungsfreiheit erlaubt, seine Gedanken frei zu äußern, befreit die *liberté d'écoute* von dem Zwang, alles einordnen, begreifen, sortieren zu müssen.

Dass man Musik ein derartiges philosophisches Gewicht aufbürdet, ist in der Geschichte so neu, wie es Beethovens Sinfonien sind. Zwar empfindet man Musik seit Menschengedenken als Himmelsgeschenk, was aber nicht heißt, dass man sie über die Religion und über die Philosophie gestellt hätte. Als Pythagoras in Musik die Harmonie der Sphären nachklingen hört, hat das mehr mit mathematischen Spekulationen zu tun als mit E. T. A. Hoffmanns romantischen Anrufungen des »Ungeheueren und Unermesslichen«. Der Gedanke, dass in Musik eine höhere Wahrheit aufscheint als in jeder Vernunft, kommt erst um 1800 auf. Doch bei aller Zuvorkommenheit, mit der die Philosophie sich vor der Musik verneigt, lässt sich unschwer übersehen, dass sie ihr damit auch Aufgaben zuweist. Musik darf nun weniger denn je bloß Musik sein, sie ist fürs Transzendente zuständig. Wenn Novalis in seiner 1799 erschienenen Schrift *Die Christenheit oder Europa* klagt, der neuzeitliche Religionshass habe »die unendliche schöpferische Musik des Weltalls zum einförmigen Klappern einer ungeheuren Mühle« gemacht, beklagt er den denkbar schlimmsten Verlust, mit dem die Aufklärung zurechtkommen muss. Wer nicht mehr an Gott glaubt, braucht Ersatz. Wer nur noch aus kunsthistorischem Interesse Kirchen aufsucht, dort aber nicht niederkniet, muss sich seine Sinnspritze woanders holen. Fortan muss die Kunst dafür sorgen, dass das Wunderbare nicht aus der Welt verschwindet.

Im Tübinger Stift sinnen Hegel, Schelling und Hölderlin über eine neue Mythologie nach, die das löchrig gewordene Sinnfundament stopfen soll, allerdings mit einem Geist, der nichts vom Muff kirchlicher Religiosität besitzt und von den gewonnenen Freiheiten nichts zurücknimmt. Wo die aufklärerische Vernunft versagt, soll die Kunst einspringen und Werke hervorbringen, die den Menschen als ganzen ansprechen, nicht nur seine Kopfregion. Weil man von Rationalität nicht satt wird, müssen Dichtung und Musik die übrig gebliebenen Aufgaben übernehmen. Nicht zufällig stehen damals in vielen Novellen und Romanen Figuren im Zentrum, die ihren Weg durch die Welt suchen und in der Kunst Erfüllung zu finden hoffen. Sie brechen auf, ohne zu wissen wohin, einen Kompass gibt es nicht mehr. Das Leben wird nicht mehr als Pilgerreise begriffen, deren letztes Ziel im Jenseits liegt. »Nicht seit je fährt der Holländer ziellos über die Meere, er tut es erst seit dem Einschnitt der sogenannten kopernikanischen Revolution«, heißt es bei Manfred Frank.

Beethoven ist weit davon entfernt, sich zum sinnstiftenden Erweckungskünstler aufzuschwingen. Wenige Jahrzehnte nach Beethovens Tod scheut Wagner vor einer solchen Aufgabe nicht mehr zurück. Seine Schriften beben vor religiöser Erregung, an Weihrauch wird nicht gespart und auch nicht an Selbstbeweihräucherung. Heilige und Häretiker bevölkern seinen Kosmos, es geht ums Ganze. Die letzten Worte des *Parsifal* lauten: »Erlösung dem Erlöser!« Noch in Nietzsches später Wut gegen Wagner offenbart sich die Enttäuschung, dass er sich nicht als Erlöser erwiesen hat. Auch Nietzsche braucht einen Ersatz, als er sich vornimmt, die Metaphysik zu zertrümmern. Wer das Alte als Mystifikation entlarvt, sehnt sich nach neuen, gewinnbringenderen Mythen, schließlich soll das Leben nicht in Nüchternheit ersticken. Bald aber schon bereut Nietzsche seine Pilgerreisen nach Bayreuth, Wagners Weihefestspiele haben seine Erwartungen nicht erfüllt. Was er Wagner heimzahlt. Alle Welt soll nun wissen, dass er ein Scharlatan ist. Aus dem Wagner-Apostel Nietzsche wird ein Apostat, der alle Hebel in Bewegung setzt, um vor dem falschen Guru zu warnen.

Wie jede Religion besitzt auch die Kunstreligion ihre Kehrseiten. Wenn die Philosophie der Musik plötzlich unermessliche Aufgaben zuweist, heißt das im Umkehrschluss, dass die Musik ihnen auch gerecht werden muss. Rühmt die Philosophie an der Musik ihre Autonomie, bedeutet das, dass sie sich dieser Autonomie auch als würdig zu erweisen hat. Wie schwer das sein kann, offenbart Adornos Hang zum Verdikt. In seinem Universum gibt es nur sehr wenige Werke, die dieser Aufgabe nachkommen. Indem Philosophie die Musik über sich selbst stellt, macht sie sie paradoxerweise zu ihrer Magd.

Allerdings versetzt Musik nicht jeden in transzendente Schwingung, und auch nicht jeder fühlt sich von unaussprechlichen Wahrheiten durchströmt, wenn er Beethoven

hört. Sigmund Freud bekennt, dass ihm religiöse Gefühls-
wallungen so fremd sind wie musikalische. Beim Hören
von Musik stellen sich bei ihm keinerlei ozeanische Gefühle ein. Es macht ihm sogar Mühe, sich in Patienten
hineinzuversetzen, die sich schwelgerischen Stimmungen
hingeben und nach Entgrenzung gieren. Er scheint nicht
einmal zu wissen, wie man sich durch Musik verführen
lassen kann; Religion hält er ohnehin für ein illusorisches
Konstrukt. Musik taucht in seiner Welt nicht auf, obwohl
die Psychoanalyse sich wie keine andere Disziplin auf unser Gefühlsleben konzentriert, das mit dem Schwankenden
und Schweifenden von Musik unmittelbarer zusammen-
hängt als mit Logik und Rationalität.

Den hochgemuten philosophischen Generalaussagen
über Musik vermag ohnehin nicht jeder zu folgen. Schließlich ist nicht einmal der vielzitierte Satz wahr, dass die
Sprache der Musik überall auf der Welt verstanden wird.
In einem Aufsatz von Wolf Lepenies lesen wir: »Wer glaubt,
die Tonsprache eines Ludwig van Beethoven sei universell,
begebe sich an den Amazonas: dort gilt nämlich bei einem
bestimmten Indianerstamm das Anhören der Symphonien
von Beethoven und Bruckner als schwere Strafe, und daher
müssen sich ertappte Viehdiebe zehn Stunden lang Schall-
platten mit ihrer Musik anhören.«

DIE ACHTE

Sinfonie in F-Dur, op. 93

Uraufführung am 27. Februar 1814
im großen Redoutensaal in Wien

Eingeklemmt zwischen die furiose Siebte und die gigantische Neunte, wirkt die Achte wie ein schmissiges Intermezzo. Als wollte Beethoven sich gegen Ende seines sinfonischen Schaffens nochmals einen Ausflug in heitere Gefilde gönnen, sprüht sie vor Leichtigkeit. Man könnte meinen, sie stamme aus einer früheren Zeit, so unbekümmert und beschwingt, wie sie daherkommt. Vielleicht kommt sie einem auch so vergnügt vor, weil man aus dem späteren Beethovens sonst so viel Tiefsinniges und Zerrissenes heraushört. Oder man fragt sich, wie er im Zustand fortschreitender Taubheit noch eine so wolkenlose Sinfonie schreiben kann. Sie enthält nicht einmal einen langsamen Satz, kein tiefsinniges Adagio, kein andächtiges Andante. Auch erwartet einen keine gravitätische Einleitung. Sofort weht ein frischer Wind, der fröhlich stimmt.

Doch man täuscht sich: Nicht erst im letzten Satz entbrennt eine Energie, die den wuchtigen Beethoven hervorkehrt und einen harschen, grotesken dazu. Diese Sinfonie ist nicht nett und niedlich, sie ist fulminant. Sie gehört zu Beethovens merkwürdigsten Werken, und zwar nicht, weil sie schwierig klingt, sondern so einfach. Sie wirkt nicht

rätselhaft, gibt aber mehr Rätsel auf als so manches, was
seine Rätselhaftigkeit nicht verbirgt. Diese Sinfonie besitzt
Witz, einen ungestümen und sogar grimmigen. Dennoch
leuchtet sie und strotzt vor Übermut. Manch einer sieht
in ihr ein letztes Abschiedswinken, das Haydn gilt, nur
dass Beethovens Humor nicht so harmlos ist wie der seine.
Alles, was an die Wiener Klassik erinnert, wird noch einmal herbeizitiert, allerdings mit einer Vitalität, die nichts
vom bisherigen Beethoven zurücknimmt. Beethoven fährt
allerlei Stilmittel auf und spielt mit Konventionsfetzen,
ohne etwas Zersplittertes vorzulegen. Diese Sinfonie blickt
frech auf die jüngere musikalische Zeitgeschichte zurück,
der Beethoven mehr verdankt als nur seine Anfänge. Auf
dreiste Weise zollt er ihr noch einmal Respekt und lacht
sich zugleich aus ihr hinaus.

Zuerst einmal fallen zwei Dinge auf: Zum einen sind ihre
Sätze erstaunlich kompakt, konzis und knapp, zum andern
zeichnet sich jeder durch einen ganz anderen Charakter
aus. Wie um zu demonstrieren, dass er sich auch kurz fassen kann, erlaubt Beethoven sich keine endlosen Modulationen, keine Ab- und Ausschweifungen, keine eklatanten
Extravaganzen. Die Grundmotive bleiben stets mühelos
erkennbar. Der Zusammenhang zwischen den vier Sätzen
ergibt sich durch die auffällig geraden Rhythmen, die weitgehend den Taktbetonungen entsprechen, wie es bei Beethoven selten der Fall ist. Nicht nur der zweite Satz rückt
das sture Ticktack von Mälzels Metronom ins Zentrum,
auch in den anderen begegnen wir einem erstaunlichen
rhythmischen Ebenmaß. Man findet bei Beethoven nicht
so schnell ein anderes Werk, in dem die schweren Taktteile
so standhaft betont werden.

1. Satz

Allegro vivace e con brio

Ungewöhnlich an diesem Thema ist die an Haydn erin-
nernde rhythmische Geradlinigkeit: keine einzige punktierte Note, keine einzige Synkope. Rhythmus und Takt
gehen Hand in Hand. Nimmt man die ersten beiden Takte
für sich, klingen sie eher nach einem Abschluss als nach
einem Anfang:

Tatsächlich schließt Beethoven diesen Satz auch mit diesen ersten beiden Takten ab. Das gesamte Thema gleitet in
schönster Bewegung dahin, ganze zwölf Takte lang, weich
und kraftvoll zugleich:

Im Folgenden komprimiert Beethoven den Rhythmus in
wiederkehrenden Oktavsprüngen, die nicht nur diesen
Satz prägen, sondern auch den letzten, als wollte er sagen:
Schaut her, was man mit schlichten Mitteln alles machen
kann! Es handelt sich nicht einmal um gebrochene Akkorde, sondern nur um solche Oktaven:

Ebenfalls kehrt ein kurzes marschmäßiges Motiv immer wieder:

Jedes Mal geht es über in eine sanfte, beschwingt umspielte Kantilene:

Doch so ungehemmt alles dahinfließt, so beiläufig rennt Beethoven durch diverse Tonarten, oft innerhalb weniger Takte.

Ebenso bekommt das näselnde Fagott wieder seine kleinen Auftritte und darf auch – wie schon häufiger – die
Melodie der Violinen übernehmen. Alles läuft voller Elan
dahin, nur selten ein Stocken, die Pauken sind der heimli-
che Hauptakteur. Dennoch lebt auch dieser Satz von Kon-
trasten, und sei es vom Hin und Her aus massigem Blech
und plötzlichem Piano. Schiere Idyllik und Fortissimo-Ge-
donner, süffige Schönheit und lärmige Drastik liegen nah
beieinander und wechseln sich schroff ab. Geht die Freude
ins Krachende über, folgt sogleich eine sangliche Passage
und der sanglichen eine tänzerisch ausgelassene. Als man
in einem letzten Fortississimo-Spurt die finalen Akkorde
erwartet, bricht der Rausch auf einmal ab. Nach kurzer
Stille zupfen die Streicher leise ihre Saiten und nehmen
sich immer weiter zurück, wie um sich hinauszuschleichen.
Zum Schluss erklingt im Pianissimo unisono der Anfang:

2. Satz
Allegretto scherzando

Anton Schindler berichtet, Beethoven habe im Frühjahr
1812 – also zwei Jahre vor der Uraufführung der Siebten –
anlässlich eines Abschiedsabendessens mit Mälzel vor
dessen Umzug nach London folgendes Liedchen ersonnen:

Es taucht hier als Thema auf:

Obwohl in musikwissenschaftlichen Debatten bestritten wird, dass es sich so verhalten hat, denkt man bei diesem Satz an Mälzels Metronom. Und dagegen spricht auch nichts. Schließlich ist Beethoven an Mälzels Erfindung nicht nur höchst interessiert, man meint aus diesem Allegretto tatsächlich ein penetrantes Ticktack herauszuhören.

Johann Nepomuk Mälzel ist der Sohn eines Regensburger Organisten und selbst Pianist, wird jedoch nicht als Musiker berühmt, sondern als Erfinder von Musikautomaten. 1808 wird er zum kaiserlich-königlichen Hofkammermaschinisten ernannt und darf sich auf Schloss Schönbrunn eine Werkstatt einrichten. Bekannt wird er durch sein Panharmonikon, das gleichsam ein ganzes Orchester ersetzt. Man staunt über seine Automaten, findet sie aber auch ein wenig gruselig. »Schon die Verbindung des Menschen mit toten, das Menschliche in Bildung und Bewegung nachäffenden Figuren zu gleichem Tun und Treiben hat für mich etwas Drückendes, Unheimliches, ja Entsetzliches«, heißt es in E.T.A. Hoffmanns 1814 erschienenen Erzählung *Die Automate*. Beethoven lässt sich aufgrund seiner zunehmenden Taubheit von Mälzel mehrere Hörrohre anfertigen. Nach der Uraufführung von *Wellingtons Sieg bei Vittoria* kommt es zwischen den beiden allerdings zum Prozess, weil Mälzel Anteile an den Tantiemen beansprucht, auch für die von ihm organisierten Aufführungen in London. Offenbar hat er am Konzept mitgewirkt und an der perkussiven Ausstattung des Stücks.

Neben den Hörrohren ist Beethoven vor allem an einer Erfindung interessiert, für die bis heute Mälzels Name steht: dem Metronom, ursprünglich Chronometer genannt. Beethoven ersetzt in seinen späteren Jahren immer häufiger italienische Tempobezeichnungen durch deutsche, wie beispielsweise in der Klaviersonate e-moll, op. 90, über deren erstem Satz steht: *Mit Lebhaftigkeit und durchaus mit Empfindung und Ausdruck,* und über deren zweitem: *Nicht zu geschwind und sehr singbar vorgetragen.* Fügt man noch Metronomangaben hinzu, bleibt nicht mehr im Geringsten offen, wie langsam oder schnell der Satz gespielt werden soll, was auch für jedes Adagio, Andante und Allegro gilt. Alles Vage hat ein Ende, die Tempovorstellungen des Komponisten lassen sich präzise bestimmen.

Und doch hat man bei diesem zweiten Satz den Eindruck, dass Mälzels Ticktack veräppelt wird, so mechanisch, wie das Ganze mit seinen penetranten Staccati klingt. Warum aber sollte Beethoven sich über Mälzels Erfindung lustig machen, wenn sie ihm so willkommen ist? Vermutlich empfindet er den gleichen Zwiespalt wie E.T.A. Hoffmann, den alles Automatenhafte fasziniert und abstößt zugleich. Einerseits raubt das Metronom der Musik ihren Herzschlag, andererseits verhindert es interpretatorische Willkür. Man gewinnt durchs Metronom Kontrolle, es führt aber auch zu Unfreiheit. Zur Musik gehört Agogik, sprich freie Gestaltung. Meist finden sich bereits im Notentext

Dutzende von Angaben, die sich mit einem Metronom
nicht realisieren lassen: Fermaten, Accelerandi, Ritardandi.

Wie schon im ersten Satz stehen hier Fortissimo-Aus-
brüche unvermittelt neben Piano-Stellen. Ebenso klebt
Beethoven musikalische Phrasen aneinander, die weder
organisch enden noch als Auftakt für neue Sequenzen
dienen. Carl Dahlhaus will darin eine Parodie auf Rossini
erkennen und auf sein immer gleiches italienisches Opern-
geratter und -geplapper. Schaut man sich die so schlichte
wie überkandidelte Schlusskadenz an, leuchtet seine These
sofort ein:

Dass es sich jedoch nicht um ein Perpetuum mobile handelt, darauf weist Martin Geck hin, der feststellt, dass die vermeintliche musikalische Mechanik dieses Satzes ihre Tücken besitzt und eine Menge »Überlappungen, Dehnungen, Stauungen, Verzerrungen« aufweist. Er spricht von einer »gespenstischen Geschäftigkeit«, die viel Lärm macht, um ihre Nichtigkeit zu kaschieren. Dagegen spricht in Paul Bekkers Augen aus diesem Satz eine Naivität, der nichts Kindliches mehr anhaftet. Sie zeugt, wie er formuliert, von einem Mann, »der in der unbefangenen Heiterkeit sorgenlosen Empfindungsspiels die letzte Weisheit findet«.

3. Satz
Tempo di minuetto

Hier lässt allein die Tempoangabe aufhorchen: Es ist kein Menuett, sondern ein Stück, das gemächlich wie ein Menuett daherschreitet. Da Beethoven seit geraumer Zeit keine Menuette mehr schreibt, kann es sich nur um eine Art Reminiszenz handeln. Allerdings blitzt hier kein höfisches Rokoko mehr auf, man fühlt sich eher wie beim Bauerntanz. Gleich zu Beginn lässt die derbe Betonung der Eins an Ländler denken oder an Schuhplattler. Damit es

auf keinen Fall subtil zugeht, versieht Beethoven nicht nur
die Eins mit unentwegten Sforzati, sondern auch die Zwei
und die Drei, gar nicht zu reden vom schlichten Unisono:

Rhythmische Komplikationen sind nicht zu erwarten, auch
nicht im Mittelteil, der mit einer ländlichen Hörnermelo-
die aufwartet:

Es geht so gemächlich zu wie bei manchen Haydn-Me-
nuetten, die einen ein wenig ungeduldig aufs vitalere Finale
warten lassen. Man fragt sich: Ist dieser Satz als Parodie gedacht, oder gönnt Beethoven sich einen Ausflug in die Dorf-
musik? Mit ein paar chromatischen Modulationen führt er
allerdings vor, dass es sich trotz allem um eine Sinfonie handelt und nicht um einen Samstagabend im Wirtshaus.

4. Satz
Allegro vivace

Eigenwilliger kann ein Satz kaum beginnen: Triolen im
Pianissimo, anschließende Staccati, ziellose Unruhe, als

befinde man sich mittendrin in einem Stück, doch niemals am Anfang. Sofort geht es in medias res:

Es folgt ein Übergangsthema, dessen hauptsächlicher Charakter erneut aus Staccati besteht, als müssten die metrischen Betonungen erneut herausgestellt werden:

Alles läuft rasant, schneller als am Schnürchen. Plötzlich aber ein Fortissimo auf einem gänzlich harmoniefremden Ton, einem Cis, das abrupt zu einer anderen Tonart überzuleiten scheint. Als sei nichts gewesen, geht es jedoch munter weiter in F-Dur. Mit wildem Gehacke rennt der Satz fort, bis tatsächlich die Tonart wechselt und einem wohligen Thema Platz macht, das sich auf vierundzwanzig Takte erstreckt:

Danach wieder triolisches Gequirl und Staccati, alles gehetzt. Wie schon in den vorigen Sätzen steht Fortissimo
neben Piano, Tutti-Gedonner neben streichquartettartiger
Zurücknahme. Gemütlich geht es jedenfalls nicht zu, ganz
anders als noch im dritten Satz. Aber auch ein gewisser
Witz ist im Spiel, was spätestens auffällt, als die Kontrabässe in mühseligen Höhen die Melodie der Violinen übernehmen:

Ihre Hauptaufgabe besteht allerdings meist darin, unbeug-
sam die Grundtöne durchzuhalten, in oktavischem Auf
und Ab, als müssten sie Metronom spielen:

Wie bereits im ersten Satz spielt das oktavische, geradezu
grimmige Auf und Ab eine zentrale Rolle. Wer im zweiten und dritten Satz den wilden Beethoven vermisst hat,
kommt im letzten auf seine Kosten. Donnernd geht es
hier zu und polternd, mit einem Schuss derber Fröhlichkeit. Die beiden Ecksätze weisen keine Spur von Biederkeit

auf, die mittleren besitzen dagegen etwas Genrehaftes, wie
Adorno bemerkt. Die gesamte Sinfonie lässt an Grabbes
berühmten Dramentitel denken: *Scherz, Satire, Ironie und
tiefere Bedeutung.*

Martin Geck sieht in ihr allerdings puren Sarkasmus
am Werk. Demnach rechnet Beethoven hier nicht nur mit
seinem eigenen Schaffen ab, sondern auch mit einem Publikum, das mit seinen bisherigen Sinfonien nichts anfangen kann. Zum Dank setzt Beethoven ihm nun Traditions-
ramsch vor. So einleuchtend diese These zu Teilen sein
mag, so sehr fragt man sich, ob das alles wirklich zynisch
gemeint ist. Wenn Geck behauptet, die Achte bilde das
Satyrspiel zur Siebten, leuchtet dieser Vergleich aus mehreren Gründen nicht ein. Schließlich bilden Satyrspiele in
der Antike den Abschluss von Tragödien. Die Siebte klingt
aber keineswegs nach einer Tragödie, ganz im Gegenteil,
sie besteht aus Jubel und Jauchzen. Das Wiener Publikum
ist nach der Uraufführung in frenetischen Applaus ausgebrochen. Beethoven hat sich gewiss nicht missverstanden
gefühlt. Geck behauptet von der Achten: »Hier spricht ein
desillusionierter Idealist.« Doch steckt in ihr tatsächlich so
viel Bitternis? Zuweilen klingt aus ihr ein wenig Cholerik
heraus, diese Cholerik tobt sich allerdings in Dur aus.

Man könnte auch sagen, dass diese Sinfonie durch und
durch irdisch klingt. Es lässt sich wenig Transzendentes in
sie hineindeuten, ganz anders als in manch andere Werke.
Sie blickt in die jüngere Geschichte der Musik zurück, ist
übermütig und heftig, schön und grotesk. Man wird nicht
schlau aus ihr. Was auch nicht sein muss.

Nach der Neunten kommt der Tod

Schumann urteilt über Schuberts Sinfonik: »Die grotesken Formen, die kühnen Verhältnisse nachzuahmen, wie wir sie in Beethovens spätern Werken antreffen, vermeidet er im Bewusstsein seiner bescheideneren Kräfte.« Schubert ist fast zwanzig Jahre jünger als Beethoven, stirbt aber schon ein Jahr nach ihm. Er kann zeitlebens nicht aus dessen Schatten treten, zumindest nicht mit seinen Sinfonien. Als einer der Sargträger bei Beethovens Beerdigung mag er insgeheim erleichtert gewesen sein, dass er den Koloss in die Erde befördern darf. Vom jungen Schubert überliefert dessen Freund Joseph von Spaun den Klagesatz: »Wer vermag nach Beethoven noch etwas zu machen?«

Als Schumann mit den Einnahmen aus einer Klavier-Komposition die Errichtung eines Bonner Beethoven-Denkmals zu unterstützen gedenkt, schweben ihm verschiedene Titel vor für das Werk. Er wünscht sich einen schwarzen Einband, auf dem mit goldenen Lettern steht: *Obolus auf Beethovens Denkmal*, was der Verlag Breitkopf & Härtel jedoch ablehnt. Später schlägt Schumann den Titel *Fata Morgana* vor, aus dem schließlich *Ruine, Siegerbogen und Sternbild* wird, alternativ zu dem ebenfalls erwogenen *Ruinen, Trophäen, Palmen*. Am Ende trägt das Werk den schlichten Namen *Fantasie C-Dur*, op. 17. Schumann schlägt erstaunlich viele Haken, um einen Titel für ein Stück zu finden, das Beethoven ehren soll. Während man bei dem Wort Sieger ans Fanfarische so mancher Sinfo-

nie-Sätze denkt oder an *Wellingtons Sieg bei Vittoria*, muten
Ruinen im Zusammenhang mit Beethoven merkwürdig an.
Zwar gibt es von ihm das Orchesterwerk *Die Ruinen von
Athen*, was aber keineswegs nahelegt, sein gesamtes Werk
mit Ruinen in Verbindung zu bringen. Selbst wenn man
wie Adorno beim späten Beethoven Konventionstrümmer
entdeckt, denkt man bei ihm nicht per se an Zerfall.

Vergegenwärtigt man sich indes Schumanns Klage, dass
jemand wie er sich bloß als Epigone fühlen kann, dann asso-
ziiert man die Ruinen weniger mit Beethoven als mit seinen
Nachkommen, die nur noch Stückwerk hervorzubringen
vermögen. Nicht Beethoven hinterlässt Ruinen, vielmehr
versuchen seine Erben sich an Werken, die verglichen mit
den seinen wie Bruchteile wirken. Nicht zufällig gewinnt
der Begriff des Fragments in den ästhetischen Debatten
um 1800 an Bedeutung. Adorno und Peter Gülke paral-
lelisieren Beethovens Werk mit Hegels philosophischem
System, was zwar Hegel nicht gerecht wird, aber sagen will,
dass Beethoven sein Werk mit Blick auf ein großes Ganzes
konzipiert und nicht einfach nach Auftragslage oder Laune
dies und jenes Stück geschrieben hat.

Von solchen Ganzheitsvorstellungen verabschiedet sich
die Romantik. Sie münzt die Schwierigkeit, noch Umfas-
sendes zu schaffen, in eine Tugend um. Das Fragment entwickelt sich zu einer eigenständigen Gattung, die bis heute
einen prominenten Platz einnimmt, nicht nur in der Kunst.
Mit diversen geschichtsphilosophischen Begründungen
schrickt man vor allem zurück, was an Totalität gemahnt.
Kein Ganzes ist mehr angesagt, man konzipiert von vornherein bloß Torsi. Monumentale, in sich geschlossene Ge-
bilde geraten gleichermaßen unter Ideologieverdacht wie
geschlossene Gedankensysteme. Auch in der Musik gewinnen kleinere Formen an Bedeutung, Stücke mit rhapso-

dischem Charakter. Bereits zu Beethovens Zeit fragt man
sich, wie man nach ihm noch Sinfonien, Klaviersonaten
und Streichquartette schreiben kann. Er hat die Sonatenform an Grenzen gebracht, ja gesprengt. Man kommt zu
spät, will das Komponieren aber trotzdem nicht lassen.
Doch er sitzt immer im Nacken.

Brahms klagt gegenüber dem befreundeten Dirigenten
Hermann Levi: »Ich werde nie eine Symphonie komponieren! Du hast keinen Begriff davon, wie es unsereinem zu
Mute ist, wenn er immer so einen Riesen hinter sich mar-
schieren hört.« Brahms schreibt dann doch vier Sinfonien.
Freilich hält man ihm gleich bei der ersten vor, dass das
Thema des Finalsatzes nach Beethovens *Ode an die Freude*
klingt, worauf Brahms repliziert: »Und jeder Esel hört es
auch noch!« Nietzsche wiederum spöttelt: »Man nennt
Brahms gern den Erben Beethovens: ich kenne keinen vor-
sichtigeren Euphemismus.«

Wagner komponiert in jungen Jahren eine Sinfonie, die
nach Beethoven klingt, nur fehlt ihr dessen Originalität.
Aus Cosimas Tagebüchern erfahren wir, dass ihn ein Leben
lang die Frage umtreibt, ob er weitere Sinfonien schreiben
soll. Am 4. Oktober 1875 notiert sie: »Der Schluss des Par-
zival bringt uns auf die Betrachtung, wie wenig *vollendete*
Meisterwerke es gibt; beinahe nur die Beethoven'sche
Symphonie.« Unter dem 30. Oktober 1871 heißt es: »R.
erzählt, in der *Musikalischen Zeitung* habe gestanden, ein
Beweis dafür, dass er (R.) kein wirklicher Musiker sei, das
sei, dass er sich nie auf das Gebiet der Symphonie gewagt
habe; ›nun‹, sagt R., ›möchte ich wissen, wer eine Symphonie geschrieben hat, außer Beethoven! Wie albern, aus der
eigensten Individualität eines Menschen einen Gattungs-
begriff zu machen, als ob jeder so eine Symphonie schreiben müsste.‹« Allerdings scheint Wagner auch zu fürchten,

dass er als reiner Instrumentalkomponist nicht reüssieren würde, schließlich zitiert Cosima ihn am 16. August 1869 mit den Worten: »Bei mir ist der Akzent auf die Vereinigung des Dichters und des Musikers zu legen, als bloßer Musiker hätte ich nicht viel zu bedeuten.« 1843 erklärt Wagner in seiner *Autobiographischen Skizze*: »Ich gab mein Vorbild, Beethoven, auf; seine letzte Symphonie erschien mir als der Schlussstein einer großen Kunstepoche, über welche hinaus keiner zu dringen vermöge und innerhalb dessen keiner zur Selbstständigkeit gelangen könne.«

In Debussys Augen erreicht die Sinfonie mit Beethoven ihren Höhepunkt. Alle Versuche, sie weiterhin am Leben zu halten, zeugen für ihn von Willkür und Kraftlosigkeit. »Die paar genialen Glücksfälle auf diesem Gebiet«, schreibt er, »sind nur eine kümmerliche Entschuldigung für die strebsamen und gekünstelten Übungsstücke, die man aus Gewohnheit Symphonien nennt.« Einhellige Begeisterung rufen diese Werke nimmer hervor. Felix Mendelssohn Bartholdy ist zwar hingerissen von dem liebenswerten, gebildeten Hector Berlioz, versteht aber nicht, wie man solch hohlen Krawall komponieren kann. Am 15. März 1831 lässt er sich in einem Brief an die Mutter über dessen *Symphonie fantastique* aus: »Nirgends ein Funken, nirgends Wärme, kalte Torheiten, kalte Leidenschaftlichkeit dargestellt durch alle möglichen Mittel, 4 Pauken durch Schwammstöcke geschlagen, 2 Klaviere à 4 mains, die die Glocken nachahmen sollen, zwei Harfen, viele große Trommeln, 8 verschiedene Geigen, 2 verschiedene Kontrabässe, die Passagen machen, und mit allen diesen Mitteln … nichts ausgesprochen, eine gänzliche Dürre und Gleichgültigkeit, ein bloßes Grunzen, Schreien, Kreischen hin und her.«

Man belebt nun sogar die barocke, seit dem Rokoko für tot gehaltene Form der Suite wieder, um das Sonatenschema zu umgehen. Bizets zwei *Carmen-Suiten* und seine *L'Arlésienne-Suite*, Edvard Griegs *Peer-Gynt-Suite* und Tschaikowskis *Nussknacker-Suite* erfreuen sich bis heute größerer Popularität als die meisten romantischen Sinfonien. Ähnlich verhält es sich mit sinfonischen Dichtungen wie Smetanas *Mein Vaterland*, Wagners *Siegfried-Idyll* oder Richard Strauss' *Also sprach Zarathustra*. Auch für Klavier werden nur noch gelegentlich Sonaten geschrieben, viel häufiger handelt es sich um Impromptus, Préludes, Mazurken, Nocturnes, Balladen, Capricen, Fantasien, Intermezzi, Humoresken, Novelletten oder Konzert-Etüden. Die Titel lauten *Liebesträume*, *Lieder ohne Worte*, *Papillons*, *Kinderszenen*, *Albumblätter*. Sie klingen nach Bescheidung, als überfordere die große Form.

Gleichzeitig begegnet man nach Beethoven einem sinfonischen Überbietungsdrang, der aus Quantität Qualität herauszupressen hofft. Mahlers Achte, die *Sinfonie der Tausend*, platzt aus allen Nähten mit ihren acht Gesangssolisten, mehreren Chören, einem exorbitanten Orchester und zusätzlichem Fernorchester. Obwohl Mahler der Wagner'sche Erzwingungsgestus eher fremd ist, frönt er plötzlich einem maßlosen Gigantismus. Bruckner wiederum produziert »symphonische Riesenschlangen«, wie Hanslick bemerkt, der über dessen Dritte schreibt:

> *»Der erste Satz, in welchem sich Nachklänge aus der Neunten Symphonie mit etlichen Venusbergmotiven kreuzen, dann das lärmende Finale sind Stücke, die sich in lauter falschen Kontrasten bewegen und zersplittern. Sie haben mir denselben unkünstlerischen Eindruck gemacht wie die übrigen in Wien gehörten Kompositionen von Bruckner, in welchen geistreiche, kühne und originelle Einzelheiten mit schwer begreiflichen Gemeinplätzen, leeren, trockenen, auch brutalen Stellen oft*

ohne erkennbaren Zusammenhang wechseln. Wie helle Blitze
leuchten hier vier, dort acht Takte in eigenartiger Schönheit
auf; dazwischen liegt wieder verwirrendes Dunkel, müde Ab-
spannung und fieberhafte Überreizung. Und alles zu einer
Länge ausgedehnt, die dem geduldigsten Gemüt zur Qual
wird.«

Schumann und Brahms belassen es bei vier Sinfonien, sie
alle sprengen Beethovens Dimensionen nicht. Schubert,
Bruckner, Dvořák und Mahler dagegen schreiben wie
Beethoven neun. Und nach der Neunten kommt der Tod.
Bei allen. Mahler arbeitet panisch an einer zehnten, er weiß,
was die Neun bedeutet, doch die Zehnte wird nicht fertig.
Es erwischt sie alle. In einem Gedenkvortrag auf Mahler
bemerkt Arnold Schönberg: »Es scheint, die Neunte ist eine
Grenze. Wer darüber hinaus soll, muss fort. ... Die eine
Neunte geschrieben haben, standen dem Jenseits nahe.«
Der Tod ist der Preis, den entrichten muss, wer meint, in
Beethovens Fußstapfen treten zu können. Er fordert die
Götter heraus.

Die im 20. Jahrhundert geschriebenen Sinfonien werden
allenfalls am Rande wahrgenommen. Carl Nielsen, Samuel
Barber, Charles Ives, Aaron Copland, Leonard Bernstein,
Ralph Vaughan Williams, Hans Werner Henze und andere
halten die Gattung zwar am Leben, doch die Hauptattrak-
tion dürfte meist die Uraufführung gewesen sein. Nur die
Sinfonien von Sibelius, Prokofieff und Schostakowitsch
haben es ein Stück weit ins Repertoire geschafft. Aus strikt
avantgardistischer Sicht unterliegen diese Komponisten
jedoch allesamt dem Verdikt, reichlich retro zu sein, wenn
nicht gar reaktionär, zwar nicht politisch, aber musikalisch.
Sie haben die Zeichen der Zeit nicht erkannt und klammern sich an konventionelle Muster.

Beethoven wird nicht nur für seine Nachfolger zur Belastung, er überschattet auch, was vor ihm kommt. Dass Haydn 104 Sinfonien geschrieben hat, erregt einerseits Staunen, sieht andererseits aber auch nach Fließbandarbeit aus. Mozart bringt es in seinem viel kürzeren Leben nur auf 41, was nicht minder den Eindruck von Vielschreiberei erweckt. Das Gros ihrer Sinfonien nimmt man als Übergangswerke wahr, die vom Rokoko den Weg zu Beethoven weisen. Als einigermaßen gewichtig gelten fast nur deren letzte. Beethoven bildet nun den Maßstab, für alles davor, für alles danach. Niemand käme auf die Idee, ihn an Brahms oder Bruckner zu messen, andersherum wird das immer der Fall sein. Aber auch Mozart und Haydn können wir nicht wahrnehmen, als hätte es keinen Beethoven gegeben. Wir hören immer mit ihm und durch ihn, ob wir wollen oder nicht.

DIE NEUNTE

Sinfonie in d-moll, op. 125

*Uraufführung am 7. Mai 1824
im Kärntnertortheater Wien*

Beethovens Neunte kennt jeder, zumindest die *Ode an die Freude*. Die Sinfonie als Ganze ist jedoch derart komplex, dass so mancher Konzertbesucher vermutlich sehnlichst aufs Ende mit dem berühmten Jubelchor wartet. Die Neunte gehört zum Pflichtprogramm symbolischer Großereignisse, wie 2017 beim G20-Gipfel in Hamburg, als auf den Straßen Autos brennen und Hundertschaften von Polizisten den Krawall in den Griff zu bekommen versuchen, während in der Elbphilharmonie Kamerabilder einen gelangweilten amerikanischen Präsidenten zeigen, der mit der Neunten offenbar wenig anzufangen weiß. Sie dauert ja auch furchtbar lange, viel länger als jede andere Beethoven-Sinfonie. Mit ihren vier Sätzen bedient sie nach außen das klassische Sonatenschema, doch allein der letzte Satz besteht aus neun verschiedenen Tempi und Dutzenden gegensätzlicher Stimmungen.

Den *Song of Joy* mögen natürlich alle. Miguel Ríos führt mit ihm im Beethoven-Jahr 1970 monatelang die Hitparaden an; 1936 lässt Hitler das Lied zur Eröffnung der Olympischen Spiele aus Tausenden von Kehlen erklingen; jüdische Kinder müssen es in Auschwitz singen; weil

Stalin alles Massenhafte liebt, liebt er auch diese Ode mit ihrer kommunistischen Brüderlichkeitsutopie; seit 1985 ist sie offizielle Europahymne; Leonard Bernstein führt die Neunte zur Wiedervereinigung der beiden deutschen Staaten in Berlin auf, zweimal hintereinander, im Osten wie im Westen; Simon Rattle dirigiert sie am 7. Mai 2000 im Konzentrationslager Mauthausen, am 55. Jahrestag der Kapitulation von Nazi-Deutschland. Die Neunte ist allgegenwärtig, noch viel allgegenwärtiger allerdings ist der *Song of Joy*, in den sich Beethovens Vertonung von Schillers Ode im Popzeitalter verwandelt hat, in radikaler Verkürzung und Verkümmerung.

Weil sich im Finale das Instrumentale wieder mit der menschlichen Stimme vereint, markiert dieser letzte Satz für Wagner den entscheidenden Umschlagspunkt. 1872 führt er die Neunte bei der Grundsteinlegung des Bayreuther Festspielhaues auf. Auf dem Grünen Hügel will er Beethovens Erbe vollenden. Mit der Neunten beginnt für ihn die musikalische Zukunft: das Gesamtkunstwerk. In Wagners früher Novelle *Eine Pilgerfahrt zu Beethoven* heißt es:

>*Man stelle den wilden, in das Unendliche hinausschweifenden Urgefühlen, repräsentiert von den Instrumenten, die klare bestimmte Empfindung des menschlichen Herzens entgegen, repräsentiert von der Menschenstimme. Das Hinzutreten dieses zweiten Elementes wird wohltuend und schlichtend auf den Kampf der Urgefühle wirken, wird ihrem Strome einen bestimmten, vereinigten Lauf geben; das menschliche Herz selbst aber wird, indem es jene Urempfindungen in sich aufnimmt, unendlich erkräftigt und erweitert, fähig sein, die frühere unbestimmte Ahnung des Höchsten, zum göttlichen Bewusstsein umgewandelt, klar in sich zu fühlen.*«

Weil Nietzsche der Meinung ist, dass es bei Musik nicht auf den Text ankommt – am allerwenigsten in der Oper –, hält er nichts von Wagners Glauben, dass mit der Neunten eine neue Musikepoche beginnt. Er ist überzeugt, dass Beethovens Zehnte wieder rein instrumental ausgefallen wäre, hätte er sie geschrieben. Debussy wiederum, der die Neunte durchaus schätzt, ist der Meinung, dass man um sie kein so großes Gewese machen sollte. Er schüttelt den Kopf über den »Nebel aus hohen Worten«, mit dem man sie umhüllt. Mit der Mona Lisa gehört sie für ihn zu den beiden Meisterwerken, über die am meisten Unsinn verbreitet wird. Ob die Neunte jedoch tatsächlich so bekannt ist wie die Mona Lisa, darf man freilich bezweifeln. Sie ist berühmt, aber nicht unbedingt bekannt. Wer *Freude schöner Götterfunken* vor sich hin pfeift, muss noch lange nicht die ganze Sinfonie kennen.

Auch erfreut sie sich nicht allgemeiner Begeisterung, zumindest nicht im 19. Jahrhundert. Louis Spohr findet sie monströs und geschmacklos, vor allem den letzten Satz. Für Tolstoi steht ohnehin fest, dass alles, was der taube Beethoven geschrieben hat, krank ist. Die Neunte hält man in seinen Augen nur deshalb für ein großes Werk, weil es den Leuten eingebläut wird. Er kann sich nicht vorstellen, »dass die Gefühle, die durch diese Werke wiedergegeben werden, Menschen vereinigen können, die nicht speziell dafür erzogen worden sind, sich dieser komplizierten Hypnose zu unterwerfen«. In seinem 1898 erschienenen Traktat *Was ist Kunst?* heißt es: »Ja ich kann mir nicht einmal eine Menge von normalen Menschen vorstellen, die aus diesem langen und verwirrten, künstlich hergestellten Werk irgend etwas, außer sehr kurzen Fragmenten, die in einem Meer von Unverständlichem ertrinken, verstehen könnte.«

Der atheistisch angehauchte Theologe David Friedrich

Strauß schreibt 1853 nach einer Aufführung in der *Augs-burger Allgemeinen Zeitung*, das Publikum sei begeistert ge-wesen, ganz anders als noch vor wenigen Jahren, als so gut wie niemand mit diesen labyrinthischen, dämonischen, uferlosen Klanggebilden etwas habe anfangen können. Er selbst lässt sich von dieser neuerlichen Euphorie nicht an-stecken und behauptet weiterhin, dass es sich bei diesem Werk um eine Abnormität handelt. Er findet es absurd, dass man sich fast eine Stunde lang reiner Instrumental-musik aussetzen muss, um am Schluss mit Chormassen überrascht zu werden. Nichts passt hier zusammen. Was Wagner als Versöhnung zwischen Instrumental- und Vokal-musik feiert, ergibt für Strauß nicht den geringsten Sinn. Wenn der Bass-Sänger nach der Schreckensfanfare verkün-det: »Nicht diese Töne!«, fragt sich Strauß: »Bin denn ich toll geworden oder die Musik?« Das nachfolgende Chor-geschrei findet er einfach nur platt.

Bei der Wiener Uraufführung im Kärntnertortheater bricht das Publikum allerdings in Jubel aus. Beethoven be-kommt nichts davon mit, er steht mit dem Rücken zum Publikum, die Musiker müssen ihn auf den Applaus auf-merksam machen. Sie haben die ganze Zeit nicht auf seine Einsätze geachtet, sondern sich nach dem ersten Geiger gerichtet und nach einem ihm zur Seite gestellten Kapell-meister. Beethoven hat wild mitgestikuliert, am Orchester vorbei.

1. Satz

Allegro ma non troppo, un poco maestoso

Selten setzt ein Satz eigentümlicher ein. Wie aus dem Nichts vernimmt man Geigen, die auf einer leeren Quinte tremolieren. Weitere Geigen setzen mit einer punktierten Abwärtsbewegung ein, die ebenfalls aus leeren Quinten und Quarten besteht. Es deutet sich keinerlei Tonart an, alles wirkt seltsam fahl, ungreifbar, nicht ganz irdisch:

Nach einem Crescendo stimmt das volle Orchester unisono das Thema an. Bis auf die Schlusswendung handelt es sich – wie schon so oft – um eine reine Akkordbrechung. Und wie bei allen Beethoven'schen Themen, die nicht melodisch geprägt sind, spielt der Rhythmus die Hauptrolle:

In diversen Varianten werden wiederkehrende Teilmotive durcheinandergeschüttelt, wie beispielsweise das folgende, aus Sept- und Nonenterzen bestehende, das in seiner Weichheit den Gegenpol zum harschen Hauptthema bildet:

Zwischen ruppigen, hoch energetischen Passagen finden sich angedeutete Friedensinseln, meist in rascher Folge. Das Ganze bleibt voll Unruhe und wirkt kurzatmig mit

seinen vielen heftigen Staccato-Schlägen und brüllenden
Ausbrüchen.

Die Musikwissenschaftlerin Susan McClary sieht in
diesem ersten Satz »die mörderische Raserei eines Verge-
waltigers« am Werk. Für sie spricht aus ihm nackte Gewalt.
»Es geht nicht darum, Beethoven als sonderlich monströs
hinzustellen«, erklärt sie, »vielleicht aber handelt es sich bei
der neunten Sinfonie um den fesselndsten musikalischen
Ausdruck widersprüchlicher Impulse, wie sie die patriar-
chale Kultur seit der Aufklärung entwickelt hat.« Zunächst
mag man denken, McClary verwechsle Beethovens Neunte
mit Stanley Kubricks *Clockwork Orange*, in dem junge Ge-
walttäter gnadenlos herumprügeln und vergewaltigen. Ihr
Anführer liebt Beethovens Neunte, die man ihn bei einer
Therapie ständig zu hören zwingt, während man ihm Bilder von KZs vorführt. Kubrick und McClary sind nicht die
Einzigen, die diese krachenden Klanggewalten mit Hor-
rendem assoziieren. Schon Adolf Bernhard Marx spricht in
seiner 1859 veröffentlichten Beethoven-Studie von einem
»Schreckensphantom«, von »titanischer Gebärdung«, fins-
terer »Zaubergewaltigkeit« und »Schmerzensakkorden«. Er
weist darauf hin, dass sich bei diesem Satz das Dissonante
sogar in der Coda nicht auflöst: »Wo Beethoven sonst die
rüstigste, heiterste Kraft zu entfalten liebt, … da vollendet
sich hier das düstere Riesenbild, richtet sich noch höher
auf in seiner dunklen Gewalt als sonst.« Und er fügt hinzu:
»Dieses Leben der instrumentalen Tonwesen birgt düstere
Geheimnisse in seinem Schoße.«

2. Satz

Molto vivace, presto

Wie bei der Achten folgt an zweiter Stelle ein Scherzo,
und zwar ein rasend schnelles. Es beginnt mit punktierten,
oktavisch abfallenden Schlägen, zwischen denen Pausen
klaffen:

Danach setzt das Thema ein:

Sieht man vom Mittelteil ab, lebt der gesamte Satz von
einem penetrant durchgehaltenen, halb wütenden, halb
freudigen Rhythmus:

Anders als der erste Satz, dessen Tohuwabohu aus einem
besessenen Hin und Her zwischen ungemein schroffen
und wenigen sanften Passagen besteht, kreist dieser in rast-
loser Bewegung, deren heimlicher Hauptakteur die Pauke
ist, die nicht nur zu Beginn mit gewaltigen Schlägen solis-
tisch auftrumpft.

Erstmals in dieser Sinfonie leuchtet im Mittelteil etwas
Helles auf. Man fühlt sich unverhofft in die *Pastorale* zu-
rückversetzt. Eingeleitet wird das Trio von den Holzbläsern,
deren Melodie an das heitere Zusammensein der Land-

leute denken lässt und an wolkenlose Sommertage, wo
man zum Tanz aufspielt:

Dieses Thema ist bereits im ersten Teil vorbereitet worden,
nun rückt es in den Vordergrund, in einem gemächlicheren
⁴⁄₄-Takt, während es zuvor im unruhigeren ³⁄₄-Takt gestanden hat:

Man würde gern verweilen, doch nicht allein die Scherzo-
Form verlangt nach Wiederkehr des A-Teils, auch das folgende Adagio bedarf eines Kontrasts, den eine friedlich an-
mutende Musik weniger bieten könnte. Kurz vor Schluss
dürfen die Holzbläser nochmals ihr Trio-Thema anstimmen, doch mit Fortissimo-Akkorden bringt der Rest des
Orchesters sie geschwind zum Schweigen.

3. Satz

Adagio molto e cantabile

Ganz anders als im ersten Satz erkennt Susan McClary in
diesem Adagio »das Bild einer Welt, in der es Lust gibt ohne
aggressive Begierde und wo Zärtlichkeit und Verletzlich-
keit nicht als fatale Fehler gelten, sondern als Tugenden«.
Paul Bekker wiederum erkennt in ihm einen andächtigen

Hörer, von dem er sagt: »In weltabgewandter Einsamkeit
lauscht er der überirdischen Botschaft von einem Frieden,
der reiner ist als alle Glücks- und Kampfesgewinne des
Lebens.«

Man kann diese Musik wie etwas Fernes wahrnehmen,
das Wehmut weckt. Dieser Satz besitzt ein für Beethoven
ungewöhnlich langes, aus immer ähnlichen Figuren auf-
gebautes Thema, das variationsartig wiederkehrt und wie
ungreifbar wirkt, was einerseits daran liegt, dass die Betonung in keinem Moment auf den geraden Zählzeiten liegt,
andererseits daran, dass seine Grundfiguren sich zwischen
den Instrumenten hin und her bewegen und von andern
ständig umspielt werden:

Dieses Adagio klingt wie ein Echo, das kein Echo ist, sondern etwas widerhallen lässt, das diese Musik selbst ist,
ohne Brechung, ohne Rückschall, aber wie nicht ganz von
dieser Welt. Nichts an ihr wirkt erdenschwer, doch auch
nichts nur leicht und licht. Ihre Ruhe verdankt sich steter
Bewegung, die nicht frei von Rastlosigkeit ist und dennoch
an Frieden denken lässt. »Die größten Ereignisse«, heißt
es bei Nietzsche, »das sind nicht unsre lautesten, sondern
unsre *stillsten* Stunden. ... gesteh es nur! Wenig war immer

nur geschehn, wenn dein Lärm und Rauch sich verzog.«
Dieses Adagio kennt keinen Lärm und keinen Rauch, es
entführt in tönende Stille.

4. Satz

*Presto – Allegro assai (alla marcia) –
Andante maestoso – Adagio ma non troppo ma divoto –
Allegro energico e sempre ben marcato – Allegro ma
non tanto – Presto – Maestoso – Prestissimo*

Als wollte Beethoven endgültig jene Kritiker vor den Kopf
stoßen, die schon bei den ersten Sinfonien den Bläsereinsatz zu massiv gefunden haben, lässt er das Finale in vollem Karacho beginnen: Dröhnende Pauken, vier Hörner,
drei Posaunen, zwei Trompeten und bis zu dreifach be-
setzte Klarinetten, Oboen, Fagotte und Flöten setzen mit
der sogenannten Schreckensfanfare ein. Sie reißt abrupt
aus dem Frieden des weich und warm dahingeflossenen
Adagios. Anders als sonst so oft geht es diesmal nicht vom
Dunkeln ins Helle, sondern aus der Ruhe in die Hölle. So
lange jedenfalls, bis einsame Kontrabässe eine Art Rezita-
tiv anstimmen, das auf einigen Umwegen – immer wieder
von wüst auffahrenden Bläsern unterbrochen – zu dem
berühmten Ruf der solistischen Bassstimme führt: »O
Freunde, nicht diese Töne!, sondern lasst uns angeneh-
mere anstimmen und freudenvollere.«

Schluss mit allem Tohuwabohu! Endlich soll alles wieder
schön klingen und schlicht. Nicht nur mit Blick auf die
Schreckensfanfare, sondern überhaupt, schließlich haben
die Bläser nicht zufällig auch die Themen der ersten beiden Sätze rückerinnert. Das Adagio haben sie ausgenom-
men, es hat nichts Schreckliches zu bieten. Warum aber hat

es dieses Adagio überhaupt gegeben? Sollte es bereits die
Klage über so viel unheilvolle Musik zum Ausdruck bringen? Und warum verkündet ausgerechnet eine Bassstimme:
»Nicht diese Töne!« Warum kein engelsgleicher Sopran?
Ist es Gottvaters Stimme? Die Stimme des Fundaments,
auf dem alles ruht? Warum leiten Kontrabässe das neue,
friedsame Thema ein? Warum nicht sofort menschliche
Stimmen? Bedarf es einer langsamen Hinführung? Eines
sanften Übergangs? Will Beethoven die Instrumentalmusik
auf weichen Wegen in die menschliche Sphäre überführen?
Will er tatsächlich alles zurückfahren, was seine Sinfonien
an Dramatik und Dissonanz zu bieten haben, angefangen
bei der ersten? Will er sein gesamtes sinfonisches Schaffen
einer radikalen Revision unterziehen? Es in Frage stellen?
Einen Schlussstrich ziehen? Warum dann aber im weiteren Verlauf dieses Finales noch so viele rhythmische, at-
mosphärische, stilistische Brüche? Warum das unentwegte
Hin und Her aus Presto, Andante, Allegro, Adagio, Prestissimo? Warum dieser schiere Wirrwarr an Themen und
Motiven? Warum diese Unruhe, dieses Aufgewühlte, dieses
Unbeständige? Warum diese inneren Spannungen, dieses
Unausgeglichene, dieses Schwanken und Wanken? Warum
plötzlich ein türkisch angehauchter Marsch, der mit seinem grotesk grunzenden Kontrafagott, seiner Triangel und
seinen Becken reichlich burlesk klingt, fast wie eine Parodie? Nur worauf?

An Deutungen mangelt es nicht. Lawrence Kramer behauptet in seinem 1998 erschienenen Artikel *The Harem
Threshhold* – »Die Haremsschwelle« –, Schiller habe in
seiner Ode Vorstellungen aus der hellenischen Antike mit
christlichen verknüpft und die beiden in humanistisch-auf-
geklärtem Universalismus gipfeln lassen. Mit dem türkischen Marsch setzt Beethoven demnach ein Zeichen, dass

man es ernst meint mit der Weltumarmung. Kramer erklärt
auch, warum bei diesem Marsch nur Männerstimmen zum
Einsatz gelangen. Denn zum einen sind Frauen traditionel-
lerweise nicht beim Militär, zum andern resultiert wahre
Versöhnung nicht aus Ergebung. Athen und Troja stehen
seit je für den west-östlichen Konflikt, den es laut Herodot
seit Urzeiten gibt. Soll der Vereinigung dieser verfeindeten
Welten Erfolg beschieden sein, muss der Weg übers Mi-
litärische führen. Da Kampf und Begehren schon immer
zusammengehören, kann eine orientalisch-okzidentale
Versöhnung nur durchs Umkippen vom Martialischen
ins Homoerotische gelingen. Für Kramer steht fest, dass
Winckelmanns Begeisterung fürs Athletische griechischer
Jünglingsstatuen nicht nur in Schillers Freuden-Hymne
nachklingt, sondern ebenso in Beethovens Marsch.

Man könnte allerdings auch schlichtweg darauf verweisen, dass im 18. Jahrhundert eine regelrechte Orient-Mode
aufkommt, durch die sich das Bild vom asiatischen Despo-
ten in sein Gegenteil verkehrt. 1721 veröffentlicht Montesquieu seine *Perserbriefe*, in denen Europa sich unter dem
Blick zweier persischer Reisender als Inbild unzivilisierter
Sitten entpuppt. In Goethes 1787 erschienenen *Iphigenie
auf Tauris* erweist der Skythenkönig Thoas sich am Ende
als der wahre Menschenfreund, ganz anders als die beiden
griechischen Fremden Orest und Pylades, die mittels Ver-
stellung, Lug und Trug Iphigenie befreien wollen. Nicht
anders verhält es sich in Mozarts 1782 uraufgeführtem
Singspiel *Die Entführung aus dem Serail*, das mit einem ju-
belnden Janitscharenchor schließt, der Bassa Selims Groß-
herzigkeit besingt.

Überhaupt ist Janitscharenmusik hoch im Schwang, wie
man nicht nur an der *Entführung* sehen kann, sondern auch
an Mozarts *Alla turca* oder Haydns *Militärsinfonie*, in der

ebenfalls Triangeln und Becken für ein orientalisch klin-
gendes Tschingderassabum sorgen. Beethovens Klavier-
Variationen D-Dur, op. 76, liegt ebenfalls ein türkischer
Marsch zugrunde, und obwohl *Die Wut über den verlorenen
Groschen* eigentlich den Titel *Rondo alla ingharese* trägt,
klingt auch dieses Stück mit seinen stampfenden Bässen
nach Janitscharenmusik, vor allem auf dem Hammerklavier, dem man ein Rasseln entlocken kann, wie es auf dem
Konzertflügel nicht möglich ist. Bei allem Deftigen und
Kräftigen klingt Janitscharenmusik überschwänglich, ganz
anders als schwerfällige deutsche Märsche. Alles Gravitätische und Heroische ist ihr fremd, man fühlt sich fast
an Zirkusmusik erinnert. Manche empfinden diese westlich adaptierte Janitscharenmusik aber auch als Karikatur.
Christian Friedrich Daniel Schubart bemerkt in seinen –
1806 posthum erschienenen – *Ideen zu einer Ästhetik der
Tonkunst*: »Der Charakter dieser Musik ist so kriegerisch,
dass er auch feigen Seelen den Busen hebt. Wer aber das
Glück gehabt hat, die Janitscharen selber musizieren zu
hören, deren Musikchöre gemeiniglich achtzig bis hundert
Personen stark sind, der muss mitleidig über die Nach-
äffungen lächeln, womit man unter uns meist die türkische
Musik verunstaltet.«

Für Wagner beginnt, wie mehrfach erwähnt, mit dem Finale der Neunten die Zukunft der Musik. In seinen Augen
führt Beethoven hier wieder zusammen, was zerbrochen
gewesen ist: das Instrumentale und das Vokale. Er verhilft
dem Unaussprechlichen endlich wieder zur Sprache. Die
Zeiten, da wir nicht gewusst haben, was Musik zu bedeuten
hat, sind demnach vorbei. Beethoven lässt nun unmissverständlich wissen, worum es ihm geht. Fragen bleiben keine
mehr offen, Kant und Rousseau könnten zufrieden sein.

Als es in Diderots Roman *Rameaus Neffe* heißt, Rameaus
Musik bestehe aus »unzusammenhängenden Ideen, Lärm,
Aufflügen, Triumphen, Lanzen, Glorien, Murmeln und
Viktorien«, könnte ebenso Beethoven gemeint sein. Da-
mit ist nun Schluss. Schließlich kehrt Beethoven nicht nur
zur Sprache zurück, sondern sogar zur einfachen Melodie.
Auch rhythmisch kennt die Ode *An die Freude* keinerlei
Widerhaken: keine einzige punktierte Note, keine einzige
Synkope. Gleich beim ersten Hören kann jedes Kind mit-
singen. Nachdem Beethoven ein letztes Mal sein komplet-
tes Dissonanzen-Repertoire aufgefahren hat, klingt diese
Melodie regelrecht nach Abbitte.

Tatsächlich ein letztes Mal? Nietzsche glaubt solchen
Unsinn nicht. Er ist ohnehin der Meinung, dass es bei
Musik nicht auf die Texte ankommt. Das Einzige, was wir
hören, ist »Lalala«, auch in der Oper. Auch bei der Ode *An
die Freude* achtet kein Mensch auf die Verse. Die menschlichen Stimmen dienen in Nietzsches Augen einzig der instrumentalen Verstärkung. Man braucht sie für den Rausch,
für die Steigerung. »Dass dem dithyrambischen Welterlö-
sungsjubel dieser Musik das Schillersche Gedicht ›An die
Freude‹ gänzlich inkongruent ist, ja wie blasses *Mondlicht*
von jenem Flammenmeere überflutet wird, wer möchte
mir dieses allersicherste Gefühl rauben?«, lesen wir bei ihm.
»Ja, wer möchte mir überhaupt streitig machen können,
dass jenes Gefühl beim Anhören dieser Musik nur deshalb
nicht zum schreienden Ausdruck kommt, weil wir, durch
die Musik für Bild und Wort völlig depotenziert, bereits
gar nichts von dem Gedichte Schillers hören?« Dass Beethoven mit dieser Ode ein musikalisches Bekenntnis ablegt,
wie Wagner meint, ist für Nietzsche ein »ungeheuerlicher
ästhetischer Aberglaube«.

Allerdings schwingt in Schillers menschheitsumfangender
Botschaft auch eine leise Gewalt mit, wie das Ende der
zweiten Strophe zeigt, die lautet:

>*Wem der große Wurf gelungen,*
Eines Freundes Freund zu sein;
Wer ein holdes Weib errungen,
Mische seinen Jubel ein!
Ja – wer auch nur eine Seele
Sein nennt auf dem Erdenrund!
Und wer's nie gekonnt, der stehle
Weinend sich aus diesem Bund!«

Adorno weist darauf hin, dass man sich die größte Freude
offenbar nur vorstellen kann, wenn es auch Brüder gibt,
die ausgeschlossen werden. Seit je leben Menschheitsuto-
pien von Inklusion und Exklusion. In Mozarts *Zauberflöte*
verkündet der Hohepriester Sarastro: »Wen solche Lehren
nicht erfreun, verdienet nicht, ein Mensch zu sein.« Dass zu
überschwänglichen Harmonievisionen Ausschließung und
Bestrafung gehören, zeigt sich nicht nur dort. »Auch in der
Märchenutopie gehört zur prächtigen Hochzeit die Stief-
mutter, die in glühenden Schuhen tanzen muss oder in ein
mit Nägeln gespicktes Fass gesteckt wird«, bemerkt Adorno.
   Schiller selbst hat von seiner Ode *An die Freude* nicht viel
gehalten. Als Körner ihm anlässlich einer Neuausgabe seiner Gedichte am 10. September 1800 schreibt, er vermisse
sie, bekommt er zur Antwort:

>*Ob sie sich gleich durch ein gewisses Feuer der Empfindung*
empfiehlt, so ist sie doch ein schlechtes Gedicht und bezeich-
net eine Stufe der Bildung, die ich durchaus hinter mir las-
sen musste, um etwas Ordentliches hervorzubringen. Weil sie

*aber einem fehlerhaften Geschmack der Zeit entgegenkam, so
hat sie die Ehre erhalten, gewissermaßen ein Volksgedicht zu
werden. Deine Neigung zu diesem Gedicht mag sich auf die
Epoche seiner Entstehung gründen; aber diese gibt ihm auch
den einzigen Wert, den es hat, und auch nur für uns und nicht
für die Welt noch für die Dichtkunst.«*

Hans Mayer hat ganz recht, wenn er feststellt, dass Beethoven in seinem *Fidelio* Schiller viel näher ist als im Finale der Neunten.

Wagner behauptet, Beethoven habe mit seinen Sinfonien das musikalische Ausdrucksvermögen in eine Höhe geführt, »von der aus es sich gedrängt fühlte, selbst das auszusprechen, was es seiner Natur nach eben aber nicht aussprechen kann«. Man mag kaum glauben, dass Wagner tatsächlich meint, das Unaussprechliche lasse sich auf den Punkt bringen, ohne in Plattitüden zu versinken. Allerdings muss man sich auch nicht wundern, wenn bei jemandem, der an die Aussprechbarkeit hoher Wahrheiten glaubt, das Hehre plötzlich ins Zotige umkippt. Am 28. März 1878 zitiert Cosima ihren Mann mit den Worten: »Wenn der ›Parsifal‹ komponiert ist, schreibe ich neun Symphonien, die neunte mit Chören ›Schmerz, schöner Höllenfunken – Püffe gabst du uns und Stöße, einen Feind beschmiert mit Kot‹.« Vom Erhabenen zum Lächerlichen ist es laut Napoleon nur ein Schritt. Wo es allzu weihevoll zugeht, folgt mit schierer Notwendigkeit die Entweihung. Das Sakrale evoziert das Skatologische. Oder handelt es sich bei Wagners Sätzen um einen letzten Stoß, mit dem er das übermächtige Vorbild in den Orkus schickt, kurz vor seinem eigenen Ende, um nicht bis zuletzt überschattet zu werden?

Allerdings hat Wagner in seiner 1869 erschienenen Abhandlung *Über das Dirigieren* bekannt, er habe sich bei einer

Aufführung der Neunten in Dresden völlig überfordert gefühlt und »die allerkonfusesten Eindrücke« erhalten. Damit
rückt er der Wahrheit näher. Zwar reißt der Freudentaumel
einerseits mit, andererseits ruft solche brachiale Harmonieseligkeit nicht nur schöne Schauder hervor. Gepaart mit
Beethovens Chormassen erzeugen Schillers pathetisch auf-
trumpfende Verse auch eine leise Abwehr, und sei es, weil
der Erzwingungsgestus so offenkundig hervortritt, ähnlich
wie bei Wagners Musik, nur dass man dort auf mythisches
Geraune trifft, während bei Schiller und Beethoven alles in
schlichter Klarheit erstrahlt.

Oder doch nicht? Tolstoi meint, dass diese Musik viel
zu komplex ist, um die Masse der Menschen zu ergrei-
fen. Sie verfehlt sozusagen ihr Ziel. Wirklich eingängig
klingt die Ode *An die Freude* nur in ihren *Song of Joy*-
Varianten. Beethovens ständige Rhythmuswechsel, sein
fugiertes Stimmengewirr und die polyphone Struktur seiner Gesänge sind reichlich komplex. Zudem besitzt dieser
chorische Jubel, wie Michael Gielen bemerkt, etwas Ge-
quältes, rein stimmlich. Entweder will Beethoven bewusst
über menschliche Grenzen hinaus, oder er hat schlichtweg
nicht daran gedacht, dass menschliche Stimmen ab einer
bestimmten Höhe schmerzvoll klingen. Man fühlt sich weniger in elysische Sphären entrückt als mit einem vokalen
Limit konfrontiert. Was Beethoven aus seiner schlichten
Freuden-Melodie macht, ist alles andere als schlicht.

Wagner kommt es vor, als gleite sie auf der Oberfläche
eines harmonischen Meeres dahin. Doch wo ist hier ein
ruhiges, glattes, friedliches Meer? Nicht nur dessen Untergrund wirkt aufgewühlt, selbst oben herrscht alles andere
als Windstille. Dieses Finale durchläuft Dutzende von
Stimmungen, die sich nie und nimmer auf einen einzigen
Nenner bringen lassen. Allein der Schlussspurt verknüpft

vollkommen Entgegengesetztes: sphärisch entrückte So-
pranstimmen mit fanfarischem Trubel; ein so inniges wie
opernhaftes Solistenquartett mit Janitscharen-Geklingel;
Chorgeschrei, das an Minimalmusik grenzt, mit Andachts-
anfällen; lärmendes Blech, nervösen Geigenfuror und
Paukendonner mit oratorischer Inbrunst. Halb Bacchanal,
halb humanistisch-heilige Messe vermittelt das Ganze den
Eindruck eines Durcheinanders, das am Ende nichts weniger als eine naive Botschaft besitzt. Beethovens Musik lässt
Schillers Verse unendlich hinter sich.

Sturm und Stille

Der schottische Schriftsteller John Russell widmet in seiner *Reise durch Deutschland und einige südliche Provinzen des Kaiserreichs Österreich in den Jahren 1820, 1821 und 1822* Beethoven ein eigenes Kapitel, in dem es heißt:

>*Die Vernachlässigung seiner ganzen Person, wie er sie zur Schau stellt, verleiht seinem Äußeren etwas Wildes. Sein Gesicht ist kräftig und markant, seine Augen voll rüder Energie, seine Haare, die offenbar noch nie einen Kamm gesehen haben und eine Schere, überschatten seine breiten Brauen so unbändig, dass sie nur mit den Schlangen um ein Gorgonenhaupt zu vergleichen sind. Nur wenn er mit auserwählten Freunden zusammen ist, kann er umgänglich und liebenswürdig sein. Der völlige Verlust seines Gehörs hat sein Gemüt wahrscheinlich verbittert und ihn aller Genüsse beraubt, die Geselligkeit bieten kann. Gewöhnlich ging er in eine bestimmte Kellerwirtschaft, wo er den Abend in einer Ecke verbrachte, abseits vom Gerede und Geschnatter der Gaststube. Er trank Wein und Bier, aß Käse und Räucherhering und studierte die Zeitungen. Eines Abends setzte sich jemand neben ihn, dessen Gesicht ihm nicht passte. Er schaute den Fremden schroff an und spuckte auf den Boden, als hätte er eine Kröte entdeckt; dann schaute er wieder in die Zeitung, dann wieder zu diesem Eindringling hinüber und spuckte von neuem, während sein Haar immer wilder aussah und sich langsam in die Höhe wand, bis er sein Wechselspiel aus Spucken und Starren aufgab und lauthals rief: › Was für eine grauenhafte Fratze!‹«*

In seinen letzten Jahren wirkt Beethoven ein wenig ver-
wahrlost. Seine fürstlichen Gönner leben nicht mehr oder
sind aus Wien weggezogen. Fürst Lobkowitz wird 1816 zu
Grabe getragen. In seinem Palais sind die dritte und vierte
Sinfonie uraufgeführt worden, Beethoven widmet ihm
unter anderem die dritte, fünfte und sechste. Als Lobkowitz aufgrund seiner Freigebigkeit in finanzielle Nöte gerät,
zieht Beethoven vor Gericht, um von ihm weiterhin das zu-
gesicherte Jahressalär zu bekommen. Auch ist er bereits aus
der Haut gefahren, als Lobkowitz bei der Generalprobe des
Fidelio kein Problem darin sieht, dass das dritte Fagott fehlt.
Als ein knappes Jahr vor Lobkowitz' eigenem Tod dessen
Frau stirbt, widmet Beethoven ihm jedoch nach jahrelan-
gen Verstimmungen den Liederzyklus *An die ferne Geliebte*.

Fürst Lichnowsky ist schon seit 1814 tot. Bei ihm hat
Beethoven in seiner ersten Wiener Zeit gewohnt. Im *Heiligenstädter Testament* bedankt er sich für die Instrumente,
die der Fürst ihm geschenkt hat. Lichnowsky zahlt ihm
ein alljährliches Gehalt, bis zu dem Zeitpunkt, da Beethoven sich weigert, auf dessen Schloss Grätz in Mähren vor
französischen Offizieren Klavier zu spielen. Weil Beethoven sich gedrängt fühlt, gerät er außer sich. Bei Nacht und
Nebel rennt er weg, zu Fuß über Stock und Stein, obwohl
man nach Wien selbst mit der Kutsche acht Tage braucht.
Daheim zertrümmert er Lichnowskys Büste.

Ein anderer Mäzen, Fürst Razumovski, kehrt für einige
Zeit nach Russland zurück, nachdem am Silvestermorgen
1815 ein Brand seine große Holzhalle vernichtet hat, in der
wenige Stunden zuvor noch siebenhundert Gäste gefeiert
haben. Die Flammen sind auf sein Palais übergesprungen,
das mitsamt der Bibliothek und den Kunstsammlungen
zerstört wird. Razumovski hat Schuppanzigh und dessen
Streichquartett finanziert, das Beethovens Werke urauf-

führt. Zwischen Razumovski und ihm ist es nie zum Bruch gekommen, der Wiederaufbau des Palais verschlingt nun aber alles. Mäzenatische Wohltaten sind keine mehr zu erhoffen.

Beethoven bekennt im *Heiligenstädter Testament*, er halte sich gern in Gesellschaft auf. Doch seine Taubheit macht ihn eigensinnig, durch seine Ruppigkeit verliert er selbst alte Freunde. Zwar entschuldigt er sich gelegentlich, der nächste Anfall lässt aber meist nicht lange auf sich warten. Man sieht ihn auch nicht mehr wie früher nach dem Mittagessen seine Runden um die Innenstadt drehen, nur den abendlichen Gang ins Wirtshaus behält er bei. Dort setzt er sich an einen abseitigen Tisch, isst, trinkt, liest Zeitung, raucht und eilt wieder davon. Seine Gehörlosigkeit macht ihn misstrauisch, ständig fühlt er sich hintergangen, übervorteilt, betrogen, und sei es um Kleinbeträge beim Wechselgeld.

Am 26. März 1827 stirbt Beethoven mit sechsundfünfzig Jahren. Bei der Beerdigung ist der Andrang so groß, dass das Militär für Ordnung sorgen muss. Die Wiener Schulen bleiben geschlossen, zwanzigtausend Menschen begleiten den Sarg, einer der Sargträger ist Franz Schubert. Der Burg-Schauspieler Heinrich Anschütz trägt vor dem Friedhofstor Franz Grillparzers Totenrede vor. Heinrich Börnstein, ein späterer Vormärz-Revolutionär, der in Amerika auf der Seite Lincolns gegen die Südstaaten kämpft und in St. Louis das Theater zum Opernhaus umbaut, schildert Beethovens Sterbestunde in hochromantischer Dramatik:

»*Draußen aber brachen wieder Wolken hervor, wie gedrängt und geschichtet zur Schlacht, umsonst kämpfte die Sonne mit ihren Strahlenblitzen, sie brachen und zersplitterten an der*

verhüllenden Nebelwand; – es war der Kampf des Lebens mit
dem Tode in der Natur, während am Bette des Sängers schon
der Tod das Siegespanier aufpflanzte. Da dröhnten fünf Glo-
ckenschläge vom riesigen Stephansdom, der dastand im to-
benden Unwetter wie ein Unglücksprophet, und in den letzten
entscheidenden Kampf trat das Lebensprinzip mit dem ver-
nichtenden; – rasselnd fiel, vom Sturmwinde gepeitscht, der
Hagel nieder, knarrend drehten sich die geschleuderten Wind-
fahnen um ihre Achsen, – Regen und Schnee mischten sich
zum regellosen Chaos und durch den Aufruhr der Elemente
heulte die Windsbraut ihr Totenliede, während am schwarz-
umzogenen Himmelsgewölbe Blitze sich schlängelten und
der rollende Donner des Weltgebäudes Gewölbe erschütterte. –
Gesiegt hatte die Vernichtung, – und eine weiße Schneedecke
breitete sich als Leichentuch über die trauernde Erde.«

Dass ein gewaltiger Sturm aufgekommen ist, mit Hagel
und Schneegestöber, bestätigt Gerhard von Breuning, der
den Sterbenachmittag an Beethovens Bett miterlebt hat.
Natürlich kommt auch Breuning nicht umhin, beim Toben der Elemente, die den Tod des Titanen einläuten, an
die Schicksalssinfonie zu denken. Freilich weiß er ebenfalls zu berichten, dass Beethoven in dem Augenblick, da
einer der ein und aus gehenden Ärzte ihm den Rücken
kehrt, sagt: »Plaudite amici, finita est comoedia« – Applaus,
Freunde, die Komödie ist zu Ende. Vor dem Finale das
Scherzo. Dann der letzte Sturm, draußen vor den Fenstern.
Drinnen wird es immer stiller.

Bei Beethovens Musik denkt man nicht in erster Linie an
Stille, eher an Bumbum, wie Adorno. Stille als komposi-
torisches Prinzip taucht erst in der Musik des 20. Jahrhunderts auf, bei Scelsi und Sciarrino, beim späten Nono und

bei Morton Feldman, dessen Orchesterwerke gerade in ihrer instrumentalen Fülle ein Gefühl von Stille vermitteln. Sie entrücken in Sphären, die nicht mehr von dieser Welt scheinen, wie schon Beethovens 2. Satz seiner Klaviersonate op. 111, nach dem es keine weitere Sonate mehr geben kann, wie in Thomas Manns *Doktor Faustus* behauptet wird.

Stille gehört seit jeher zur Musik. Bevor ein Konzert beginnt, wird es still, wenn es endet, hält das Publikum meist noch einen Augenblick den Applaus zurück. Auch die Musik selbst kennt Stille, und sei es nur für Momente. Gegen Ende des 1. Satzes der *Eroica* beginnt das Orchester mitten im Gewühl zu stocken. Es scheint nicht weiterzugehen. Plötzliche Stille, nur einen Augenblick. Staccato spielen die Geigen in den unteren Lagen weiter und werden leiser. Der Sturm ist gewaltsam abgebremst worden. Als sei nichts gewesen, beginnt man nochmals mit dem Hauptthema.

Der 2. Satz der Neunten setzt mit wiederkehrenden punktierten Oktavsprüngen ein, zwischen denen immer wieder ein Moment Stille herrscht. Vor der Wiederholung der Exposition klafft ein Loch. Das Orchester setzt vier Takte aus, als sei alles vorbei, obwohl man spürt, dass es nicht zu Ende sein kann. Auch im Finalsatz der Neunten kommt nach dem ersten dissonanten Fortissimo kurze Stille auf, bevor die Kontrabässe ein ganz anders gestimmtes, rezitativisch klingendes Thema anstimmen. Sie werden von den Bläsern mehrmals schrill unterbrochen, so lange, bis die Bässe sich Ruhe verschaffen, um nach einer bedeutsamen Fermate ganz leise das Oden-Thema zu entfalten. Beim türkisch angehauchten Marsch wirken die spärlichen anfänglichen Töne wie von Leere umgeben.

Meist spricht man bei Musik von Pausen, im notationstechnischen wie alltäglichen Sprachgebrauch. Doch

es handelt sich um ein Innehalten, ein Stocken, eine Über-
raschung. Fermate bedeutet Unterbrechung, Stopp, Halt.
Häufig setzt Beethoven Fermaten ein, um dem Überdruck
Einhalt zu gebieten, um durchzuatmen, um neuen Anlauf
zu nehmen. Plötzliche Stille sorgt für Irritation. Wie geht
es weiter, fragt man sich, und sei es nur für den Bruch-
teil einer Sekunde. Es ist, als zweifle die Musik für einen
Augenblick an sich selbst. Stille erhöht die Intensität: Die
Musik hallt nach, die Erwartung steigt, ein Flirren durch-
zieht den Raum. Bei Filmen redet man von Suspense. Gegen Ende des *Fidelio* lässt nicht so sehr die Trompeten-Fan-
fare aufhorchen, es ist die abschließende Fermate. Erst in
der ihr folgenden Stille stockt der Atem. Man weiß nicht,
was das alles bedeutet. Wie aus dem Nichts kommt dann
der Gesang: »O Gott! O welch ein Augenblick.«

Beckett, dessen Werk sich zunehmend ins Stille hineinbe-
wegt, entdeckt in Beethovens siebter Sinfonie Tonflächen,
die von großen schwarzen Pausen zerfressen sind. Adorno
behauptet von Beethovens Musik, sie halte immer wieder
den Atem an, auf beklemmende Weise. Wenn Berlioz ob
Beethovens Stille in Entzückung gerät, hört es sich weniger
dramatisch an: »Diese langen farbenreichen Perioden! ...«,
schwärmt er, »diese sprechenden Bilder! ... diese Düfte! ...
dieses Licht! ... diese beredte Stille! ... diese unendlichen
Horizonte!« Zuweilen knallt Beethoven aber auch Akkorde
hin, auf die einen Takt lang nichts folgt, wieder und wieder,
wie in den *Diabelli-Variationen.* Jedes Mal klingt es nach
einem grotesken *finita es comoedia.*

Beethoven selbst hat seine neunte Sinfonie nie gehört,
oder richtiger gesagt: Er hat sie nur im Innern gehört. Es
muss ein bizarres Schauspiel gewesen sein, als er sie bei der
Uraufführung dirigiert hat: Ein heillos rudernder Mann,

der in die Knie geht, wenn es leise sein soll, und der ungestüm hochfährt, wenn Fortissimo angesagt ist. Ständig muss er entdecken, dass die Geiger bei seinen Piani rasende Läufe spielen und beim Forte kaum die Finger rühren. Er hört auch nicht, dass das Publikum am Ende klatscht, die Musiker müssen ihn darauf aufmerksam machen.

Von Victor Hugo sind die Worte überliefert: »Dieser Taube hat die Unendlichkeit gehört.«

Bibliographie

Schriften, die zitiert werden oder die Spuren hinterlassen haben, ohne explizit erwähnt zu werden:

Theodor W. Adorno: *Spätstil Beethovens* (1937). In: Musikalische Schriften IV. GS 17. Ffm. 1982, pp. 13–17

Theodor W. Adorno/Max Horkheimer: *Dialektik der Aufklärung. Philosophische Fragmente* (1944). Amsterdam 1968

Theodor W. Adorno: *Musik, Sprache und ihr Verhältnis im Komponieren* (1956). In: Musikalische Schriften I–III. GS 16. Ffm. 2003, pp. 649–664

Theodor W. Adorno: *Einleitung in die Musiksoziologie* (1962). In: GS 14, Ffm. 1973, pp. 169–433

Theodor W. Adorno: *Quasi una fantasia* (1963). In: Musikalische Schriften I–III. GS 16. Ffm. 2003, pp. 249–540

Theodor W. Adorno: *Negative Dialektik* (1966). Ffm. 1977

Theodor W. Adorno: *Beethoven. Philosophie der Musik.* Ffm. 1993

Joseph Acquisto: *Modern Listening. Proust, Beethoven, and the Music of Silence.* In: Journal of Literature and the History of Ideas 14 (2), 2016, pp. 237–253

Wye J. Allanbrook: *Is the sublime a musical topos?.* In: 18th Century Music 7 (2), 2010, pp. 263–279

William Allingham: *A Diary.* Ed. H. Allingham/ D. Radford. London 1908

August Wilhelm Ambros: *Bunte Blätter. Skizzen und Studien für Freunde der Musik und bildenden Kunst.* Neue Folge. Leipzig 1874

Aristoteles: *Poetik.* Griechisch/ Deutsch. Trad. Manfred Fuhrmann, Stuttgart 1982

Bettina von Arnim: *Goethes Briefwechsel mit einem Kinde* (1835). Hg. v. Waldemar Oehlke. Ffm. 1984

Bettina von Arnim: *Die Günderode* (1840). Hg. v. Elisabeth Bronfen, München 1982

Augustinus: *Confessiones/Bekenntnisse.* Trad. Joseph Bernhart, München 1980

Aurélie Barbuscia: *La pratique musicale, entre l'art et la mécanique. Les effets du métronome sur le champ musical au XIXe siècle.* In: Revue d'histoire du XIXe siècle 45 (2), 2012, pp. 53–68

Honoré de Balzac: *Der Talisman oder das Chagrinleder* (1831). Trad. Emil A. Rheinhardt, mit einem Essay von Friedrich Dürrenmatt, Zürich 2009

Honoré de Balzac: *Histoire de la grandeur et de la décadence de César Birotteau* (1838). Paris 1964

Roland Barthes: *Écoute* (1977). In: Œuvres complètes V, Paris 2002, pp. 340–352

Roland Barthes: *Leçon/Lektion. Antrittsvorlesung am Collège de France* (1977). Trad. Helmut Scheffel, Ffm. 1980

Roland Barthes: *Was singt mir, der ich höre in meinem Körper das Lied.* Trad. Peter Geble, Berlin 1979

Roland Barthes: *On échoue toujours à parler de ce qu'on aime* (1980). In: Œuvres complètes V, Paris 2002, pp. 906–914

Elisabeth Eleonore Bauer: *Wie Beethoven auf den Sockel kam. Die Entstehung eines musikalischen Mythos.* Stuttgart, Weimar 1992

Ludwig van Beethovens sämtliche Briefe und Aufzeichnungen. 4 Bd., hg. v. Fritz Prelinger, Wien, Leipzig 1907

Samuel Beckett's German Diaries 1936–1937. Hg. Mark Nixon, London, New York 2011

Ludwig van Beethoven: Briefwechsel. 6 Bd., hg. v. Sieghard Brandenburg, München 1996

Camille Bellaigue: *L'héroisme dans la musique.* In: Revue des Deux Mondes 114 (2), 1892, pp. 426–444

Paul Bekker: *Beethoven* (1911). Berlin 1920

Christian Berger: »*Harmonie*« und »*mélodie*«. *Eine musikästhetische Kontroverse im Frankreich des 18. Jahrhunderts und ihre Auswirkungen auf das Komponieren im 19. Jahrhundert.* In: A. Beer/ L. Lütteken (Hg.): Festschrift Klaus Hortschansky zum 60. Geburtstag, Tutzing 1995, pp. 275–288

Hector Berlioz: *Étude critique des symphonies de Beethoven* (o. J.). In: À travers chants (1862), Paris 1971, pp. 35–79

Talia Pecker Berio: *Musique et narrativité. Apostilles en marge d'un débat trentenaire.* In: Bruno Clément, Clemens-Carl Härle (Hg.): Aux confins du récit. Vincennes 2014, pp. 119–135

Stephen A. Bergquist: *Some Portraits of Beethoven and His Contemporaries.* In: Music in Art 37 (1/2), The Courts in Europe: Music Iconography and Princely Power (Spring-Fall 2012), pp. 207–231

Ernst Bloch: *Das Prinzip Hoffnung* (1954–1959). 3 Bd., Ffm. 1974

Heinrich Börnstein: *Des Sängers Tod. Vision am Grabe Beethoven's.* In: Ignaz Xaver von Seyfried: Ludwig van Beethovens Studien im Generalbasse ..., a. a. O., pp. 71–73

Mark Evan Bonds: *Music as Thought. Listening to the Symphony in the Age of Beethoven.* Princeton 2006

Mark Evan Bonds: *Irony and Incomprehensibility. Beethoven's »Serioso« String Quartet in F Minor, Op. 95, and the Path to the Late Style.* In: Journal of the American Musicological Society 70 (2), 2017, pp. 285–356

Leon Botstein: *Why Beethoven?* In: The Musical Quarterly 93 (3–4), 2010, pp. 361–365

André Boucourechliev: *Essai sur Beethoven.* Arles 1991

Sylvia Bowden: *The Theming Magpie. The Influence of Birdsong on Beethoven Motifs.* In: The Musical Times 149 (1903), 2008, pp. 17–35

Franz Brendel: *Geschichte der Musik in Italien, Deutschland und Frankreich. Von den ersten christlichen Zeiten bis auf die Gegenwart.* Leipzig 1852

Clemens Brentano: *Gedichte.* Hg. v. W. Frühwald u. a., München 1977

Gerhard von Breuning: *Aus dem Schwarzspanierhause. Erinnerungen an L. van Beethoven aus meiner Jugendzeit.* Wien 1874

Michael Broyles: *Beethoven in America.* Bloomington, Indianapolis 2011

Michael Brzoska: *Beethoven der Gekreuzigte. Aspekte frenetischer Beethoven-Rezeption in Frank-*

reich. In: Archiv für Musikwissenschaft 71 (2), 2014, pp. 85–98

Esteban Buch: *Beethovens Neunte. Eine Biographie* (1999). Trad. Silke Haas, Berlin, München 2000

Esteban Buch: *Réception de la réception de Beethoven.* In: Revue de Musicologie 88 (1), 2002, pp. 157–169

Malcolm Budd: *Music and the Communication of Emotion.* In: The Journal of Aesthetics and Art Criticism 47 (2), 1989, pp. 129–138

Jacob Burckhardt: *Weltgeschichtliche Betrachtungen* (1905). Hg. v. Rudolf Marx, Stuttgart 1978

Edmund Burke: *A philosophical enquiry into the origin of our ideas of the sublime and beautiful* (1757). Oxford 1987

Charles Burney: *An account of the musical performances in Westminster Abbey and the Pantheon, May 26th, 27th, 29th; and June the 3d and 5th, 1784. In commemoration of Handel.* London 1785

Albert Camus: *Der Fremde* (1953). Trad. G. Goyert, H. G. Brenner, Reinbek 1967

Thomas Carlyle: *Die Französische Revolution* (1837). 2 Bd., trad. P. Feddersen, umgearbeitet von E. Erman. Leipzig 1927

Alejo Carpentier: *Finale auf Kuba* (1956). Trad. Hans Platschek, München 1960

Steven Cassedy: *Beethoven the romantic. How E.T.A. Hoffmann got it right.* In: Journal of the History of Ideas 71(1), 2010, pp. 1–37

Willa Cather: *The troll garden* (1905). Lincoln, London 2000

Daniel K. L. Chua: *Absolute Music and the Construction of Meaning.* Cambridge 1999

Daniel K. L. Chua: *Beethoven Going Blank.* In: The Journal of Musicology, 31 (3), Special Issue 2 in Honor of Richard Taruskin, 2014, pp. 299–325

Michel Conan: *Les Paysages de la Pastorale.* In: Revue de Deux Mondes. Mars 2002, pp. 33–41

Nicholas Cook: *The Other Beethoven. Heroism, the Canon, and the Works of 1813–14.* In: 19th Century Music 27 (1), 2003, pp. 3–24

Barry Cooper: *Beethoven's uses of silence.* In: The Musical Times 152 (1914), 2011, pp. 25–43

Carl Czerny: *Systematische Anleitung zum Fantasieren auf dem Pianoforte, op. 200.* Wien 1829

Carl Dahlhaus: *Ludwig van Beethoven und seine Zeit.* Laaber 1987

Rossana Dalmonte: *Towards a Semiology of Humour in Music.* In: International Review of the Aesthetics and Sociology of Music 26 (2), 1995, pp. 167–187

J. Q. Davies: *Dancing the Symphonic. Beethoven-Bochsa's Symphonie Pastorale, 1829.* In: 19th Century Music 27 (1), 2003, pp. 25–47

Claude Debussy: *Monsieur Croche. Sämtliche Schriften und Interviews.* Trad. Josef Häusler, Stuttgart 1982

Jacques Derrida: *Grammatologie* (1967). Trad. H.-J. Rheinberger, Hanns Zischler, Ffm. 1983

Denis Diderot: *Rameaus Neffe/ Le Neveu de Rameau* (1761). Frz./dt., trad. J.W. v. Goethe, Ffm. 1984

Johann Peter Eckermann: *Gespräche mit Goethe* (1836). 2 Bd., hg. v. Fritz Bergemann, Ffm. 1981

R.W. Emerson, Chas. W. Chapman: *The Seventh Symphony.* In: The Journal of Speculative Philosophy 2 (1), 1868, pp. 37–39

Péter Eötvös: *Interview* mit Clemens Haustein. Berliner Zeitung 17.9.2018

Josh Epstein: *Sublime Noise. Musical Culture and the Modernist Writer.* Baltimore 2014

Robert Fink: *Beethoven Antihero. Sex, Violence, and the Aesthetics of Failure, or Listening to the Ninth Symphony as Postmodern Sublime.* In: Andrew Dell'Antonio (Hg.): Beyond Structural Listening? Postmodern Modes of Hearing. Berkeley 2004, pp. 109–153

Gustave Flaubert: *Madame Bovary. Sitten in der Provinz* (1857). Trad. Elisabeth Edl, München 2012

E. M. Forster: *Wiedersehen in Howards End* (1910). Trad. E. Pöllinger, Ffm. 2005

E. M. Forster: *Two Cheers for Democracy. Essays* (1951). London 1972

Sigmund Freud: *Trauer und Melancholie* (1915/17). In: Psychologie des Unbewussten. Studienausgabe Bd. III, Ffm. 1975, pp. 193–212

Sigmund Freud: *Das Unheimliche* (1919). In: Psychologische Schriften. Studienausgabe Bd. IV, Ffm. 1970, pp. 241–274

Sigmund Freud: *Die Zukunft einer Illusion* (1927). In: Kulturtheoretische Schriften. Ffm. 1986, pp. 135–189

Sigmund Freud: *Das Unbehagen in der Kultur* (1930). In: Kulturtheoretische Schriften, a.a.O., pp. 191–270

Manfred Frank: *Kaltes Herz – Unendliche Fahrt – Neue Mythologie. Motiv-Untersuchungen zur Pathogenese der Moderne.* Ffm. 1989

Theodor Frimmel: *Beethoven-Handbuch.* 2 Bd., Leipzig 1926

Martin Geck: *Die Sinfonien Beethovens.* Hildesheim, Zürich, New York 2015

Martin Geck: *Romantische »Universalpoesie« versus »tönend bewegte Formen«.* In: Musik & Ästhetik 20 (78), 2016, pp. 44–70

Christopher H. Gibbs: *Writing Under the Influence? Salieri and Schubert's Early Opinion of Beethoven.* In: Current Musicology 75, 2003, pp. 117–144

André Gide: *Die Pastoralsymphonie* (1919). In: Sämtliche Erzählungen. Trad. M. Schaefer-Rümelin, Stuttgart 1976, pp. 383–438

Michael Gielen/Paul Fiebig: *Beethoven im Gespräch. Die neun Sinfonien.* Stuttgart, Weimar 1995

John M. Gingerich: *Ignaz Schuppanzigh and Beethoven's Late Quartets.* In: The Musical Quarterly 93 (3/4), 2010, pp. 450–513

John M. Gingerich: *Schubert's Beethoven Project.* Cambridge, New York 2014

Hannah Ginsborg: *Two Debates about Absolute Music.* In: British Journal of Aesthetics 57 (1), 2017, pp. 77–80

Scott Goddard: *Beethoven and Goethe.* In: Music & Letters, 8 (2), 1927, pp. 165–171

J.W. v. Goethe: *Gedichte.* Hg. v. Erich Trunz, München 1982

Goethes Gespräche. Eine Sammlung zeitgenössischer Berichte aus seinem Umgang auf Grund der Ausgabe und des Nachlasses von Flodoard Freiherrn von Bierdermann. Ergänzt und hg. v. Wolfgang Herwig. Bd. II, 1805–1817, Zürich, Stuttgart 1969

Goethes Gespräche. Eine Sammlung zeitgenössischer Berichte aus seinem Umgang auf Grund der Ausgabe und des Nachlasses von Flodoard Freiherr von Biedermann. Ergänzt und hg. v. Wolfgang Herwig. Bd. III/2, 1825–1832, Zürich, Stuttgart 1972

Briefwechsel zwischen Goethe und Zelter. Hg. v. Max Hecker, 3 Bd., Ffm. 1987

Nadine Gordimer: *Beethoven war ein Sechzehntel schwarz. Erzählungen* (2007). Trad. Malte Friedrich, Berlin 2008

Glenn Gould: *Von Bach bis Beethoven. Schriften zur Musik I.* Trad.

v. H.-J. Metzger, München, Zürich 1986

Georg August Griesinger: *Biographische Notizen über Joseph Haydn* (1810). Wien 1954

Franz Grillparzer: *Ausgewählte Werke in einem Band*. Hg. v. August Sauer. Essen 1990

Durs Grünbein: *Die Jahre im Zoo. Ein Kaleidoskop*. Berlin 2015

Friedrich Gulda: *Worte zur Musik*. München 1971

Peter Gülke: »... *immer das Ganze vor Augen*«. Studien zu Beethoven. Stuttgart, Weimar, Kassel 2000

Lars Gustafsson: *Die Stille der Welt vor Bach. Gedichte*. München 1982

Jens Hagestedt: »*Eine paradiesische Gegend über unsern Häuptern* ...«. *Die Anfänge der romantischen Musikästhetik bei Wackenroder und Tieck*. In: Musik & Ästhetik 16 (62), 2012, pp. 43–61

Peter Handke: *Wunschloses Unglück*. Erzählung. Salzburg 1972

Eduard Hanslick: *Vom Musikalisch-Schönen. Ein Beitrag zur Revision der Ästhetik der Tonkunst* (1854). Hg. v. Dietmar Strauß, Saarbrücken 1987

Eduard Hanslick: *Beethoven in Wien. Zur Feier der Enthüllung des Beethoven-Denkmals am 1. Mai 1880*. In: Suite. Aufsätze über Musik und Musiker. Wien, Teschen 1884, pp. 137–152

Eduard Hanslick: *Aus dem Tagebuche eines Musikers. (Der »Modernen*

Oper« VI. Theil). Kritiken und Schilderungen. Berlin 1892

Eduard Hanslick: *Aus meinem Leben* (1894). Hg. v. Peter Wapnewski, Kassel, Basel 1987

Bruce Haynes: *Von Mozart zu Beethovens Neunter. Die technische Entwicklung der Oboe zwischen 1790 und 1830*. In: Tibia – Magazin für Holzbläser 18 (9), 4/1993, pp. 617–627

G. W. F. Hegel: *Das älteste Systemprogramm des deutschen Idealismus* (1796/97). In: Werke Bd. 1, Ffm. 1971, pp. 234–236

G. W. F. Hegel: *Phänomenologie des Geistes* (1807). Werke Bd. 3, Ffm. 1980

G. W. F. Hegel: *Vorlesungen über Ästhetik I–III. Werke Bd. 13–15*, Ffm. 1980

Briefe von und an Hegel. Bd. I: 1785–1812. Hg. v. Johannes Hoffmeister. Hamburg 1952

Martin Heidegger: *Der Ursprung des Kunstwerks* (1935/36). In: Holzwege (1950), Ffm. 1980, pp. 1–72

Martin Heidegger: *Der Satz vom Grund* (1957). Pfullingen 1978

Frank Hentschel: *Festlichkeit – Expressive Qualität und historische Semantik bei Beethoven*. In: Archiv für Musikwissenschaft 70 (3), 2013, pp. 161–190

Antoine Hennion: *L'écoute à la question*. In: Revue de Musicologie 88 (1), 2002, pp. 95–149

Herodot: *Historien*. Trad. A. Hor-
neffer. Stuttgart 1971

Peter Heyworth: *Gespräche mit
Klemperer*. Ffm. 1974

Wolfgang Hildesheimer: *Mozart*
(1977). Ffm. 1980

Stephen Hinton: *Not »Which«
Tones? The Crux of Beethoven's
Ninth*. In: 19th Century Music 22
(1), 1998, pp. 61–77

E.T.A. Hoffmann: *Schriften zur
Musik. Aufsätze und Rezensionen*.
München 1977

E.T.A. Hoffmann: *Elixiere des Teu-
fels/Lebensansichten des Katers Murr*.
München 1977

E.T.A. Hoffmann: *Die Serapions-
brüder* (1819–1821). 2 Bd., Berlin
1985

Friedrich Hölderlin: *Werke und
Briefe*. 3 Bd., hg. v. F. Beißner,
J. Schmidt. Ffm. 1969

Victor Hugo: *Der Glöckner von
Notre-Dame* (1831). Trad. Hugo
Meier, Zürich 1986

Claudia L. Johnson: ›*Giant Handel*‹
and the Musical Sublime. Eight-
eenth-Century Studies 19 (4),
1986, pp. 515–533

David Wyn Jones: *The Pastoral
Symphony*. Cambridge 1995

David Hume: *Four Dissertations*
(1757). Bristol 1995

Immanuel Kant: *Kritik der Urteilskraft* (1790). Hg. v. W. Weischedel,
Ffm. 1979

Gregory Karl, Jenefer Robinson:
Yet Again, ›Between Absolute and

Programme Music‹. In: British
Journal of Aesthetics 55 (1), 2015,
pp. 19–37

Joseph Kerman: *How We Got into
Analysis, and How to Get out*. In:
Critical Inquiry 7 (2), 1980, pp.
311–331

Søren Kierkegaard: *Entweder/Oder.
Erster Teil* (1843). Werke Band 1,
trad. W. Pfleiderer, Ch. Schrempf,
Jena 1922

Friedrich Kittler: *Aufschreibesys-
teme 1800 · 1900*. München 1995

Irene Kletschke: *Landschafts-
kompositionen*. In: Archiv für
Musikwissenschaft 69 (3), 2012,
pp. 196–206

K. M. Knittel: *Pilgrimages to Beethoven. Reminiscences by his contemporaries*. In: Music & Letters 84 (1),
2003, pp. 19–54

Walter Kolneder: *Die Klarinette als
Concertino-Instrument bei Vivaldi*.
In: Die Musikforschung 4 (2/3),
1951, pp. 185–191

Klaus Martin Kopitz: *Das Beet-
hoven-Erlebnis Ludwig Tiecks und
Beethovens Zerwürfnis mit Fürst
Lichnowsky*. In: Österreichische
Musikzeitschrift, 53 (1), 1998,
pp. 16–23

Lawrence Kramer: *The Harem
Threshold. Turkish Music and Greek
Love in Beethoven's ›Ode to Joy‹*. In:
19th Century Music 22 (1), 1998,
pp. 78–90

Hermann Kretzschmar: *Ge-
sammelte Aufsätze über Musik und
anderes. Bd. 2* (1911). Ffm. 1973

Mikael Ørting Kristiansen: *L'humour pris à la lettre, ou l'effet comique de la littéralité*. In: Le Philosophoire 17 (2), 2002, pp. 111–117

Stefan Kunze (Hg.): *Ludwig van Beethoven. Die Werke im Spiegel seiner Zeit. Gesammelte Konzertberichte und Rezensionen bis 1830*. Laaber 1987

Helmut Lachenmann: *De la musique comme situation. Entretien avec Abigail Heathcote*. In: Circuit Vol. 17, N° 1, 2007, pp. 79–91

Amanda Lalonde: *Flowers over the Abyss. A Musical Uncanny in Nineteenth-Century Criticism*. In: 19th Century Music 41 (2), 2017, pp. 95–120

Wolf Lepenies: *Das Zeitalter der Mobilität und die Übersetzbarkeit der Kulturen*. In: Quellen und Forschungen aus italienischen Archiven und Bibliotheken 91, 2011, pp. 377–389

Jerrold Levinson: *Music, Art, and Metaphysics. Essays in Philosophical Aesthetics*. Ithaca, London 1990

Franz Liszt: *Berlioz und seine Harold-Symphonie* (1855). In: Gesammelte Schriften IV, hg. v. Julius Kapp, Leipzig 1910, pp. 85–165

Lewis Lockwood: *Beethoven's Symphonies. An artistic vision*. New York 2015

Georg Lukács: *Die Theorie des Romans* (1916). München 1994

Jean-François Lyotard: *Die Analytik des Erhabenen. Kant-Lektionen*.
Trad. Christine Pries, München 1993

Jean-François Lyotard: *Moralités postmodernes*. Paris 1993

John Mainwaring: *Georg Friedrich Händel* (1760). Trad. Johann Mattheson, Lindau 1946

Thomas Mann: *Doktor Faustus. Das Leben des deutschen Tonsetzers Adrian Leverkühn, erzählt von einem Freunde* (1947). Ffm. 1967

Marie-Louise Mallet: *La musique en respect*. Paris 2002

Nicholas Marston: *Schumann's Monument to Beethoven*. In: 19th Century Music 14 (3), Spring 1991, pp. 247–264

Adolf Bernhard Marx: *Ludwig van Beethoven. Leben und Schaffen* (1859). Reprint Hildesheim 1979

Nicholas Mathew: *Beethoven's Political Music, the Handelian Sublime, and the Aesthetics of Prostration*. In: 19th Century Music 33 (2), 2009, pp. 110–150

Johann Mattheson: *Critica Musica. d.i. Grundrichtige Untersuch- und Beurtheilung/ Vieler theils vorgefaßten/ theils einfältigen Meinungen/ Argumenten und Einwürffe/ so in alten und neuen/ gedruckten und ungedruckten/ Musicalischen Schrifften zu finden*. Hamburg 1722

Hans Mayer: *Versuche über die Oper*. Ffm. 1981

Susan McClary: *Feminine Endings. Music, Gender, and Sexuality*. Minnesota, Oxford 1991

Susan McClary: *Reading Music. Selected Essays.* Burlington 2007

Felix Mendelssohn Bartholdy: *Sämtliche Briefe, Bd. 1, 1816 – Juni 1830.* Hg. v. J. L. Appold, Kassel, Basel u. a. 2008

Felix Mendelssohn Bartholdy: *Sämtliche Briefe, Bd. 2, Juli 1830 – Juli 1832.* Hg. v. Anja Morgenstern/ Ute Wald. Kassel, Basel u. a. 2009

Felix Mendelssohn Bartholdy: *Sämtliche Briefe, Bd. 3, August 1832 – Juli 1834.* Hg. v. Ute Wald. Kassel, Basel u. a. 2010

Jean-Louis Michaux: *Les énigmes de la maladie de Beethoven.* In: Revue belge de Musicologie 53, 1999, pp. 159–196

Charles de Montesquieu: *Perserbriefe* (1721). Trad. J. v. Stackelberg, Ffm. 1988

Jean-Jacques Nattiez: *Musicologie génerale et sémiologie.* Paris 1987

William S. Newman: *The Beethoven Mystique in Romantic Art, Literature, and Music.* In: The Musical Quarterly, 69 (3), 1983, pp. 354–387

Hans Georg Nicklaus: *Weltsprache Musik. Rousseau und der Triumph der Melodie über die Harmonie.* Paderborn 2015

Hans Georg Nicklaus: *Rousseau und die Verurteilung der Mehrstimmigkeit.* In: Fr. Kittler, Th. Macho, S. Weigel (Hg.): Zwischen Rauschen und Offenbarung. Zur Kultur- und Mediengeschichte der Stimme. Berlin 2002, pp. 153–173

Friedrich Nietzsche: *Werke in drei Bänden.* Hg. v. K. Schlechta. München 1977

Margaret Notley: *Late-Nineteenth-Century Chamber Music and the Cult of the Classical Adagio.* In: 19th Century Music 23 (1), 1999, pp. 33–61

Novalis: *Die Christenheit oder Europa* (1799). In: Dichtungen, Reinbek bei Hamburg 1976, pp. 35–52

Wolfgang Osthoff: *Zum Vorstellungsgehalt des Allegretto in Beethovens 7. Symphonie.* In: Archiv für Musikwissenschaft, 34 (3), 1977, pp. 159–179

Sanna Pederson: *Defining the Term »Absolute Music« Historically.* In: Music & Letters 90 (2), 2009, pp. 240–262

Monique Philonenko: *Musique et langage.* In: Revue de métaphysique et de morale 54 (2), 2007, pp. 205–219

Platon: *Symposion.* In: Sämtliche Werke 2, trad. Friedrich Schleiermacher, Hamburg 1980, pp. 203–250

Platon: *Politeia.* In: Sämtliche Werke 3, trad. Friedrich Schleiermacher, Hamburg 1982, pp. 67–310

Eberhard Preußner: *Die bürgerliche Musikkultur. Ein Beitrag zur deutschen Musikgeschichte des 18. Jahrhunderts* (1935). Kassel, Basel 1950

Marcel Proust: *Auf der Suche nach der verlorenen Zeit* (1913–1927). 13 Bd., trad. Eva Rechel-Mertens, Ffm. 1977

Alexander Rehding: *Beethoven's Symphony No. 9*. Oxford 2018

Theodor Reik: *The haunting melody. Psychoanalytic experiences in life and music* (1953). New York 1960

Ludwig Rellstab: *Aus meinem Leben*. 2 Bd. Berlin 1861

Wilhelm Heinrich Riehl: *Musikalische Charakterköpfe. Ein kunstgeschichtliches Skizzenbuch*. Stuttgart 1853

Wilhelm Heinrich Riehl: *Musikalische Charakterköpfe. Zweiter Band*. Stuttgart 1862

Ferdinand Ries: *Über Ludwig van Beethoven*. In: ders./ F.G.Wegeler: Biographische Notizen über Ludwig van Beethoven. Koblenz 1838, pp. 75–127

A. Riethmüller, C. Dahlhaus, A. L. Ringer (Hg.): *Ludwig van Beethoven. Interpretationen seiner Werke*. 2 Bd. 3.Aufl., Laaber 2009

Nicholas T. Rinehart: *Black Beethoven and the Racial Politics of Music History*. In: Transition, No. 112, Django Unpacked (2013), pp. 117–130

Joachim Ritter: *Landschaft. Zur Funktion des Ästhetischen in der modernen Gesellschaft* (1963). In: Subjektivität. Sechs Aufsätze. Ffm. 1974, pp. 141–163

Charles Rosen: *Der klassische Stil. Haydn, Mozart, Beethoven* (1971). München 1983

Charles Rosen: *Freedom of the Arts. Essays on Music and Literature*. Cambridge (MA), London 2012

Jean-Jacques Rousseau: *Abhandlung über die Wissenschaften und Künste* (1750). In: Schriften Bd. 1, hg. v. Henning Ritter. Ffm., Wien 1981, pp. 27–60

Jean-Jacques Rousseau: *Emile oder Über die Erziehung* (1762). Trad. E. Sckommodau, Stuttgart 2006

Jean-Jacques Rousseau: *Dictionnaire de musique* (1767). Arles 2007

Jean-Jacques Rousseau: *Musik und Sprache. Ausgewählte Schriften*. Trad. Dorothea und Peter Gülke. Wilhelmshaven 1984

Stephen Rumph: *A Kingdom Not of This World. The Political Context of E.T.A. Hoffmann's Beethoven Criticism*. In: 19th Century Music 19 (1), 1995, pp. 50–67

John Russell: *A Tour in Germany, and some of the Southern Provinces of the Austrian Empire, in 1820, 1821, 1822*. Vol. II, Edinburgh 1828

George Sand: *Lettres d'un voyageur* (1837). Paris 2004

José Saramago: *Claraboia oder Wo das Licht einfällt* (2011). Trad. K.v. Schweder-Schreiner, Hamburg 2013

Arnold Schering: *Zur Sinndeutung der 4. und 5. Sinfonie von Beethoven*. In: Zeitschrift für Musikwissenschaft, 16 (1934), Nr. 2, S. 65–83

Arnold Schering: *Beethoven und die Dichtung. Mit einer Einleitung zur Geschichte und Ästhetik der Beet-*

hovendeutung (1936). Hildesheim, New York 1973

F.W.J. Schelling: *System des transzendentalen Idealismus* (1800). Hamburg 1962

F.W.J. Schelling: *Philosophie der Kunst* (1802–1803, posthum 1859). Darmstadt 1990

Friedrich Schiller: *Briefe über die ästhetische Erziehung des Menschen* (1793). In: Philosophische und vermischte Schriften, hg. v. Ernst Jenny, Basel, Stuttgart 1968, pp. 76–207

Friedrich Schiller: *Gedichte/Dramen I.* Sämtliche Werke 1. Band, München 1987

Briefwechsel zwischen Schiller und Körner. Hg. v. Klaus L. Berghahn, München 1973

Anton Schindler: *Biographie von Ludwig van Beethoven.* Münster 1845

August Wilhelm Schlegel: *Vorlesungen über dramatische Kunst und Literatur* (1809–1811). Hg. v. G.V. Amoretti, Bd. II, Bonn, Leipzig 1923

Friedrich Schlegel: *Kritische Schriften.* Hg. v. W. Rasch, München 1970

James Schmidt: »*Not these sounds.*« *Beethoven at Mauthausen.* In: Philosophy and Literature 29, 2005, pp. 146–163

Ulrich Schmitt: *Revolution im Konzertsaal. Zur Beethoven-Rezeption im 19. Jahrhundert.* Mainz 1990

Arnold Schönberg: *Harmonielehre* (1922). Wien 1949

Arnold Schönberg: *Stil und Gedanke.* Aufsätze zur Musik. Ffm. 1976

Arthur Schopenhauer: *Die Welt als Wille und Vorstellung* (1819). 2. Bd., hg. v. Ludger Lütkehaus, Zürich 1999

Christian Friedrich Daniel Schubart: *Ideen zu einer Ästhetik der Tonkunst* (posthum 1806). Reprint, Hildesheim 1990

Robert Schumann: *Schriften über Musik und Musiker.* Stuttgart 1982

Ignaz Xaver von Seyfried: *Ludwig van Beethovens Studien im Generalbasse, Contrapuncte und in der Compositionslehre.* Wien 1832

George Bernard Shaw: *Born-again Italian Opera.* In: Shaw's Music. The complete musical criticism in three volumes. Ed. Dan H. Laurence, Bd. 1, London 1981, pp. 214–215

Maynard Solomon: *Beethoven – The Nobility Pretense.* In: The Musical Quarterly 61 (2), 1975, pp. 272–294

Maynard Solomon: *Beethoven's Ninth Symphony – A Search for Order.* In: 19th Century Music 10 (1), 1986, pp. 3–23

Nicolas Southon: *Les »Symphonies« de Beethoven à la Société des Concerts du Conservatoire. Une étude des matériels d'orchestre du XIXe siècle.* In: Revue de Musicologie 93 (1), 2007, pp. 123–164

Joseph von Spaun: *Erinnerungen an Schubert*. Hg. von G. Schünemann, Berlin, Zürich 1936

Bernd Sponheuer: *Postromantische Wandlungen der »Idee der absoluten Musik«. Eine Skizze*. In: Archiv für Musikwissenschaft 62 (2), 2005, pp. 151–163

Louis Spohr: *Selbstbiographie*. Erster Band. Kassel, Göttingen 1860

Jean Starobinski: *1789. Die Embleme der Vernunft*. München 1981

Stendhal: *Œuvres Intimes*. Bd. I, 1801–1817, Paris 1981

Stendhal: *Rossini* (1824). Trad. Barbara Brumm, Ffm. 1988

Adalbert Stifter: *Feldblumen* (1840). In: Studien. München 1979, pp. 35–147

Adalbert Stifter: *Die Sonnenfinsternis am 8. Juli 1842*. Weitra 1992

David Friedrich Strauß: *Beethoven's Neunte Symphonie und ihre Bewunderer. Musikalischer Brief eines beschränkten Kopfes*. In: Allgemeine musikalische Zeitung 12 (9), 1877, col. 129–133; zuerst erschienen 1853 in der Augsburger Allgemeinen Zeitung

Johann Georg Sulzer: *Allgemeine Theorie der schönen Künste* (1771–1774). 5 Bd., Reprint Hildesheim 1994

Ulrich Tadday: *Analyse eines Werturteils. Die Idee der absoluten Musik von Carl Dahlhaus*. In: Musik & Ästhetik 12 (47), 2008, pp. 104–117

Richard Taruskin: *Resisting the Ninth*. In: 19th Century Music 12 (3), 1989, pp. 241–256

Richard Taruskin: *The Danger of Music and Other Anti-Utopian Essays*. Berkeley, Los Angeles, London 2010

Alexander Wheelock Thayer: *Thayer's Life of Beethoven* (1866–1879). 2 Vols., Rev. ed. by Elliot Forbes, Princeton 1967

Leo N. Tolstoi: *Die Kreutzersonate* (1891). In: Die großen Erzählungen. Trad. A. Luther, R. Kassner. Ffm. 1973, pp. 85–189

Leo N. Tolstoi: *Was ist Kunst?* (1898). Trad. M. Feofanov, München 1993

Donald Francis Tovey: *Essays in Musical Analysis. Symphonies and other Orchestral Works* (1935–39). Oxford, New York 1989

Hermann Ullrich: *Beethovens Wiener Rechtsanwälte. Eine Studie*. In: Studien zur Musikwissenschaft 32, 1981, pp. 147–203

Renate Ulm (Hg.): *Die 9 Symphonien Beethovens* (1994). Kassel 2005

Thorsten Valk: *Literarische Musikästhetik. Eine Diskursgeschichte von 1800 bis 1950*. Ffm. 2008

Theodor Veidl: *Der musikalische Humor bei Beethoven*. Leipzig 1929

W. H. Wackenroder/Ludwig Tieck: *Phantasien über die Kunst* (1799). Stuttgart 2000

W. H. Wackenroder/Ludwig Tieck: *Herzensergießungen eines kunstliebenden Klosterbruders* (1796/97). Stuttgart 1983

Cosima Wagner: *Die Tagebücher*, Bd. I: 1869–1877. Hg. v. Martin Gregor-Dellin, Dietrich Mack. München, Zürich 1976

Cosima Wagner: *Die Tagebücher*, Bd. II: 1878–1883. Hg. v. Martin Gregor-Dellin, Dietrich Mack, München, Zürich 1977

Richard Wagner: *Oper und Drama* (1851). Stuttgart 1986

Richard Wagner: *Beethoven. Über das Dirigieren* (1869). Darmstadt 1953

Richard Wagner: *Das Judentum in der Musik*. Leipzig 1869

Richard Wagner: *Mein Leben* (1870–1880). 2 Bd., hg. v. Martin Gregor-Dellin, München 1969

Richard Wagner: *Ausgewählte Schriften und Briefe*. Hg. v. Philipp Werner, Ffm. 2013

William Weber: *Did people listen in the 18th century?*. In: Early Music 25 (1997), pp. 678–691

William Weber: *Music and the Middle Class. The Social Structure of Concert Life in London, Paris and Vienna between 1830 and 1848*. Aldershot 2004

Grete Wehmeyer: *Im Tempo der Beethovenzeit*. Booklet zur CD: Beethoven, Sonaten op. 53 und op. 57. Grete Wehmeyer, Hammerklavier. Köln 1994

Richard Will: *Time, Morality, and Humanity in Beethoven's Pastoral Symphony*. In: Journal of the American Musicological Society, 50 (2/3), 1997, pp. 271–329

Ludwig Wittgenstein: *Philosophische Untersuchungen* (1953). In: Schriften 1, Ffm. 1980, pp. 275–544

Stefan Zweig: *Arturo Toscanini* (1935). In: Begegnungen mit Menschen, Büchern, Städten (1937). Berlin 1955, pp. 78–87

Stefan Zweig: *Die Welt von Gestern. Erinnerungen eines Europäers* (1942). Ffm. 2013

Personenregister

Karl-Heinz Ott
Tumult und Grazie
Über Georg Friedrich Händel
320 Seiten, Taschenbuch
ISBN 978-3-455-01115-9
Hoffmann und Campe Verlag

Kastraten und Diven prägten seine Welt, aber auch Philosophen, die über die Frage, ob man die Oper verbieten sollte, zu Erzfeinden wurden. Dieser groß angelegte Essay widmet sich einem Musiker, dessen Opern lange in Vergessenheit geraten waren und der heute neu entdeckt wird. Mitreißend erzählt Ott, wie Georg Friedrich Händel, ein aus Sachsen stammender Protestant, in Italien zu einem furiosen Komponisten der Gegenreformation wurde. Dabei wird deutlich, dass Musik nie ausschließlich Musik ist, sondern sich ganze Weltbilder in ihr spiegeln.

»Eine glühende Hommage, die analytische Qualitäten
jedoch trotzdem nicht vermissen lässt.«
Frankfurter Allgemeine Zeitung

»Ein Buch über Händel [...], das einen neuen Weg geht.«
Bernhard Schrammek, *MDR Kultur*